【中小学教师科研入门丛书】

席玉虎 主编

小学数学
教师科研入门

图书在版编目（CIP）数据

小学数学教师科研入门/席玉虎主编．—北京：首都师范大学出版社，2014.8
ISBN 978-7-5656-2053-9

Ⅰ.①小… Ⅱ.①席… Ⅲ.①小学数学课—教学研究 Ⅳ.①G623.502

中国版本图书馆 CIP 数据核字（2014）第 207182 号

中小学教师科研入门丛书
XIAOXUE SHUXUE JIAOSHI KEYAN RUMEN
小学数学教师科研入门
席玉虎　主编

责任编辑　来晓宇　　　　责任设计　王征发
责任校对　李佳艺　　　　责任印制　何景贤
首都师范大学出版社出版发行
地　址　北京西三环北路 105 号
邮　编　100048
电　话　68418523（总编室）　68982468（发行部）
网　址　www.cnupn.com.cn
北京集惠印刷有限责任公司
全国新华书店发行
版　次　2014 年 9 月第 1 版
印　次　2014 年 9 月第 1 次印刷
开　本　710mm × 1000mm　1/16
印　张　23.25
字　数　362 千
定　价　49.00 元

总序

我们的教育总是强调如何培养学生的创新思维，提高学生的创新能力。法国教育家卢梭说："在你敢于担当培养一个人之前，一定要把自己塑造成那样的人。"因此，"传道，授业，解惑"的教师更要勤于思考，善于总结，把问题当作课题，把教学当作研究。作为英语周报社的社长兼总编辑，我长期从事教育出版工作，为中小学外语教学提供资源服务，为中小学教师的专业化发展提供平台支持，深知教学科研对中小学教师的必要性和重要性。

从作者的角度看，没有一大批精心钻研本职工作的中小学教师，像我们《英语周报》，以及《语文报》和《数理报》这样的报纸岂不成了无源之水、无根之木？只有老师们都来关注科研，自身创新能力都提高了，我们的报纸才能拥有一大批既具备丰富教学经验且懂科研的高水平的作者队伍，才有可能不断地创新，才能真正办出精品报纸。

从编者的角度看，我们衷心希望我们的读者，能通过我们的努力，真正提升自身的能力。一点一滴的知识传授当然需要，但能力的提升和方法的掌握，可以改变一个人的命运。作为编者，我们当然希望我们的读者能力越来越强，人生的路越走越宽。

从读者的角度看，花钱订阅某个报刊，不仅仅只是想学到具体的知识，更是希望能从中受到启迪，找到思路，从而真正达到提升自己能力、改变自己命运的目的。

正是出于上述种种思考，我们才静下心来，认认真真、踏踏实实地打造了这套《中小学教师科研入门丛书》。衷心祝愿这套丛书的每一位读者，在专业化发展的道路上立身有道，自尊自强，读有所得，学有所成，入科研之门，成栋梁之材！

席玉虎

2011年10月

“中小学教师科研入门”丛书编委会

写在前面

不论是迫于评定职称的要求，还是基于“科研兴校”的形势，如今的中小学一线教师，不做点科研，不写点东西，似乎已是交代不过去了。然而，真要铺开稿纸，提起笔来，不少教师又不由一脸茫然：写什么呢？怎么写呢？

因为工作关系，我们和中小学一线教师有着不少联系，比较了解他们的生存状态。老师们大多十分辛苦，真是两眼一睁，忙到天黑；回到家里已是筋疲力尽，还有几人能再展卷长读，掩卷长思？偶尔有次脱产学习，也大多是为了应付什么“考核”“达标”，并没有时间真正去读书、写作。至于假期，名校大多要组织旅游，让紧张一学期的老师们放松一下；普通学校的老师们则忙着讲课、编题、家教……以便挣点小钱——恐怕都没有什么时间静下心来钻图书馆、查学术信息、做科学研究。华东师范大学教育学博士生导师郑金洲教授坦言，一线教师的教育研究与专业研究者的教育研究应该说是有区别的（详见所著《教师如何做研究》一书，华东师范大学出版社 2005 年出版）。这种区别固然是由其专业水准造成的，但也是由其生存状态造成的。

一方面是必须做研究，一方面是无从（主观和客观）做研究，这就有了矛盾。而只有不断地解决矛盾，人类才能持续前行。那么，具体地说，怎样解决一线教师面临的这一困境呢？在思考这一问题时，我不由回想起自己初学历史时读到日本学者山根幸夫先生编著的《中国史研究入门》（中译本，社会科学文献出版社 1994 年出版）时的兴奋与感叹。兴奋的是那是一部一下子能把你带到科研“前沿阵地”的书，那是一部内容丰富、容量极大、需要时时翻览的案头之书；感叹的是这样一部中国历史的“研究入门”，居然是由日本人完成的。如果我们能为时间不足、信息有限、思路匮乏的广大一线教师也编些内容具体又十分丰富的入门之书、案头之书，不是多少可以为一线教师着手科研，尽一点绵薄之力吗？这一设想得到了领导的支持、专家的鼓励，得以实现。我们编写这套书的原则，就是务实再务实，具体再具体，一定要紧密结合一线教师的学习与生活，让他们读了上手就能做，做了就能成。一句话，这套书固然是一线教师从事科研的入门指南，但更是一线教师初涉研究的实战手册！

作　者

2014 年 7 月于首都师范大学

本书说明

一、本书是以初涉小学数学研究的广大一线小学数学老师为主要对象编写的，也可供对小学数学教研有兴趣的其他读者参考。

二、本书分为上、中、下三篇：

上篇为“方法篇”,用尽可能浅白有趣的语言,讲述研究的一般程序、方法等。仿佛是开设了一个关于小学数学科研的“百家讲坛”。

中篇为“读书篇”，介绍了适合一线教师尤其是小学数学老师阅读的教育书籍。仿佛是给出了一部小学数学教师受用的“书目答问”。

下篇为“论文篇”，阐述了具体的研究课题及相关思路。仿佛是编撰了一本精心打造的“例题精讲”。

各篇既相互联系又互相独立，可按顺序通读也可分开使用。具体情况可参阅各篇说明。

三、本书所征引的文献，大体为2007年以后，2007年新课标卷的出现，标志着新课改进入了一个新的阶段。但好书、好文也不受其限。

目　录

中篇　读书篇

下篇　论文篇

上篇

方法篇

本篇说明

做什么事情都要符合客观实际的要求。有多少米煮多少饭，有什么菜成什么席。国家改革，要符合国情；学校发展，要办出特色；老师科研，也要首先抓住自己的特点，依据自身的条件。

做任何事情都要有一个过程。“大跃进”不是没有成功的例子，但恐怕很难成为普遍现象。想一蹴而就，往往结局是欲速不达。

做任何事情都要有一个程序。先做什么，后做什么，就如同计算机开机一样，先登录后开电源是行不通的。违背这个程序，也不是说会有多么可怕的结果，但肯定会做许多无用功。而一线教师最缺的，经不起折腾的就是时间。

基于上述种种，我们在本篇内分别讲述了中小学一线教师科研的特点、过程和步骤。用心平气和的态度去讲，用浅白有趣的语言来说，希望对大家多少有些帮助。

一

中小学一线教师科研的特点

华东师范大学教育学博士生导师郑金洲老师非常敏锐地指出，一线教师的科研与专业研究者的教育研究应是有区别的（详见所著《教师如何做研究》一书，华东师范大学出版社 2005 年出版）。那么，一线教师的科研与从事专业研究的科研究竟有什么区别呢？换言之，中小学一线教师的科研又有些什么特点呢？

（一）初级性

如果拿盖房来打比方，中小学一线教师搭建的大多是经济适用房，而不是高档别墅；如果拿做饭来打比方，中小学一线教师烹制的大多是家常炒菜，而不是满汉全席。初级性，这是中小学教师科研的第一个特点。

拿选题来说，比较"高级"一点的论文一上来往往是讲研究史，讲对这一课题前人有哪些研究，讲自己的研究与前人有些什么不同。一线教师的科研当然也可以讲研究史，但并不严格，甚至可以说并无必要。试想，一位一线教师要写一篇关于人教版语文第一册第 2 课的教学体会，有必要一上来就交代什么"研究史"吗？

拿查重来讲，比较正规的论文，在动笔前怎么也得有个查重的过程：看别人是否写过。但试问，一位一线教师要写一篇关于做学生工作的心得，有必要去查什么重吗？这个题目肯定有人写过，但只要是有真情实感，那一定是别人有别人的心得，自己有自己的心得。

拿写作来讲，比较严格的论文，要有一个国际通行的、基本的写作模式，不能随心所欲。而一线教师的所谓"科研"论文，却可谓百花齐放。写成正儿八经的学术论文当然可以，以教案、案例、笔记等"原生态"形式发表，也无不可。一些一线教师的"科研"文章，在专业人员看来只能算是随笔、杂文。案例、笔记、杂文也算科研，这在正规的科研院所实在是难以想象的。当然了，如《黄侃手批十三经》《梁方仲读书札记》一类的公开出版物，近年来也偶有所见，但那得是多大的"腕儿"，至少是某一学科的泰斗级人物，才做得到吧？

（二）实践性

冉乃彦老师曾谈及中小学一线教师搞科研的优势，列举了三条：

“教师生活在科研的本源之中”“教师具有深入研究和反复实验的最佳条件”“教师能进入学生的内心世界”(《中小学教师如何做科研》，第20～25页，人民教育出版社2006年出版)。这三条要用一句话概括，就是一线教师具备更多的实践经验和实践条件。这一特点深刻地影响着一线教师科研的选题、评价等诸多方面。

从选题来说，一线教师已越来越认识到，只有从自己所熟悉的生活中选题，才更有可能写好，才更有可能促进自己的学习与工作，才更有可能真正达到“科研兴教”“科研兴校”的目的。华东师范大学郑金洲教授也坚定地指出，中小学需要大力推进和开展的，是那种“以提高行动质量、解决实际问题为首要目标”的科研，是那种“以研究过程与行动过程的结合为主要表现形式”的科研（引文见所著《教师如何做研究》，第27、33页，华东师范大学出版社2005年出版）。一句话，就是从实践中来，到实践中去。用时下的词汇讲，就是要大力开展校本研究。冉乃彦老师早就讲过：“当前学校开展科研，应该以校本研究为主要形式。”（前引《中小学教师如何做研究》，第47页）所谓“校本”，“一是为了学校，二是在学校中，三是基于学校”。（郑金洲《校本研究指导》，第4页，教育科学出版社2002年出版）

从评价来看，越来越多的一线教师对那种大而无当、隔靴搔痒式的“科研”越来越不感兴趣。做过多年高中教师的顾坚毅老师就很感叹国内普遍存在的“教育学家不教学生，教学生的不研究教育”（见所著《在澳洲做家教：一个澳籍华人的教育手记》，第154页，福建教育出版社2000年出版），顾老师指出：

> 教育学家提出了不少新思想，也有一些新方法，可这些新方法可操作性极差，从而对于发展教育的影响极微。

反过来说，只有那种可操作性极强的科研成果，才会在教育实践中大放异彩，才会受到一线教师的普遍好评。《礼记·学记》云：“是故学然后知不足，教然后知困。”如果“科研”了半天，仍是解不了“困”，那么再长篇大论，也是于事无补。或许正是在这一意义上吧，郑金洲老师指出，一线教师“是在实践中研究，通过实践研究，为了实践研究的。”(《教育的思考与言说——一位教育学者的演讲录》，第60页，福建教育出版社 2007 年出版)。用一线教师的话说，就是“教不研则浅，研不教则空”。

事实上，也不妨把“实践性”看成一线教师从事教育科研的一个优势。诚如张家胜老师所言：

> 我始终认为，教育研究不是在讲台上“讲”出来的，而是伏下身子到一线学校做出来的。做语文教育研究的最好办法，就是看语文老师怎样做教育研究。(《语文教育研究导论》后记，科学普及出版社 2007 年出版)

不过，具有了丰富的实践经验，同时又注意理论学习，才会真正形成竞争优势。任勇老师对这一点深有感触，他回忆说：

> 20 年前，我撰写的一篇经验文章在一次地区级的学术会上交流。当时的省教研室林铭荪主任看见我那么年轻，又写了那样一篇充满激情(当然也充满稚气)的文章，笑着对我说：“年轻人，你写得很有特色，从现在开始进行教育科研，将来一定大有出息。”说者可能无意，但我却听了进去。
>
> 于是，我一边学习教育科学理论，一边就在学校里搞起教育科研来。我首先根据心理学对智力的阐述开展对趣味数学与智力发展的研究，撰写了《趣味数学与智力发展》一文，很快被华东师大《数学教学》刊用，这是我的处女作，我兴奋、激动，我感到了自己的力量。接着，我又运用教育心理学的规律，在教学中注意激发学生学习数学的兴趣。浓厚的学习兴趣是学好数学的前提，学生有了兴趣，他们的智慧就会迸发出光芒，在此基础上引导学生去探索新知识，让学生自觉去获取知识、发展能力。我把这些实践活动总结成一篇论文——《培养初中生学习数学兴趣的几点做法》(发表于湖北大学《中学数学》)。1984 年 10 月，我带着这篇论文参加了全国数学教学研究会学术年会，作为会议中最年轻的正式代表，我第一次受到数学教育界的注意。(《中学数学学习指导的研究与实践·自序》，任勇著，航空工业出版社 2002 年出版)

任勇老师说，随后他以每两周一篇稿子的速度向报刊投稿，然而大量的退稿信也随之而来。无情的现实使他冷静下来，陷入了深深的思索。他逐渐悟出了这样的道理：科研需要默默地探索，长期积累，偶然得之。教育理论如果没有实践的基础，便会失去它的价值，而教育实践如果没有理论做指导，便会导致盲目的实践。必须走理论与实践相结合之路！论文不是“写”出来的，而是不断实践、不断研究、不断探索出来的。

（三）艰苦性

马克思早就说过，科学研究不是一条平坦的道路。搞科研要能吃苦，舍得下苦功。但考虑到中小学老师的工作性质，他们要从事科研工作，似乎要吃的苦更多。

事实上，凡是真正想做一点科研工作，就意味着要比别人多付出、多吃苦。

例如生活上的苦，安徽师范大学潘啸龙老师曾回忆自己年轻时的生活和学习条件。他说：

> 我开始研究生学习生活时已34岁，几乎已过了人生创造的“黄金时期”。家中有独扛生活重担的妻子和不到4岁的幼儿。妻子在凤台一家成衣厂做工，有时白天“让电”、晚上上班，只能让幼儿在车间玩耍，累了就睡在空余的工作台上。一次幼儿竟对电闸发生了兴趣，上去就要扳动，把我妻子吓得惊呼。我毕业留校后依然夫妻分居，家中的事务和小儿的教育，全由妻子承担。由于经济拮据，妻子营养不良以致患急性肝炎。我从数百里外渡过长江、淮河，赶回县里探望妻子，看着她孤苦无助地躺在隔离室里，家中的幼儿只能托邻居照顾，就不禁泪水涔涔。后来妻子终于调来学校，全家住在20多平方米的狭小居室中，一间外室就成了我的工作间兼“接待室”，还得给儿子让出一角读书、做作业的空间，这样的生活持续了8年。我担负着繁重的教学任务，特别是科研和写作，常是在酷热的暑期或飞雪凛冽的冬夜完成的。我写《九歌六论》，是

赤着膊、背披湿毛巾，在三十八九度的高温中完成的。毛巾烘干了再拧冷水，带汗的手濡湿了稿子。写《楚文化和屈原》则在除夕之夜，妻子给我做了些菜放在冰箱里，带着孩子回沪探亲，以便留给我一个安静的写作环境。我拨些菜就着煮面条吃，在映窗的雪光和远远近近的爆竹声中，写我的论文，就这样度过了整个春节。(《楚辞研究成功之路——海内外楚辞专家自述》，第 131 页，黄中模、王雍刚主编，重庆出版社 2000 年出版)。

有同样的生活经历，甚至比潘老师更苦的中小学老师，恐怕不在少数吧。

除了生活苦，还有资料苦。潘老师也谈及这一点，他说：

由于经济拮据，研究生期间很少有钱买书。我的“学问”，实际上是在借书、抄书和阅读思考中获得的。我曾综合抄录过《毛诗》《诗集传》《诗毛氏传疏》《毛诗传笺通释》《诗经通论》以及闻一多、余冠英诸家的《诗经》著述；抄录过王先谦《庄子集解》、朱熹《孟子集注》；抄录过郭注《尔雅》、刘文淇父子的《左传旧注疏证》，以及陈延杰《诗品注》、叶燮《原诗》、沈德潜《说诗晬语》、刘熙载《艺概》等数十部著作。至于楚辞研究著述，也大多是在上海图书馆、杭州文澜阁借阅时抄摘的。使我难忘的是，上海图书馆的楚辞著作孤本、善本多不出借，而杭州文澜阁却热情相助，无偿地让我借阅了黄文焕《楚辞听直》、汪瑗《楚辞集解》、张京元《删注楚辞》、屈复《楚辞新注》、陈本礼《屈辞精义》等十多部世所难觅的刻本。我在杭州十多天，每天就买几个大饼、带上冷开水，坐在文澜阁阅览室读书、抄书，沉浸在古贤精湛的注疏和阐释中，而不知日晷之移。只是为了防止湿气侵蚀，雨天是不借阅这类善本的，所以我游览西湖、灵隐寺、岳坟、黄龙洞，几乎都是在烟雨迷蒙之中。我对楚辞研究著述的抄录，还扩大到了对“五四”以来现代研究者专著、论文的范围。在报刊阅览室查阅有关屈原、楚辞研究的论文目录，然后一本一本翻阅期刊，摘下有关论文

> 的主要见解及论据。到1982年研究生毕业前夕，我几乎读遍了当时所能找到的全部楚辞学论文。在此基础上，我编成了供自己研究参考的《关于屈原研究主要争议问题资料编辑》（约30万字）。这花费了我的大量精力，但我正是靠这样艰苦的笨办法，打下了进入楚辞研究领域的基础，激发了在有关课题研究上向前贤“挑战”并力争“超越”他们的勇气和信心。（同前引书，第123页）

更多的中小学老师，恐怕连去大图书馆抄书、看书的时间和经费都没有吧。

不用说还有发表的苦、人事关系方面的苦……艰苦性，是中小学教师从事科研的一个突出特点！这已是不争的事实。这一点海内外似无多大差别。美国学者威廉·维尔斯曼就曾提到：“说到研究，普通的小学或中学教师、辅导员、行政人员的境遇和研究生们也相差无几。”“他们既缺乏研究的经费来源，又缺乏机会以及知识和阅历。”（《教育研究方法导论》，第1～2页，教育科学出版社1997年出版）。当然也更“难以把握进行研究的关键”（同前引书）诸如研究的方法、途径等。或许正是在这一意义上，任勇老师格外强调一线教师从事教育科研时的意志力。他说：

> 搞教育科研，要理论学习，要构建体系，要制定实验方案，要查阅资料，要文献综述；搞教育科研，还要实践（或实验）操作，要统计数据，分析问题，整理资料，撰写报告；搞教育科研，要坐冷板凳，要耐得寂寞，要苦思冥想，要潜心钻研等等。所有这些，都是要以意志来支撑的。潜心科研，是很能磨炼人的意志的。但“只有踏踏实实地沉下去，才能潇潇洒洒地浮上来”。（同前引书）

大家都熟知毛泽东的一句话：一个人做一件好事并不难，难的是一辈子做好事。借用此言，郑金洲老师讲：“做教育科研并不难，难的是一直持续地做教育科研，难的是一直将教育科研明确定位为自身教育生活的一部分。”（《教师做科研的十条建议》，载《人民教育》2008年第5期）天津师范大学初等教育学院于树漫教授颇有感触地说："教师每日的工作是繁杂、琐碎而忙碌的，如何在琐碎间又能够让自己的目光与思想跳脱出来，看到教育的整体、看到教育的走向，看到孩子的整体发展，看到孩子一生的幸福，这便需要更大的热诚与更亮的智慧。"（见其为《聚集课堂科研兴校》一书所写的序言，天津科学技术出版社 2013 年版）。

"更大的热诚""更亮的智慧"，岂是那么易得的？这一切，都意味着小学教师的科研，必然要比别人多一分苦涩。

中小学一线教师科研

任何事情都有一个发展过程。中小学一线教师从事科研这件事，也是有一个发展过程的，我们可以从心理学、产品学及信息学等不同角度来描述这个发展过程。

（一）从“球迷”到“逛街”

我们常跟学生讲，兴趣是最好的老师。现在轮到我们自己要学习、要科研了，仍然要牢记这句话。应该不断地去探索，去发现自己对什么有兴趣。应该将兴趣也视为上帝赐给自己的天赋。同样的年龄，同样的环境，你有兴趣而他无兴趣，这不是天赋，又是什么呢？如果说有什么“捷径”的话，那么兴趣与好奇，就是科研入门的捷径。

或许有人会说，我对什么都不感兴趣。请相信，对于绝大多数人来讲，每个人都会有自己的兴趣所在的。你或许是还没有发现自己的兴趣所在，你或许是还没有机会唤醒自己尚在沉睡中的兴趣。从心理学角度讲，真正一点兴趣也没有的人是极少数，这样的人是很不幸的，所以古人说：“哀莫大于心死”。对教育科研一点兴趣也没有而又必须去做教育科研，实在是一件令人悲哀的事，而且一定做不好的。正如郑金洲老师所说的：“如果没有兴趣，没有动机的话，你的研究只能是空口白话，借自己的嘴巴说别人的语言，这种研究是没有味道的。”（《教育的思考与言说——一位教育学者的演讲录》，第 41 页，福建教育出版社 2007 年出版）

发现了自己对什么感兴趣后，又该做什么呢？拓展自己的兴趣！大家在生活中，身边一定会有球迷、棋迷、影迷等对某一事物十分感兴趣的人吧？那些英超球迷，能倒背如流地说出几十支英超球队上百个队员的名字，能如数家珍地讲述某支球队以多少英镑的转会费收购了哪位球员，能绘声绘色地讲述几年前的一场精彩比赛。至于那些棋迷，就更不得了了。他们竟能复盘一些经典棋局，那可是一百几十手棋，怎么记得住呢？

是的，怎么记得住呢？如果说球迷的记性还允许出些差错，那些棋迷的记忆可都是异常准确的，错一步的话往下的棋是推不下去的。他们去特意背过吗？没有！但他们就能记住。为什么？兴趣！根本不用背，自然而然就记住了。

我们做科研，至少也应该达到“球迷”的水平吧？

然而，仅仅停留在“球迷”水平是远远不够的。就如同千千万万个“球迷”“棋迷”只能停留在喜欢这个层次一样，仅仅是兴趣，而没有理性思考，仍然是达不到专业水准的。而所谓理性思考的重要内容之一，就是要有鉴别能力。

如果说“球迷”以男性为主的话，那么喜欢逛街的恐怕绝对以女性为主了。一些女士逛街时有一个本事，她们能迅速地将新款服装从让人眼花缭乱的衣服堆里挑出来，她们能准确地记住某款衣服的价格，知道是降了还是涨了。她们怎么能做到这一点呢？还是因为她们有兴趣（无兴趣的男士不论如何也记不住），只有脑子里储存有大量信息，经过比对，她们才会迅速得出结论——哪款衣服是新款（当然这就意味着她们知道哪些衣服是旧款）。

我们做科研，至少也应有女士逛街时的敏锐，一看就知道哪些选题是旧的，哪些选题是新的；哪些选题行情看涨，哪些选题行情看落。换句话说，能看出什么是“旧”的，什么是“新”的，方才谈得上研究，方才谈得上创新。用日本学者长谷川庆太郎的话讲，就是要能看出事物的变化来。他说：

> 实际上，在信息的搜集上，这个“变化”是非常重要而值得注意的。凡是信息呈现出“变化”，通常都隐藏着十分有用的东西。换句话说，为了掌握未来的正确行动方向，必须密切注意“变化”。不论任何企业或领域，密切观察“变化”，都是非常重要的。

从这一角度讲，专业水平高的人会迅速断定什么是新生事物，什么是陈词滥调；而专业水平低的人，则难以甚至根本做不出这样的判断，故而长谷川庆太郎又说：“真正拥有信息的人，与未曾拥有信息的人，在某个层面上，其差别也表现在‘果断’上。当你面对大量的信息，能否明确区分何者为必要，何者并非必要？这正是实力的分界点。”

有了兴趣，便会全神贯注地去寻求相关信息。脑子里储存的相关信息多了，自然就会有比较、有鉴别。

是的，比较！我们在做科研的时候，一定不要忘记这个词。比较，是人类最久远的一种思考方式。这个人比那个人高，这只大象比那只大象大……这些结论是怎么得出来的？比较！实际上，比较是我们从事科研活动的一个最常用、最基本的方法。只是我们今天，已是比较到了纳米——一根头发的十万分之一这样的程度了。

有了兴趣，脑子里储存了大量的相关信息，再通过比较，显现出初步的鉴别能力，那么可以说，已是初步的入门了。例如日本学者长谷川庆太郎所言，好奇心是非常不可思议的，一旦对某件事物产生兴趣，无论其程度的高低，都会发生或大或小的连锁反应。当你对一件事物感兴趣，将会衍生出更多的兴趣。好奇心将形成一股驱动力，使人为了搜集信息而行动。对于信息，你不能守株待兔。一切要从好奇心出发，再设法自己去取得。

（二）从“山寨”到“品牌”

从产品学的角度看，科研的过程无非也就是一个研发产品的过程。对于一线教师来说，科研的产品主要是论文或书籍。当然了，对于绝大部分尚处于入门阶段的一线教师来说，最初的产品，恐怕还只能是论文。还没学会走路，就想跑步，精神是可贵的，但实现起来难度更大。

还是拿产品来打比方，最初的科研产品，恐怕也是如同中国制造刚刚起步时一样，只能是“来料加工”或“山寨”版。

所谓“来料加工”，就是参加集体课题。按人家要求做就是了。就如同那些厂家，按照外方的要求，把相关的零部件组装在一起了事。

所谓“山寨”版，就是仿制（注意：不是克隆，那就是抄袭了）。实际上，模仿也是人类最久远的学习方式之一。所谓“照葫芦画瓢”吧。美国学者威廉·维尔斯曼说：“虽然各种研究计划之间存在着许多相似之处，但完成一项研究工作可不是像照着食谱做蛋糕那样的依葫芦画瓢。”（《教育研究方法导论》，第3页，教育科学出版社1997年出版）但我们很快就会发现，科研也同样离不开模仿，尤其是在入门阶段。

不管是“来料加工”也好，“山寨”版模仿也罢，我们当然能够从中学到一些东西，但这都还算不上是自己的东西，还称不上是真正入门。

如同产品生产一样，要从“来料加工”和“山寨”版中走出来，就还得有一个不得不经历的过程，那就是改进。

比如说，看到刊物上发表的一篇题为“全国卷（Ⅰ）高考语文中有关文言实词的5种题型”一文，觉得不错，也仿写一篇“××卷高考语文中有关文言虚词的4种题型”，效果不错。慢慢地意识到，这种文章完全可以加以改进。比如说，每道题不仅是就题论题，点评一下考的什么知识点，用什么思路解题，还可与××卷过去几年的同类型题相比，可与兄弟省市同类型题相比……

不管是“山寨”版的文章也好，还是改进版的文章也罢，如果就某一个问题频频发表文章，在相关报刊上的曝光率越来越高，那就有那么一点“品牌”的意味了。“品牌”二字之所以打上引号，是因为这还不是什么真正的国际或国内品牌，而只是说有了一定的知名度，也有了相对的话语权。然而，多少真正的品牌，不正是从这种打引号的品牌一步步发展起来的吗？

已初步形成自己的“品牌”效应的一线教师很多，浙江省泰顺县一中曾安雄老师，就是其中的一位优秀代表。他曾发表过数十篇文章，基本都是围绕着高考数学试题题型分析和解题方法这一个轴来写的。如：

二项式定理中的五大热点
等差数列求和公式“四用”
等差数列中的S_{m+n}公式及运用
公差d用法新说
构造向量巧解不等式问题
一个“集合”引发的解读
类比正切的和角公式解题
高考数列的新宠——叠加·叠乘·叠代
高考数学创新题赏析
关注复数交会问题
关注三角函数的交汇性
数学归纳法中的不一定
解决排列组合问题常见策略
有关反函数的高考题综述
有关映射计数问题综述
巧定象限，妙解三角选择题

高考试题中集合问题的五种类型

利用函数的奇偶性解高考题

六类绝对值不等式的简捷解法

不可忽视的六类高考互化题

高考集合问题的六种类型

……

试问，当一位一线教师就高考数学下了数十年工夫，写下数十篇文章，有关数学的几乎每个知识点，他都能给你讲出高考题是怎么考的，有些什么题型，有些什么解题思路。这样的老师怎能说他不是专家？这样的老师，上课怎么会不受欢迎。难怪在学校的贴吧上，学生们要夸曾安雄老师“人长得帅，上课幽默，好得没话说”。

（三）从新手到专家

一说起专家，人们不由一脸肃穆，觉得那是高不可及的。从信息学的角度看，什么是专家呢？就是他知道的比你多，比你快，比你准。日本一位学者讲，过去讲有财产阶层与无财产阶层；如今是信息社会，社会上也可分为两大阶层，有信息阶层与无信息阶层。专家就是拥有信息的“富翁”。

先说“多”。专家在他所擅长的那个领域，一定是比别人知道得多。但在其他领域，可就难说了。《三国演义》等传统小说中一说是某某人，经常用“上知天文，下知地理，无所不知，无所不晓”来形容。这种博古通今的专家，在今天这个所谓知识爆炸的时代，几无可能。今天的专家就是在某一个非常专业的学科领域内的专家。朱苏进先生的小说《醉太平》中，曾描写到一位情报专家，对隔海相望的蒋军驻军了如指掌，不要说部队的编制、装备、任务，就是某位指挥官是多大年龄、从哪毕业、已婚未婚……都一清二楚，无所不知，但对其他事情，却十分弱智，真是稀里糊涂，搞不清楚。所以对专家大可不必迷信，你只要在你所从事的小小的专业领域内狠下功夫，知道的比同行多，那么你就是这一领域名正言顺的专家了——尽管你在其他领域或许所知寥寥。

再说“快”。所谓“快”，就是说在专业领域内的相关信息，你还不知道的时候，专家已经知道了。专家之所以知道得比你快，原因主要有二：一是他的专业知识丰富，你还没想到，他就想到了；二是他的人脉关系丰厚，你还不知道，他已知道了。

只有对一个事情了解得越全面，判断才会越合乎事情发展的规律。一知半解就匆匆下结论，只能是落个盲人摸象的结果。而专家呢，因为他在相关专业领域浸润已久，知道得多，故而他肯定会比刚刚入道的人见识要高，能较早地看出事情会向哪一方面发展。比如金融专家，会更早地看出货币比价、黄金价格的发展趋势。

在一个行当里头做得久了，自然会认识一些人。专家认识的大多是处于行业高端的人。事实上，任何一个专业做到最后，都是三五人的一个小圈子。就如同当官，最后就是政治局、政治局常委一样。每一个专业其实都有自己的“政治局”“政治局常委”。这些人左右着这一行业的话语权，掌控着这一行业的资源分配。从信息学的角度看，这些人是处于信息链的顶端。如果你本人就是这个小圈子的一员，或者你与小圈子的关系十分密切，那么你的信息自然要得到的更快一些了。

最后是“准”。就是说专家知道的，都是权威性的、准确无误的。而其他人知道的，却只是道听途说、似是而非的。信息学在论及信息来源时，有所谓“正式渠道”和“非正式渠道”之分。专家之所以能够掌握准确的信息，是因为他在“正式渠道”和“非正式渠道”均有信息来源，并能将二者相互印证，从而得出比较准确的结论。而一般人呢，要么是仅从“正式渠道”上得知一星半点的消息，要么是从“非正式渠道”了解到似是而非的信息，无法去追踪信息来源，无法去证实信息真伪，当然也就不可能掌握十分准确的信息了。

作为一线教师，要想从一个新手成为一位比别人知道得多、知道得快、知道得准的专家，无论怎么聪明、怎么肯干，也是需要一个过程的。我们所能做的，就是要努力再努力，尽量缩短这个过程，尽快让自己成长为一名专家。但想一步登天，一步到位，只能是幻想。这个过程，无论如何也是不可省略、无法逾越的。我们只有多学习、多思考、多交流，才会使自己更快地成长起来。

在由新手往专家的努力过程中，有一个很现实的问题：怎样安排自己的时间。是一心读圣贤书呢，还是多在外头活动，多争取一些“来料加工”的机会，再干中学呢？我们给出的建议是对自己可支配时间的分配比例，不妨设定为 5 ∶ 3 ∶ 2。即将自己可支配的时间（上课、开会等已安排的时间，实际上是不可能归自己支配的）分为 10 等份的话，5 份拿来读书、思考，3 份拿来交往、活动，2 份用来休息、机动。换句话讲，一定要拿出一半左右的时间读书、学习；但仅是读书，会变成读死书，也应拿出一些时间和老师、同学、朋友多交往、多联系，从中会获得一些实践机会，并促进自己更好地学习。当然了，每个人的具体情况不一样，5 ∶ 3 ∶ 2 的时间分配比例，每个人均应参照自身情况加以调整。

另一个很现实的问题，就是找什么样的人为师？老话讲，“师傅领进门，修行在个人。”新手入道之初，有没有人带，由什么人带，效果会有如天地之别。在此我们特提出以下几点意见，仅供大家参考：

第一，在找不到老师带的时候，不妨先向文献学习，也就是我们前面所说的“山寨”版式的科研。换句话说，在找不到“活”老师的时候，不妨先向“死”老师学习。华中师范大学教授、博士生导师邢福义先生讲，他 1956 年大学毕业后留校任教，不久后“反右”运动开始，无人指导他学习，只能靠自己，他的办法是“偷学”与“自教”。他写道：

> 我学会了“偷学”。《中国语文》是我国语言学界的权威刊物，《中国语文》上每发表一篇有分量的语法研究论文，我都反复悟“道道”：作者是怎么抓到这个题目的？作者是怎样展开这个题目的？在方法上有什么好处？在材料运用上有什么特点？由于经常如此坚持“偷学”，终于养成了无言中求教于众多高明学者的习惯，众多高明的学者也就在“刊授”中成了自己的老师。

诚如英国教育家约翰·洛克在所著《教育漫话》中指出“我觉得学习的方法与其依从规则，不如根据榜样”。

第二，在寻求老师时，千万不要被其外在的地位、职称等迷惑。这一点对于一线教师而言尤其重要。不要一听某人是大学教授、博士生导师，就想当然地认定此人有学问，能带你入门。实际上，如今大学里张悟本式的人物也大有人在，说其不学无术或许有些过分，但要说其学问有限是一点也不为过的。吴江先生曾谈到，中央党校有人到老只能辅导一本原著，甚至只是半本原著。这种刻板的学习原著的方针，不是把原著当作研究的对象，从中找到正确的精神和方法，而是将原著作为膜拜的对象，提倡一种顽固不化的教条主义。(《政治沧桑六十年——冷石斋忆旧》，第 318 页，兰州大学出版社 2005 年出版）

试问，如果跟着这么一位“师傅”学习，能学到什么真才实学？恐怕最多也就是啃点书本，入个教条主义的门而已。

第三，应坚持“三人行必有我师”的古训。只要别人有一点值得自己学习的地方，就老老实实地向人家学习。前面我们说过，专家是在自己感兴趣的专业领域内出色，在其他方面知之甚少甚至可以说是很弱智的。我们应把注意力放在专业水准上，其他方面不宜关注过多。只要他专业水准比自己高，就说明人家有过人之处，有值得自己学习之处。甚至可以向自己的学生学习。厦门一中校长任勇老师说：

> 学习，可以向名师学习，也可以向一般老师学习；可以向本校老师学习，也可以向外校老师学习；可以向年长的老师学习，也可以向年轻的老师学习。取人之长，补己之短，改进教法，不断提高。“师不必贤于弟子”，还应敢于开诚布公地向学生承认自己的过失和不足，经常向学生学习。我所写《来自学生的巧解妙证》一文，正是学生巧妙思维的结果。陶行知说：“你要教你的学生教你怎样去教他。如果你不肯向你的学生虚心请教，你便不知道他的环境，不知道他的能力，不知道他的需要，那么，你就有天大的本事也不能教导他。”可见，向学生学习是多么的重要。(《任勇：走向管理的文治境界》，第 25 页，首都师范大学出版社 2011 年出版）

第四，机会要自己找，坐而论道不如起而行。坐在家中等着名师上门来哭着喊着求你当他的学生，如同幻想天上掉馅饼一样，是可笑可叹的。必须主动出击！实际上，一方面固然是众多一线教师需要名师指点，另一方面，那些手中抓着三五个大课题的名师，也需要有热情、有干劲，同时又熟悉一线教学的人帮他们做些事情。关键就看你有没有勇气去寻找了。诚如台湾寿险营销专家吴秋峰先生所言：“生命会给你任何需要的东西，只要你不断地要求，只要你在要的时候说得清楚。”机会固然青睐有准备的人，但机会更青睐有勇气主动出击的人。机会不会自己上门，而是要创造出来！

综上所述，我们当记住以下几个关键词：

第一个关键词是“兴趣”。没有兴趣，那可真是苦学，事倍功半；而有了兴趣，才会是乐学，事半功倍。只要有兴趣，没时间、没人支持、没有课题等等这些困难，都会变得不算什么。北京师范大学哲学系教授周桂钿老师就讲过：“现在不看书的人，一般都不是由于没钱没时间，而是由于没兴趣。”(《百年情结——“我与北师大图书馆”征文文集》，第 219 页，北京师范大学出版社 2002 年出版)。

说到兴趣，有一个现象，就是知道得越多越有兴趣，越有兴趣也就知道得越多，形成良性循环。所以有时觉得没兴趣，恰恰是因为你了解得太少。诚如学者郑子瑜先生所指出的：

> 治学的方法只有“有恒”二字，有恒心研究才会深入了解，深入了解自会发生兴趣，所以说兴趣是可以培养的(常听一些青年朋友说：我对某门学科没有兴趣，那是因为他对某门学科还没有做深入研究)。兴趣既发生，欲罢不能，日子久了，自然多少会有些心得。[《世纪学人自述(三)》第 217 页]

用英国化学家、诺贝尔化学奖获得者约翰·W. 康福思的话说，就是“任何事情，如果你对它懂得越多，它就会变得更美丽更有趣”。

第二个关键词是“比较”。比较是人类最久远、最基本、也最有效的一种方法，不管你学习哪一专业，都不应忘记这一方法。

第三个关键词是“模仿”。模仿也是人类最久远、最基本，也最有效的一种方法，而在科研“入门”阶段，这一方法，似也无从回避。浙江省诸暨市暨阳初中孟碧君老师说，她的处女作，就是通过模仿写出来的。她说：

> 我的第一篇教学论文是在工作第二年写的，那是受一个老师的影响。我在诸暨师范遇到了一位非常优秀的英语老师，就是现在我市小学英语的教研大组长徐华燕老师。她是一个标

> 准的学习型、研究型的老师，看过很多教育教学专著，很有教学底蕴，又很富有创新精神和改革意识。当时，我跟着她订了《中小学英语教学与研究》和《中小学外语教学》。有一天，我在《中小学英语教学与研究》上面看到了她的文章“谈谈如何创造性地使用教材”，就迫不及待地一口气看完了整篇文章。收获太大了——它打破了我原来对论文写作的印象。我一直认为论文是高深莫测的，是纯理论的，是大学教授和教学专家们写的，我们一线教师是可望不可即的。但是，徐老师的文章却是那样的真实、生动、亲切，我不禁感叹：原来论文也可以这样写！后来，我问徐老师是怎么写出来的，她说：“我平时怎么做就怎么写，我只是把自己在做的写下来了。”（“我写教研论文的故事”，原载《中小学英语教学与研究》2011 年第 2 期）

孟老师说，这句简单的话深深地触动了她。她开始反思，徐老师论文中的很多观点她也有，很多做法她也在这样做，为什么她就不能像徐老师那样把自己的教学实践写下来，成为一篇论文呢？于是，她就反复地读徐老师发表的那篇论文，学习人家是怎样来谋篇布局的，怎样来阐述自己的观点的。然后，就模仿徐老师的论文写了一篇自己的论文，把她的框架搬过来，填上自己的教学实践，题目也是“谈谈如何创造性地使用教材”。人家的是小学版，她的是初中版，于是，“我的第一篇论文就这样诞生了——通过模仿，目的很明确，就是为了发表”。

第四个关键词是“主动”。曾有专家指出“教师参加科研能够改进思维方法”。（冉乃彦著《中小学教师如何做研究》，第 11 页，人民教育出版社 2006 年出版）。实际上，教师参加科研还能够改变整个心态——由消极变为积极，由抱怨变为干事，由片面变为全面……

说到心态，做过学生工作的老师都知道，家境太好的孩子，学习往往不太努力。这一看法已为专家所证实。“我国有几位专家调查过 450 名中学生的家庭物质条件与经济状况，发现经济水准在温饱以下、不能提供正常或必要的学习条件的家庭，其子女的学习受到不同程度的影响。过于优裕的家庭，反而容易养成子女养尊处优的品性，成为影响他们学习的不利因素。”（详见鲁洁主编《教育社会学》，人民教育出版社 1990 年出版）。学生是如此，教师不也一样吗？大凡人不通过努力即能满足需要，就不会再去努力。所以人的心态，又是与人的生存状态紧密相连的。好在教师毕竟都是成年人，应懂得自我调适。过于安逸，不妨让自己积极一些；过于清苦了，不妨让自己振作一些。诚如做过多年高中老师的顾坚毅先生所指出："我们要孩子拥有'极度进取'精神，自己首先应当有几分这种精神。"（《在澳洲做家教：一个澳籍华人的教育手记》，第47页，福建教育出版社2000年出版）。

要学会自我调适心态，又要防止"过热"与"过冷"两个极端，正如武汉大学教授彭富春先生所指出的：

> 一切顺其自然，自己尽力为之就行。成则成，不成则不成。因此我要克服各种不良的心态，尤其是愤怒和忧郁。它们不能成其事，相反只能毁其事。这两种情绪仿佛是明火和暗火一样会把自己的灵魂烧成灰烬。克服了这种情绪之后，我自己才能做到心态平和，不急不缓。惟有如此我才能应付各种困难。（《漫游者说：我的自白》，第293页，百花文艺出版社2001年出版）

说到主动性，我们不妨也记住专家两句话：

第一句话是："机会比刻苦重要。"搞科学研究，不是光刻苦就行的（当然下不了苦功是万万不能的），但机会有时真是比刻苦重要。中国社会科学院历史研究所研究员步近智先生对这一点颇有感受。他说，20世纪80年代，《宋明理学史》的撰写列入国家社科重点项目。"对于理学，我虽也有概括的了解，但远远够不上深和专的水平。"这当然是步先生自谦，不过也道出了一点实情。试想，如果步先生推辞了这个机会，只是闷着头读书，那么再刻苦又会有多大的实际效果呢？而步先生敏锐地抓住了这个机会，老老实实地一个人抱着一部又一部著作去读，包括杨万里133卷的《诚斋集》，也一卷一卷地读了下来，终于攻下了这块硬骨头。从此，海内外有关宋明学术史的约稿一部接一部，步先生终于成为中国学术史方面的一大名家。

第二句话是拿破仑讲的："先投入战斗，而后见分晓。"

中国科学院院士、矿物学家叶大年先生认为，科学工作者，尤其是年轻的科学工作者，应敢于"干字当头"，先干起来再说。他说：

科学研究，尤其是基础研究，常常是遵循这样一条路走下去的，即选题→查阅文献→确定研究方案→观察和实验→分析、归纳与论证→写论文的六阶段模式。而我的科研程序不是这样，我所遵循的是选题→确定研究方案→观察和实验→查阅文献→修改研究方案，改进实验和观察→分析、归纳和论证→写论文的七阶段模式。我把第一种模式称之为“读字当头”，把第二种模式称之为“干字当头”。我认为“读字当头”是有弊端的，尤其对年轻人而言，在浩如烟海的文献堆里打转转，初生牛犊不畏虎的锐气就会丧失。这个不能干，那个别人干过了，很快就会怀疑自己的选题不对，或者自己没有解决问题的能力。“干字当头”，边干边学，一般来说总会发现自己的工作有可取之处，常常是越干越有劲。这诚如毛主席所说的，许多事情“常常不是学好了再干，而是干起来再学”。

举例来说，颗粒的随机堆积是材料科学、沉积学和水文工程建设中的一个基本问题，研究这个问题已有一百多年的历史，如果是“读字当头”，恐怕读上一年半载也找不到科研切入点。我不是这样，而是首先亲自动手做实验，边实验边看书，肯定了自己有新发现，从而一追到底，终于在这个经典问题的研究上有所作为，连续发表了十几篇论文。在此基础上向纵深发展，扩大战果，最终发现地球各圈层氧离子平均体积守恒定律。我从直觉出发，认为在常温常压下分子体积应该有可加和性，于是收集大量的数据来论证这个命题；与此同时看文献，知道七十多年前就有人提出过猜想，但缺乏论证，从而肯定了自己的成果。倘若“读字当头”，定会感叹“既生瑜，何生亮”，便会就此罢手，一无所获。为此，我常常开导学生们，要记住拿破仑的名言：“先投入战斗，而后见分晓。”

叶先生“干字当头”的方法令人鼓舞，的确，心中有了一个想法，就应尽一切可能去实现它。一查文献、一报项目、一筹资金，一年半载就过去了，还干什么？只有先动作起来，先点着火现找米下锅，才会快出成果。这表面上看似乎是有点“蛮干”“不顾客观条件”，其实，也是让现实逼出来的办法。谁不愿意项目批下来，条件具备了再干？可现实却不会给你这样的条件，逼得你只有两条路：要么干脆放弃，要么先干起来。

科研这件事，一方面需要热情和激情，一方面又需要冷静与客观。一点热情没有，犹如打不着火的汽车，开不起来；而“唯有冷静和客观，终能想出最好的办法”，“想了办法该坚决贯彻”。(《傅雷家书》）怕的就是戴厚英女士批评的“既不冷静地思考，又无真正的热情。有的只是一片空虚，玩世不恭”。(《诗人之死》)

任勇老师注意到，教师有参与教研与无参与教研之分，几年以后，两者情况大不一样。后者，久而久之就可能对教育教学工作产生一种疲惫感，觉得没有“味道”，教学缺少新意，步入平庸；而前者每天都有新的思考，新的探索，“常教常新”，成为某一领域的行家里手。教书和用心教书是有区别的，基于教研的教书就是“用心教”。

任勇老师指出，一个教师若只满足于当一个教书匠，而没有远大志向，是绝对不可能成为杰出的教育家的。虽然我们不一定都能成为教育家，但只要我们朝着这个方向迈进，就必然会有丰硕的成果（同前引文）。从教学上，会从普通教师成长为优秀教师、一代名师；从荣誉上，会被评为市区优秀教师、省优秀教师、全国优秀教师；从学业上，会从学士、硕士到全国骨干教师培训班乃至博士……

第五个关键词是“真实”。写真实的感受、真实的事情、真实的发现，而不是编造和拼凑。浙江省诸暨市暨阳初中孟碧君老师对这一点是有着很深的感受的。她说，有一次案例评比的主题是“教学中的意外”，她绞尽脑汁写了一篇“精彩，在‘意外’中收获”，不料专家看了不以为然，说是不是从别处参考拼凑起来的。孟老师说：

> 在作了一些修改后，我又拿给我的恩师徐丽燕老师看。她说比原来好了很多，但是这个课堂意外描写得不够好。我们又改了很多遍，总觉得不够自然。为什么这个课堂意外这么难写？想想：如果这是一个真实的意外，我把它表达清楚应该不难吧？显然，这个意外并不是我教学中的真实故事，而是凭空编造的一个课堂意外。后来徐老师和我向张老师请教怎样写论文，他说，要写好一篇论文，首先必须是写自己的东西，如果

> 是到处参考、拼凑的文章，肯定不是一篇好文章。我至今深深记得那句话，这篇案例是我论文写作中的一个转折点。这次案例撰写，更准确地说是案例编造，让我品尝到了编造的难度和痛苦。我想，如果这个意外是我亲身经历的，那么，这篇案例写起来肯定更容易，也能写得更好。从此，我开始脚踏实地去开展日常教学工作，在教学中不断地反思和积累第一手资料。

从此，她的文章《主要来自自己的教学实践，如教学设计、教学反思、教学处理等》(《我写教研论文的故事》，原载《中小学英语教学与研究》2011 年第 2 期)。

第六个关键词是“坚持”。任勇老师曾提到，普通一线教师怎样才能成为一个所谓“研究者”呢？他提到了 5 条：

> 一要打破神秘感，树立自信心；二要有强烈的“研究意识”，把教育教学工作自觉地纳入研究的轨道；三要重视教育科学理论的学习；四要掌握教育科学的方法；五要及时了解教育科学研究的动态和前沿信息。(任勇，《我的数学教育教学研究情况》，原载《中学教学》2000 年第 1 期)

如果说这里所说的前两条是主观条件，可以靠“解放思想”“顿悟”等来实现的话，而后三条可都是扎扎实实的客观条件，哪一条不得有一个漫长的探索、总结、积累的过程？何况就是主观条件，也是会有反复的，也要有一个过程。比如说，自信心今天有了，明天可能又崩溃了，后天又要重建……

坚持是一线教师从事科研必不可少的心理素质，没有数年甚至数十年干一件事的坚持精神，是搞不好科研的。

中小学一线教师科研入门的步骤

过程与步骤，虽说都是一种线性描述，但步骤要更为具体。

根据中小学一线教师的基本情况，如果有心搞点科研，不妨参照以下 8 个步骤：

（一）放眼看书

“放眼看书”一语，是美国华盛顿大学教授肖公权先生在回忆录中提出来的。他说：

> 胡适先生谈治学方法，曾提出“大胆假设，小心求证”的名言，我想在假设和求证之前还有一个“放眼看书”的阶段（“书”字应从广义，解作有关研究题目的事实、理论等的记载）。经过这一阶段工作之后，作者对于研究的对象才有所认识，从而做出合理的假设。有了假设，回过来向“放眼”看过，以至尚未看过的书中去“求证”。看书而不作假设，会犯“学而不思则罔”的错误。不多看书而大胆假设，更有“思而不学则殆”的危险。（详见《问学谏往录》，黄山书社 2008 年出版）

“放眼看书”，关键在一个“放”字。心态一定要开放。记得笔者在上大学时，曾去请教史学界泰斗蔡美彪先生看什么书好。蔡美彪先生直言相告，什么都看，想看什么看什么，什么看得进去看什么。如今回想起来，这对于尚处于“入门”阶段的人来说，也许是一个最实际的回答。尚未“入门”的人一方面固然看书看得少，一方面心态又放不开，要么觉得某些书太“高深”了，自己程度不够，要么觉得某些书和教育专业无关……自己给自己设了许多条条框框。在思想上自己把自己框起来了。

退一步说，即使是专业书，讲某一专题的书，也最好“放眼”多看几本。南开大学历史系教授杨志玖先生讲过，要善于将“同类的书合拢来读”，同一个问题，看看甲怎么说，再看看乙怎么说。例如中国通史，不妨将范文澜的《中国通史》、郭沫若的《中国史稿》、翦伯赞的《中国史纲要》……放在一起读！

放眼看书吧！古书、洋书、小说、军事书、养生书、教育理论、心理测试……都不妨翻一翻。只要不是黄书、坏书，相信一定会如古人所示“开卷有益”。用鲁迅先生的话讲：

> 只看一个人的著作，
> 结果是不大好的，
> 你就得不到多方面的优点。
> 必须如蜜蜂一样，
> 采过许多花，
> 这才能酿出蜜来，
> 倘若叮在一处，
> 所得就非常有限，
> 枯燥了。

任勇老师对这一点感受很深。他说：

> 要搞教育科研，没有一定数量的教育、科学、文化书籍和杂志是不可思议的。就我来说，20年来，东买西购，已有8000余册数学、教育、文化等方面的书，订阅了所有能订到的数学杂志和许多教育杂志。要驾驭教育实践，很大程度上取决于教育理论的功底。要有理论功底，首先要读名著。你不读《论语》、不读陶行知、不读杜威、不读苏霍姆林斯基，是很难成为教育家的。其次，要多读自己研究领域里有影响的专著，读专业期刊等。只有抓紧时间广学深研，才能了解科研动态、把握热点难点、借鉴他人经验，把教育科研做到位。（同前引文）

除了书本型的书，在今天这个网络时代，自然也离不开读网上的“书”。任勇老师就说过，至少应在网上读以下几类信息：

一是教育网站。如中华人民共和国教育部、教育部考试中心、中国基础教育网、中国园丁网、中小学信息技术教育网、K12中国中小学教育教学网、中国名师教育网、中国教育曙光网、中小学教育网、中国教育信息网、教育信息交流站、中国教育先锋、厦门教育信息网等等。每个教育网站都有庞大的信息资源。

二是网上报刊。如《中国教育报》,《中国考试》，中国期刊网，家庭教育杂志，教育探索等。还有各省教育杂志和各学科教育杂志等。任勇老师举例说，一份《中国教育报》，就有太多可读的东西。《中国教育报》是教育部主办的以教育新闻为主的全国性日报，它的宗旨是全面、准确、及时地宣传党和国家的教育方针、政策及工作部署，传播教育改革与发展的信息和经验。除要闻版外，还辟有高等教育、基础教育、职成教育、理论、国际教育、教育科研、文化等专刊，以及校长、读书、招生考试就业等周刊。他说，他是每天必读《中国教育报》的，因为文章贴近中学教育实际，所以读后收获很大、启发颇多。

各省市的杂志也各有特色。如《上海教育》就很有深度,《特区教育》敢于大胆探索许多新的问题。各学科杂志专业性很强，任勇老师说，他经常在网上阅读《数学通报》《数学教学》和《数学教育学报》等，保持对数学教育的“敏感”。

三是中国名校网站。如北京的人大附中、北大附中、清华附中、北师大一附中、北师大二附中、北师大实验中学、北京四中、北京八中、北京十一中学、北京景山学校等；上海的上海中学、华东师大二附中、复旦中学、上海交大附中、上海格致中学、上海建平中学等；还有成都七中、重庆一中、杭州二中、华南师大附中、广州执信中学、天津南开中学、天津耀华中学、天津一中、东北师大附中、哈尔滨三中、青岛二中、南京师大附中、南京金陵中学、华中师大一附中、武昌实验中学、湖北省黄冈中学、西安中学、河南省实验中学、辽宁省实验中学、东北育才中学、湖南师大附中、长沙一中、昆明一中、石家庄一中、石家庄二中、海南中学、贵阳一中、南宁二中、南宁三中、福州一中、福州三中、福建师大附中等中国名校，基本上是中国百强名校。(以上详见任勇著《任勇：走向管理的文治境界》，首都师范大学出版社 2011 年出版)。

当然，有一个“放”的过程，理应相应有一个“收”的过程。北京师范大学原校长、数学家王梓坤先生主张读书“首先应集中精力学好专业，并在专业的科研中做出成绩，然后逐步扩大领域，力求多方面的完善”。“正如中国革命一样，必须先有一块根据地，站稳后再开创几块，最后连成一片。”王梓坤先生还特别强调要读一点方法类书。方法好才能事半功倍。故而一些著名科学家、文学家写的心得体会和经验，也值得注意。

（二）确定核心

如果说入门的第一步是“放得开”的话，那么第二步就是要“收得拢”。

人的精力是有限的，一线教师的精力更是有限。所以，在经过一段时间（半年、一年？因人而异）的“放眼看书”后，应逐步收拢身心，确定下一步即将钻研的核心。打个比方说，放眼看书阶段，就好比是上学时的初中阶段，什么都跃跃欲试，而确定核心阶段，就好比是上学时的高中阶段，考虑问题已现实多了，知道自己适合学文，还是适合学理；学文或学理，又大致喜欢哪一学科。如果缺少了“放眼看书”阶段，那下一步的“确定核心”只能是缺少客观依据的主观臆断，就是“确定”了，也很可能是个虚假的确定，因为你确定的很可能是个不适合你的方向。

确定核心，实际上包含两层意思：一层是确定兴趣核心，一层是确定信息核心。兴趣核心好理解，什么是“信息核心”呢？情报学上有个词，叫“核心情报源”，比如说你喜欢与语文教法有关的事情，那么你应该知道，哪些刊物、哪些书籍、哪些高校、哪些学者甚至哪些网站、哪些博客与语文教法有关的“情报”最密集……这些就是你的主要信息来源，即所谓“核心情报源”。反过来说，如果你连某一学科有哪些人最“牛”，有哪些高校最有优势，有哪些刊物最有看头都不知道的话，那么真是如咱们在前面所说的，连“球迷”的水平都达不到了。

（三）拟定题目

为什么说“拟定”不说“确定”呢？这是因为科研题目，尤其是在入门阶段选定的科研题目，仍有很大的不确定性。也许选定了以后，一搜集资料，发现这个题目不像原来设想的那么好写，写不下去了，只好放弃。

至于一线教师在拟定科研题目时常出现的问题，主要有以下几个：

一是过大。冉乃彦老师说，一线教师做科研，最容易出现的问题就是选择的题目过大。例如“素质教育研究”“对师生关系的探索”等等。冉乃彦老师说，出现这类问题的原因是有些一线教师误以为选题就是确定一个归属的范围，以为既然自己研究的问题属于“素质教育”，就可以定为“素质教育研究”；其次是酝酿得还不够成熟，没有把问题找准，只想了一个“大概”。

二是过难。例如某学校的教师要做全市，甚至全国范围的统计研究；另一种是需要长期努力才能完成的研究任务，却想安排在一个课题中急于完成，例如研究学生 10 年成长规律等等。

三是过空。这有两类，一类是冉乃彦老师所说的“任务和目的都没有说清楚”。例如某学校提出“亲身体验在培养小学生自主性素质中重要地位的研究”课题，从字面上看，就不知究竟要研究什么，容易误解为教师去亲身体验……经过了解，原来是想研究学生在实践中得到的亲身体验，这种体验在培养自主性素质过程中的重要性。这的确是一个不错的选题。那么这个课题改为“在培养小学生自主性素质中学生亲身体验的重要性研究”就比较清楚些。再一类，就是如郑金洲老师所言“求新求异”“跟风追潮”。硬要研究什么“创新教育”、什么“多元智能教育”。其实这些概念是什么，研究者自己都搞不清楚，写出来的文章没法不空话连篇。

为了避免出现选题过大、过难、过空的情况，我们不妨记住两点：选题宜小不宜大，宜实不宜空。

先说“宜小不宜大”。

为什么要小呢？这就好比刚刚学会开车，是开一辆 POLO 更有把握呢，还是开一辆 5 米多长的宝马 7 系更有把握呢？答案是不言而喻的。宝马 7 系是有面子，但对于刚上路的新手来说，显然还是一辆不到 4 米的 POLO 更好操纵。诚如冉乃彦老师所言：“选题就好像打仗时发现很多敌人，不能盲目乱打，要尽量选准一个有价值的‘点’作为攻击目标。当然这个‘点’的选择，实际有一个过程，是一个逐步缩小包围圈的过程。开始初步选定一个范围，经过观察、调查、分析、酝酿和学习，最终明确研究的中心问题。”（《中小学教师如何做研究》，第 33 页，人民教育出版社 2006 年出版）

在实际操作时，我们不妨试着将自己的选题缩小三次，看看怎么样。比如说，对本地所用小学数学教材有不少话想说，那么初步拟定的题目或许是：××版小学数学教材初探。这个题目对于处于入门阶段的新手来说，显然太大了，那么我们不妨将其缩小三次：

第一次，××版小学数学第5册初探。如果此套教材有6册，那么先不妨将研究范围集中在自己感受最深的一册上（假定为第5册），工作量一下少了六分之五。

第二次，××版小学数学第5册习题初探。说实话，一册教材的内容包罗万象，即便是对一册教材进行“初探”，工作量仍然不小。再次缩小范围，课文等先不论了，就探讨习题，这样工作量又少了许多。

第三次，××版小学数学第5册思考题部分习题初探。即使是谈谈课后练习，恐怕也不是那么简单。再次缩小后，就谈思考题部分，问题就又单纯多了。当然了，即便是将思考题部分的习题读出点名堂来，也不简单。所以还可以第四次缩小，比如说，可以仅谈某一道思考题等等。

题目是缩小了，但真要动笔时，思路不能缩小，而应“小题大做”。中南财经大学周秀鸾教授在谈到当年著名经济史专家梁方仲先生指导他入门时说：

> 他指导我们学习做研究工作时说，选题不要太大，要从小题入手，但在研究时，却要“小题大做”。所谓“小题大做”，是要把小题看成大问题，并要在小题中看出大问题。这就是说，一方面要找许多材料来论证这个小题，把小题视作大题来对待。不能轻视小题，特别记住一定要作卡片。另一方面，要在“一滴水中见太阳”，即从小题中看出事关重要的大问题。不能就事论事。（《纪念梁方仲教授学术讨论会文集》，第29页，中山大学出版社1990年出版）

如果说我们在拟定科研题目时要缩小三次，那么，我们在具体写作时，就不妨反其道而行，“小题大做”，将思路放开，扩大三次。仍以前举某版本小学数学教科书习题为例：

第一次，就这册教科书的编纂体例而言。习题为什么这么出，肯定与这册教科书的编纂体例有关。编纂体例就决定习题只能这么多，这么编。

第二次，就此教科书的编纂思想而言。编纂体例归根到底，又是由编纂思想决定的。或许此书的编著思想，就是要体现课标精神，故而关于“探究性”学习的习题多而知识性的习题少……

第三次，就此教科书对待思考题的态度而言。究竟对传统思考题怎么看？究竟想传授给学生哪些知识？等等。

如果这么一扩大、“一拔高”，就不是就事论事了，而是有那么点“小题大做”的意思了。

当然真正要做到“小题大做”，一定要对自己所写的东西在整个知识体系中的具体位置有明确认识才行。这就好比只有经GPS定位，知道自己身在何处，才能向他人讲清楚自己的地址是一个道理。曾荣获中国教育学会优秀专著一等奖的《阅读教材论》一书中，就曾给出过下面这样一张“结构示意图”（见下页）：

我们写作任何一篇文章，脑子里要都有这样一幅“结构示意图”，那有多好！

说到“宜小不宜大”，香港中文大学严耕望先生又将这一问题与年龄挂上了钩。他说：

> 青年时代，应做小问题，但要小题大做；中年时代，要做大问题，并且要大题大做；老年时代，应做大问题，但不得已可大题小做。因为青年时代，学历尚浅，但精力充沛，小问题牵涉的范围较小，亦可控制，不出大毛病，但也要全副精神去大做特做。这样可以磨炼深入研究的方法，养成深入研究的工作精神，为将来大展鸿图做准备。若走上来就做大问题，大问题要写成长篇大论并不难，但要精彩则极难。自己学力未充时就做大问题，结果往往大而无当，并无实际成就，久而久之，习以为常，终至永远浮薄，不入门径！中年时代，自己见闻已博，学力渐深，或可说已入成熟阶段，而精神体力也正健旺未衰。换言之，已有做大问题的基本素养，又有大规模辛勤工作的体力与精神，这是一位学人的黄金时代，所以他可选择重大问题，做大规模的深入的研究工作，到达既博大又精深的境界，为学术界做出他可能做的最大贡献。人到老年，学力深厚，就他本人言，可谓学识已达最高阶段，但体力精神却渐衰

退，很难支持大规模而且精密的繁重工作，所以只能小规模地做工作，写札记式的论文，最为切当。因为他学力深厚，不妨就各种大小问题提出他个人的看法，是否有当也不必认真提出实证。（《治史三书》，第 54 页，辽宁教育出版社 1998 年出版）

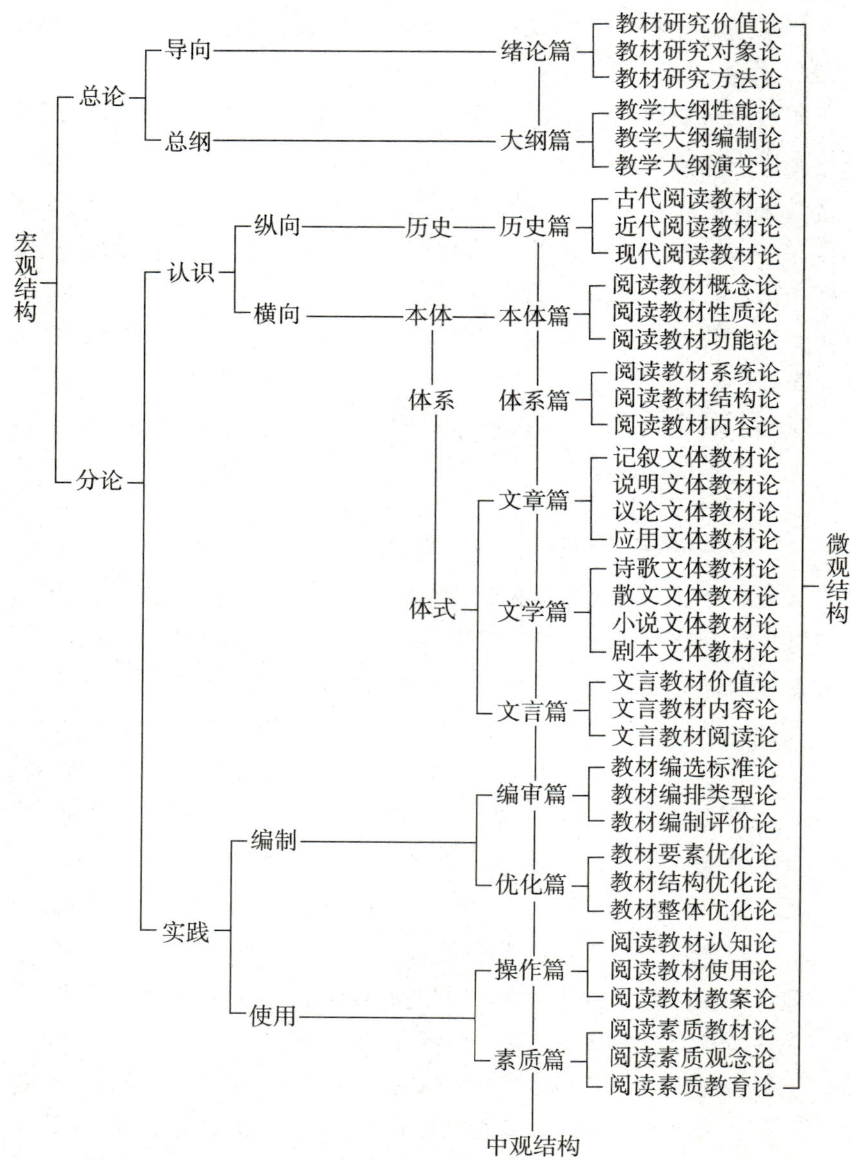

显然严耕望先生觉得处于科研入门阶段的青年人，还是“应做小问题，但要小题大做”才好。

无独有偶，史学家胡如雷先生也有类似的意见，认为刚入门时不妨搞一些窄的课题，便于深入、搞细。中年时做点大题目，老了就不宜再做大题目了。他说：

> 从事社会科学研究工作，要从大学或研究生毕业起就开始着手。如果毕业后先搞教学过关，经过五六年后再回过头来读书搞研究，弯路就未免走得太大了。从30岁左右到四十八九岁，是一个人的最佳年龄期。这个时期精力充沛，思想活跃，一生中最重大的项目应该在这一时期完成。一开始，不妨搞一些窄的课题，便于深入、搞细；接着就要选择一些具有战略性的大项目，用10年左右的时间进行突破。50岁以后要根据自己的身体条件选题。如果身体好、精力足，还可再攻一二个大课题。六十几岁以后就不宜再贪大项目了，应写一些力所能及的中小型论著，并回顾一生治学成果，进行总结。所以从30岁左右到60岁以前，是一个人一生中最能出成果的时期。在这段时间中，大致50岁左右是定型的关键时刻，能够成才的人，这时已经取得了一定的成果。50岁达到的水平，很可能也就是一生所能达到的最高水平。此后成果的数量可以增加，但水平只能略有提高，再想有突破性的发展很不容易。由此可见，从40岁左右到60岁左右，一定要从战略的高度考虑选题问题，尽量把钢使在刀刃上，不能在一些不重要的项目上浪费一生中最好的年华。(《抛引集》，第221页，河北教育出版社1993年出版)

看来科研这件事跟人生中许多别的事情一样，什么时候做什么，也该有个大体规划。真是如同《裴斯泰洛齐教育文选》中说的：“为人一生做事都要及时，错过了时间就会一事无成。”

再说“宜实不宜空”。

“实”，在这里至少有以下三层意思：

一是“实在”，用实实在在的话语，讲清要说的内容。在这方面，中国艺术研究院戏曲研究所研究员章诒和女士在科研刚入道时的一段经历，很有代表性。她说，她在刚开始写科研文章时，喜欢用“系统论”“信息论”“控制论”等当时时髦的一些概念。对此当时任中国艺术研究院院长的张庚先生很不以为然。他说：

> 你要记住：文章是写给别人看的，所以最根本的要求是要别人看得懂。你的文章过于追求文采，还喜欢用新术语、新概念，这就妨碍了表达的准确性。对学术论文来说，正确性、准确性永远是第一位的。(《记忆：往事未付红尘》，第 326 页，章立凡主编，陕西师范大学出版社 2004 年出版）

张庚先生说，这是“文风问题”。章诒和女士想到自己在文章中用了不少“审美接受”“审美中介”一类似是而非的新名词，“脸蓦地红了”。

二是实际。问题是从实际中来的，又能回到实际中去；解决实际问题，产生积极效果。

冉乃彦老师曾举了一个例子，说有位小学教师发现小学低年级的孩子上课总爱有小动作。如何解决这个问题呢？她不是消极地从限制角度去考虑，而是积极地研究怎样把爱动的年龄特点引向为教学服务。于是她选择了“小学低年级学生手势语研究”作为科研课题。冉老师说：“这个‘点’选择得非常好，因为对手势语的研究，实际上能够把低年级学生如何进行师生、生生互动的研究带动起来。”(《中小学教师如何做研究》，第 33 页，人民教育出版社 2006 年出版）。

数学家李尚志老师在解释所著《数学的神韵》(科学出版社 2010 年出版）为何要引入大量实例时说：

> 抽象是数学的一个主要特征，抽象也是很多学生学习数学的主要困难和障碍。怎样解决这看起来不可调和的矛盾？基于作者对数学的理解和对学生的了解，以及多年的教学经验，认为：既然抽象就是从许多不同事物中提取的共同点，那么数学的思想方法、概念原理应当通过适当的例子来体现。这些例子既要体现数学的本质，又要能通俗易懂、引人入胜、为学生喜闻乐见，并且还能举一反三，应用到其他看起来不相干的地

方去。（见该书序）

写书是如此，写论文、上课，不也同样是这个道理吗？

三是实事求是。用老一代学者的话讲就是有一分证据说一分话。千万不要有一分证据说十分话，比如仅仅做了几百人甚至几千人的一个问卷调查，却得出一个全省甚至全国性的结论来，那是会贻笑大方的。香港中文大学严耕望先生就讲过要“慎作概括性的结论”，“有才气、讲通识的学者，往往喜欢下概括性的结论，浅学之士也往往喜欢这样”。“所以概括性的话最好少说，要说也只能说大体如此，意谓非全部如此。”（《治史三书》，第24页，辽宁教育出版社1998年出版）

“实”也可以理解为具体问题，“空”也可以理解为抽象问题。严耕望先生曾专门论述过这两类问题。他说：

> 我认为研究工作，为把稳起见，最好多做具体问题，少讲抽象问题。研究具体问题，用可靠史料，下深刻功夫，一定能获得可观的成绩，而且所获成绩比较容易站得住脚，不易被人否定，也就是说较易成为定论。但抽象问题，虽然同样用可靠史料，同样下深刻功夫，但所获成绩就不一定能站得住脚，也就不易成为大家都能接受的定论。因为具体问题的证据也比较具体，较易作客观的把握，需要主观判断的成分比较少；但抽象问题的证据往往也比较抽象，较难作客观的把握，需要主观判断的成分比较多。主观判断的成分比较多，在作者本身而言，就比较容易走上主观意向，作错误的判断；在读者而言，在其他的研究者而言，也各掺入主观成分，有不同的认识，作不同的判断，因此人各一是非，上焉者可成“一家之言”，但很难得到为大家都能承认的公论。然而一般人都比较喜欢讲抽象问题，尤其现在一般青年更似有此趋向。这或许是因为面对抽象问题，容易发议论，提意见，讲起来比较可以自由发挥想象力；甚至于仅获得少数资料，一知半解，也可以主观地贯穿，痛快淋漓地发挥一番，满足自己丰富的发表欲，至于具体问题，总认为繁难，不易见功。但事实上，具体问题似难实易，而抽象问题似易实难。因为具体问题，可以肯定地说，一

分耕耘，有一分收获；抽象问题，虽然原则上也是如此，但未必如此，也许自己辛苦经营，以为发千古之覆，心满意足，但他人看来可能付之一笑！

然则大家都搁置抽象问题不去研究吗？我实并无此意。不过就一般常人而言，并以矫正时敝而已！若是对于抽象问题实有浓厚兴趣，又自信天分极高，能透视常人所不能窥视，自亦可以从事抽象问题的研究，不过要特别警觉，谨慎从事！天分高，功夫深又能谨慎，所得成果，纵不能得到公论的承认，但若能真正成一家之言，也就是一项成就！（《治史三书》，第49页，辽宁教育出版社1998年出版）

显而易见，严耕望先生是倾向于多研究一些具体问题的。从操作层面看，具体问题一般就是把一个问题读清楚，而抽象问题往往有多层意思在里头，不易把握。北京大学中文系王瑶先生曾告诫他的一位弟子，“写文章比如留声机唱片的转动，转来转去都行，但得围绕一个中心，而不要开中药铺，甲乙丙丁”。(《王瑶和他的世界》，第185页，河北教育出版社，2000年出版）郑金洲老师也说：“研究问题的确定，倒是在一定程度上需要信奉英语中的一句谚语：‘Small is beautiful，小的就是美的’。这种小即美的选题思路，在当下学校教育科研中有着积极意义。”(《教育的思考与言说——一位教育学者的演讲录》，第133页，福建教育出版社2007年出版)。教育这门学科，可以发表议论的题目似乎又特别多，比如应该这么做教育，应该那么来高考一类，很容易发发议论的，但真要说出点道道来，并不容易。而题目要做到既“小”又“实”，特别需要我们在日常生活中具备细心、耐心的品质。郑金洲老师指出：

中小学教师的教育科研，总体上说，是小题大做的研究，需要从细微处着眼，从教育教学的小处着手，需要做“小学问”。如此也就需要教师在教育教学实践中，要细致入微考察疑难问题，不放过教育教学中可能存在的任何纰漏。

细心是发现问题的前提。今天的教育教学实践中，无疑存在着形形色色的问题，但要发现值得研究而且有可能深入研究的问题，则需要从貌似没有问题的地方发现问题，从稍纵即逝的现象背后捕捉问题。在别人看不到的地方发现问题，是研究能够找到恰当选题的前提条件，也是一个有经验的教师常体现的研究特征。

细心是实施研究的保证。借助细心，教师可以对研究问题向课题转化过程中的种种可能与限制进行认真梳理；借助细心，教师可以对研究方案的各个细节进行具体设想，预见在研究中有可能存在的种种障碍；借助细心，教师可以在研究具体实施过程中考察各种各样的新现象、新矛盾、新情况；借助细心，教师可以仔细甄别自己的研究过程与实践过程的异同。凡此种种，都需要通过细心来完成。

细心是反思研究的保障。对中小学教师来说，研究本身不是目的，目的在于改进教育教学实践，解决教育实践问题，因而，研究过后，教师要认真分析研究的利弊得失，问题解决的实际水平，改进实践的实际状态。反思研究全过程，需要细心；探讨后续努力方向，需要细心；甄别自身行为的前后变化，也需要细心。

郑老师最后指出："教师在日常研究中，要把细心作为实施研究的基本要求，不满足于得出初步的认识和结论，不满足于概要性的看法和观点，要注意提醒自己仔细再仔细，认真再认真，用缜密的思维和细致入微的眼光来为自己的研究提供支撑。"（《教师做科研的十条建议》，原载《人民教育》2008 年第 5 期）。

这确是与人的心态、性格相关。中国科学院院长王夔先生说：

能否创新，是否愿意并敢于创新在很大程度上依赖于人的心态。无论是科学研究还是教学工作，都要求创新，但是有很多人不愿、不敢、不能创新。他们不是能力问题而是心理状态问题。我愿在这里引用诺贝尔物理学奖获得者 Esaki 的一段有益的话，他说，你想得诺贝尔奖吗？有 5 条规律：第一，不要被自己过去的经验所束缚；第二，不要过分追随你的研究领域中的任何一个权威；第三，不要抱着你不需要的东西不放，要

> 严格地筛选信息；第四，不要回避对抗，如果有合理的观点，就去辩论；第五，不要忘记童年时的好奇精神，它是想象力的表现。但是，我们的学生在学习期间缺少这种心态和精神的培育，我们的各级教育都不能使学生有这种精神。

需要指出，找到一个视角独特而又切实可行的题目，并不容易。诚如余映潮老师所言："角度这东西，不经过'山重水复'的跋涉，是看不到它的；不达到'千呼万唤'的地步，它是不出来的。为了它必须付出时间，必须耗费心力。"（《我和我的语文教育研究》，《语文教学通讯》2007 年 7—8 期）

既要"实"，又不宜大。一线教师初涉科研时，所写文章很可能会"微博"化——最多不到两千字，甚至只有几百字。例如浙江省江山市江山实验小学的傅淑玲老师在谈到自己所写的几篇论文时说：

> 有一次我上教研课，上的是 There be 句型。我设计了"城市队"和"乡村队"的辩论赛，通过"美丽家乡""精彩反驳"等辩论环节巩固肯定句、疑问句等多种句式，非常成功。想到我曾设计过的其他"辩论赛"，当天我就写下了"辩论式小学英语复习课"，发表于《中小学英语教学与研究》。
>
> 俗话说："好记性不如烂笔头。"这句话很适用于我们写课后小结。有一年寒假，我随手翻了翻一学期的教案，发现课后小结密密麻麻。通过结合具体事例的分类梳理，"写好课后小结，做教学有心人"一文成稿了，获江山市一等奖。同一本教案上的一幅幅插图也引起了我的注意，有简笔画、流程图、线形图、饼形图、柱形图、表格等，经总结，"图表转换策略在小学英语教学中的应用"诞生了，图文并茂，发表于《中小学英语教学与研究》。还是同一本教案，我发现了很多在感动中写下的小结。回顾一次次的感动，我写下了"感动于学生的成长"，获江山市二等奖。就这样，一本教案随手一翻，三篇论文出炉。除了教案上的点滴记录，我床头柜里总有一叠纸，睡觉时想到什么就趴在枕头上草草记下来。我的很多教学灵感是

在床上所思、在枕上所记的。

英语中有些发音是中国学生学习的难点。比如“狮子”一词的滑音就很难发到位。我用粗重的声音像狮子似的张大嘴发[lai]，再拉扁嘴巴发[ə]，最后咬牙切齿地发[n]。学生学着我那“狮子”般的样子很快就掌握了发音要点。我把这种创新运用于各种课型的教学上，语音难点都能迎刃而解。于是，我写下了“小学英语‘拟声教学法’”，发表于《中小学英语教学与研究》。

显而易见，上面这些论文都是不长的“微博”式论文。傅老师说：“我所做的就是大家所做的，只是我善于发现、善于记录，并写了出来，就这么简单。”(《一线教师论文来自何处》，载《中小学英语教学与研究》2008 年第 6 期)。

（四）制作目录

所谓“制作目录”，就是围绕着你所拟定的科研题目，将你个人认为有必要研读的文章、书籍信息搜集起来，做成目录。

事实上，“拟定题目”和“制作目录”这两个步骤可以说几乎是同时进行的，我们分开说，只是为了叙述方便。但在实际工作中，并不是说“拟定题目”这件事百分之百做完了，再开始“制作目录”这一步。不是这样的。很可能在“拟定题目”时已开始阅读相关文献，与题目有关的文献已搜集到百分之六十、七十，然后再去搜集剩下的百分之三四十的文献。

在实际操作中，制作目录的过程，又可表现为从“大目录”到“小目录”的过程。著名历史学家赵俪生先生指出：

目录有大目录和小目录。从大目录到小目录，是进行史学科研的重要历程。科研的成败，其关键之一在这里。

大目录，是指要人通晓有关史料之全面情况的一门学问，研究生一进门，先介绍这门内容。它的要求主要有两方面，其一求其广度，要避免遗漏；其二是求其深度，要触及要害。

> 小目录，是指按照你当前选题的需要，从大目录的普遍知识中，结构出你在追寻本专题底蕴中的特殊需要的目录。在开始，这是由导师提供的，但更重要的是你必须锻炼自己去独立地构成这种目录。并且这种小目录也不可能一次完备的，它也要经历一个由简至繁、由浅及深的发展过程，它也需要随时补充。(《治学之道》，第 169 ～ 170 页，齐鲁书社 1983 年出版）

对赵俪生先生这段论述，我们不妨稍稍解释一下：

从大目录到小目录的过程，居然是“科研的成败”的关键之一！研究历史是如此，研究教育也是一样。这一点应当引起我们的重视才好。

大目录，是指前人已做过工作、付出劳动而编成的大型“数据库”，这个“数据库”可以是纸质的，也可以是网上的。但都是搜集了几十万乃至上百万条数据的信息源。

小目录，是我们围绕自己拟定的科研题目而制作的工作目录。赵俪生先生说这个小目录，“在开始，这是由导师提供的”，对于绝大多数一线教师来说，恐怕无此福分，只能是“锻炼自己去独立地”完成这项工作了。

一般来说，小目录的制作过程，可以细分为以下几步：

第一步，由大目录往小目录“转移”。为什么用“转移”这个词，是因为可以抄写，也可以复印，甚至可以扫描……

第二步，从其他大目录中搜集相关信息，对小目录进行补充。刚开始工作时，肯定是以某一个大目录（假设为大目录 A）为主从中往外挑选自己需要的信息，然后肯定要再从其他大目录中（假设为大目录 B）往外挑选大目录 A 中没有的相关信息，接着有可能还有目录 C、D 等，诚如赵俪生先生所指出的，小目录的制作过程，“不可能一次完备的”“需要随时补充”。

第三步，加上自己工作的标记。比如出处，大目录中会有哪家出版社出版，哪一刊物哪一期登载等信息，但不妨加上更细致的信息。如某书“见市图书馆，索书号 G032.2/60”，某书“见学校资料室”等等。不记下来很容易忘记，再找会很费劲的。

制作小目录的过程，也可视为对某一课题算“总账”的过程。这本身甚至就是一种科研方法。台湾“中央研究院”院士周法高先生说，他研究学问，用的就是“结账式的研究方法”。他写道：

> 谈到治学方法，我个人向来有一个脾气，无论研究哪个问题，总是尽量能将有关资料搜集齐备，而且资料越丰富越好。然后再加以分析、归纳整理，做一种结账式的研究。先将前人说法罗列，说明它的贡献，遇有前人说法不妥的地方，经过深思研判后再下自己的按语。读者看了我的书，也等于同时参考了许多相关的资料或书籍。有一些学者（例如陈寅恪先生）的著作方式和我的不同，他们的文章只将自己的心得或有别于前人见解的部分写出，不是自己的见解就不写，因此他们的文章较短。阅读他们的著作，有些地方仍须参考其他的书籍或资料。治学本来就有不同方式，各有短长，问题不在于哪种方法，而在于除了综合前人的说法之外，有没有属于自己的创见，如果只罗列了别人的说法，做一番资料排比的功夫，而没有自己的创见，是够不上第一流的研究的。凡是第一流的研究，一定要有自己独到的见解。至于表达方式则各有不同，一种是像陈寅恪先生一样的方式，一种是综合的方式。
>
> 在我主编的《金文诂林》等三套书中就有我下的按语一千多条，就这点来说，和丁福保的《说文解字诂林》只排列前人资料的方式是绝不相同的。
>
> 我在撰写《周秦名字解诂汇释》时，做法就是将王引之《春秋名字解诂》以来的各家说法汇集后再加上自己的见解。1949年，我出版一本《颜氏家训汇注》，除了前人的注释外，我还增注了几百条新的注解。
>
> 以上例子都说明我一贯用的结账式的研究方法。只有在1951年出版的《金文零释》是用不同的方式撰写的，只写出自己的独见部分。

拜读过周先生编写的《金文诂林》《金文诂林补》和《金文诂林附录》三套古文字学参考工具书，工夫的确很大。编这些工具书，他的做法是先用卡片将容庚《金文编》所收的一万八千多个例字原来的出处都查出来，并且登录原出处的句子、器名和器号，这是非常费时劳神的。

在铭文中出现的三万多字中，容庚只采用了一万八千多字，他也将其余的部分编入书中，但这些补的字没有原来铭文字样，只好用正楷补上。书的另一个特点是全部用正楷国字，没有使用简体字。据周先生本人讲，《金文诂林》等三套工具书共22本，500万字，在台湾和大陆广为流传，更远销到日本等国。

应当指出，制作目录也是要付出艰辛和努力的，不是说找几本大目录，抄抄写写就完事了；或者上网左一翻右一看，敲敲打打就解决了。哪有这么便宜的事！安徽师范大学潘啸龙老师在谈及他在读研时建立自己的关于《楚辞》研究小目录的甘苦时写道：

> 我对楚辞研究著述的抄录，还扩大到了对“五四”以来现代研究者专著、论文的范围。在报刊阅览室查阅有关屈原、楚辞研究的论文目录，然后一本一本翻阅期刊，摘下有关论文的主要见解及论据。到1982年研究生毕业前夕，我几乎读遍了当时所能找到的全部楚辞学论文。在此基础上，我编成了供自己研究参考的《关于屈原研究主要争议问题资料编辑》（约30万字）。这花费了我的大量精力，但我正是靠这样艰苦的笨方法，打下了进入楚辞研究领域的基础，激发了在有关课题研究上向前贤“挑战”并力争“超越”他们的勇气和信心。（《楚辞研究成功之路——海内外楚辞专家自述》，第123页，黄中模、王雍刚主编，重庆出版社2000年出版）

如果把制作目录的过程视为创立自己的科研“数据库”的过程，这个过程的确是十分艰辛的。正如日本学者长谷川庆太郎先生所指出的：“不知从何时开始，人们认为任何事物皆可建成，这种倾向越来越显著。”而事实上，有用的“信息是非常昂贵的东西，许多人误解信息是‘免费’的，以为信息的取得不需付出代价，实在是大错特错。为了取得信息，必须有所准备。为了交换信息并获得有益的讯息，自己必须先投入百分之一百二十以上的努力”。（详见《信息力》，中译本，中国轻工业出版社1999年出版）。严中平先生也讲道：“收集资料是一项繁重的工作，大致占去全部科研劳动量的百分之七八十。”（《科学研究方法十讲——中国近代经济史专业硕士研究生参考讲义》，第79页，人民出版社 1986 年出版）。严先生甚至说，编图书目录和论文索引，是从事科学研究的一项入门工作，也是基本功（同前引书第 56 页）。把这一步视为科研成败的关键。

从实际操作的层面看，制作目录的方法通常有如下几种：

方法一：摘录式

所谓“摘录式”就是前面赵俪生先生所说的从大目录到小目录的工作方式。这里的“大目录”，是指某个领域的“核心情报源”，即含有最丰富的专业信息情报的载体，可能是某个期刊，可能是某个网络，可能是某个朋友的书房……这里的“小目录”，是指你从“核心情报源”中挑选你所需要的信息，一一详细地记录下来，形成自己的科研目录。

打个比方说，你想写篇有关中小学管理方面的文章，那么就期刊方面的“核心情报源”，无疑当首推中国人民大学的《复印报刊资料》。《复印报刊资料》的范围，包括有国内统一刊号的中央和地方报刊，以及大专院校学报等，共约 3000 种，还收录了部分港澳台中文报刊的文章。分为上百个专题。每一专题下的文献，又分为两种方式处理：一是全文复印，这当然是比较重要的文章，一类是编制索引，即将全文未复印的文章，编成“未选文章索引”，附于每期最后。我们不妨查找《复印报刊资料》中的《中小学管理》专刊，逐年逐期去读，将自己感兴趣的文章一一记下，便形成了自己的科研目录。最好记得详细一些，文章的全名，原载何刊何期，作者姓名等，均要记全，免得日后要引用时返工。每条信息还至少应注释以下三层相关信息：一是找到没有，应注明“有”或“无”，有的文章是从索引中抄来的，原始出处不易查找（比如 ×× 师专学报，图书馆都没有），如确实需要，只好花钱请人大报刊资料中心代为查找；二是看了没有，看过了，不妨打个“√”，还没看，不妨打个“×”；三是有用没有，有用，可以加个“☆”，没用，就不加。只有添加了许多自己的信息，这份目录才会真正变成你自己的科研“小目录”。

方法二：添加式

一些学术专著的后面所附“参考文献目录”，实际上是替你搜集了该学术领域的主要文献，不妨复印下来，添加上新的信息，如该书出版以后的出版物或文章的信息，以及前面提到的“有”“无”“√”“×”“☆”等自己的信息，便是一份很理想的科研目录了。例如冉乃彦老师《中小学教师如何做研究》（人民教育出版社

2006年出版）一书最后就附有“主要参考文献”目录：

主要参考文献

1. 毛泽东:《毛泽东选集》第5卷，人民出版社1977年版。

2.《马克思恩格斯选集》第1～4卷，人民出版社1995年版。

3. 袁贵仁著:《马克思的人学思想》，北京师范大学出版社1996年版。

4. [瑞士]皮亚杰、英费尔德著，吴福元译:《儿童心理学》，商务印书馆1980年版。

5. [英]J.D.尼斯比特、N.J.恩特维斯尔著，张渭成、周照南、徐禾夫译:《教育研究法》，教育科学出版社1981年版。

6. 郝德元编著:《教育与心理统计》，教育科学出版社1982年版。

7. 曹延亭编著:《教育统计学基础》，辽宁教育出版社1984年版。

8. 李秉德主编:《教育科学研究方法》，人民教育出版社1986年版。

9. 李丹主编:《儿童发展心理学》，华东师范大学出版社1987年版。

10. [美]艾尔·巴比著，李银河编译:《社会研究方法》，四川人民出版社1987年版。

11. [法]雷蒙·布东著，黄建华译:《社会学方法》，上海人民出版社1987年版。

12. 戴忠恒编著:《心理与教育测量》，华东师范大学出版社1987年版。

13. [苏联]科恩著，佟景韩等译:《自我论》，生活·读书·新知三联书店1987年版。

14. [苏联]索洛维耶娃、鲁温斯基著，刘成彬译:《自我完善心理学》，农村读物出版社1987年版。

15. 谢小庆编著:《心理测量学讲义》，华中师范大学出版社1988年版。

16. 张厚粲主编:《心理与教育统计学》，北京师范大学出版社1988年版。

17. 袁伟民著:《我的执教之道》，人民体育出版社1988年版。

18. 谢小庆、王丽编著:《因素分析》，中国社会科学出版社1989

年版。

19. 卢淑华编著:《社会统计学》,北京大学出版社 1989 年版。

20. 楼沓编著:《实用学校教育统计》,北京师范大学出版社 1989 年版。

21. [瑞士] 让・皮亚杰著,高如峰、陈丽霞译:《儿童智力的起源》,教育科学出版社 1990 年版。

22. 王重鸣著:《心理学研究方法》,人民教育出版社 1990 年版。

23. 国家教育委员会考试管理中心主编,李伟明、冯伯麟、余仁胜编:《考试的统计分析方法》,高等教育出版社 1990 年版。

24. 赵慕熹编著:《教育科研方法》,北京出版社 1991 年版。

25. 吴国富等编:《实用数据分析方法》,中国统计出版社 1992 年版。

26. 刘文霞著:《教育科学研究方法》,内蒙古大学出版社 1993 年版。

27. 李蔚霞著:《少年教育研究》,新疆大学出版社 1993 年版。

28. 裴娣娜著:《教育研究方法导论》,安徽教育出版社 1995 年版。

29. 王铁军主编:《中小学教育科学研究》,武汉大学出版社 1997 年版。

30. 裴娣娜主编:《小学教育科学研究》,科学出版社 1997 年版。

31. [美] 威廉・维尔斯曼著,袁振国主译:《教育研究方法导论》,教育科学出版社 1997 年版。

32. [美] 霍德华・加德纳著,沈致隆译:《多元智能》,新华出版社 1999 年出版。

33. [苏联] B.A. 苏霍姆林斯基著,杜殿坤编译:《给教师的建议》,教育科学出版社 1999 年版。

34. 王梓坤著:《科学发现纵横谈》,湖南教育出版社 1999 年版。

35. 叶澜著:《教育研究方法论初探》,上海教育出版社 1999 年版。

36. 朱宝荣著:《现代心理学方法论研究》,华东师范大学出版社 1999 年版。

37. 林崇德著:《教育的智慧——写给中小学教师》,开明出版社

1999年版。

38. 陈桂生主编:《到中小学去研究教育——“教育行动研究”的尝试》，华东师范大学出版社2000年版。

39. 赵大悌等主编:《教育科研能力的培养与提高》，中国和平出版社2000年版。

40. 陈向明著:《质的研究方法与社会科学研究》，教育科学出版社2000年版。

41. 陈向明著:《教师如何作质的研究》，教育科学出版社2001年版。

42. 郭思乐著:《教育走向生本》，人民教育出版社2001年版。

43. 杨小微主编:《小学教育科学研究》，北京师范大学出版社2001年版。

44. 冉乃彦著:《自我教育研究》，京华出版社2001年版。

45. 徐世贵主编:《中小学教师教育科研》，辽宁民族出版社2001年版。

46. 张民生、金宝成主编:《现代教师：走近教育科研》，教育科学出版社2002年版。

47. 郑金洲著:《校本研究指导》，教育科学出版社2002年版。

48. 朱小蔓主编:《道德教育论丛》第2卷，南京师范大学出版社2002年版。

49. 陈向明主编:《在行动中学作质的研究》，教育科学出版社2003年版。

50. [加]马克斯·范梅南著，宋广文译:《生活体验研究——人文科学视野中的教育学》，教育科学出版社2003年版。

51. 郑金洲主编，张建编著:《研究报告撰写指导》，教育科学出版社2003年版。

52. 冉乃彦著:《真正的教育是自我教育》，新世界出版社2004年版。

53. 郑金洲著:《教师如何做研究》，华东师范大学出版社2005年版。

如果你对这一领域有兴趣，那么自然可以将其复印下来，再添加上一些书（2004 年以后出版的及少量 2004 年以前出版的），再添加上这一目录没有包含的文章目录，就初步形成了自己的科研目录了。

方法三：全文式

所谓“全文式”，就是凡是遇到自己感兴趣的文章，就全文复印（打印）下来，凡是自己读过的书中有兴趣的地方，也可复印或抄录下来，然后整理好，前面自己编一目录，便于查找和利用。这一方式，比较适合边远地区查找文献不便的老师。这样一“卷”在手，别无他求。而在大中城市生活的老师，只要有出处，很方便就可以进行二次查找。

在做这一步骤时，已基本可以判定你的“核心情报源”是什么。该买的书一定要买，这个钱不能省。还是借用鲁迅先生的话来讲就是：

> 有关本业的东西，
> 是无论怎样节衣缩食也应该购买的，
> 试看绿林强盗，
> 怎样不惜钱财以买盒子炮，
> 就可知道。

如果所待的学校条件较差，别说书了，就是一些专业报刊恐怕都得自己花钱来买。安徽省临泉一中王峰老师曾谈及，他每年都要自费订阅十几种数学专业杂志，如《中学数学教学参考》《数学通报》《数学通讯》《高中数学杂志》《中学数学月刊》《中学数学》等。(“问君怎能得素材，唯有捕捉活水来——谈一线教师如何提取写作素材”，原载《中学数学研究》2011 年第 3 期）。

（五）积累材料

小目录制作大体接近尾声时，就应逐本逐篇地阅读小目录上的文献了，不读，搜集这些文献干什么呢？

在阅读这些书籍或论文时，一定要勤于动笔，一些十分重要的图书或期刊，甚至有必要购买或复印。这些买到的、复印的、笔录的材料，应遵循以下原则加以处理：

一是集中原则。将与一个课题有关的材料，放在一起。至于是放在书柜中，还是放在文件夹中，都无所谓，可以依据自己的情况来自由处理。据说北京大学敦煌学专家向达先生，就是利用许多装文件的大牛皮纸口袋，每个口袋装一个课题的材料。向达先生将他看到的相关材料用信纸、学生作业本上的纸甚至香烟包装纸记下来，装入相应的口袋。慢慢积累多了，口袋鼓起来了，再倒出来整理一下，就可以动笔撰文了。

二是分等原则。阅读书、刊时，当然要动笔，最淡的墨水也胜过最强的记忆嘛。但又不可能什么都记，必须分等处理。对于重点书、刊，尤其是借阅不便的书、刊，不妨多记一些；对于其他书、刊或者是借阅方便的书、刊，不妨略记一些。如“P16 页有教学例子不错”，“P198 页有一索引有用”等等，等于是记录个线索，如有必要，再去二次查寻。

三是整理原则。我们在教学生时，会不断地提醒学生：你们平时积累下来的卷子，要不断地拿出来翻翻。我们如今搞科研，也应和学生备战高考一样，不断地翻看自己辛辛苦苦积累下来的相关材料。当然，除了翻看，还不妨简单地整理一下，理清头绪。如何整理呢？方法很多，不过按照时间轴来进行整理，是一个常见的方法。中国社会科学院经济研究所李文治先生在刚入门时，想研究明代农民战争，梁方仲先生就指点他依时间轴整理相关材料。他回忆说：

> 1940 年我刚一到所，他就提出先对农民战争事迹进行编年。他说晚明史籍浩繁，不下千家，而且多有伪讹谬误，通过编年，可以发现诸种记载异同，经过考证以定取舍，然后入表，有助于弄清楚农民战争的发展历程。我按照他的意图做了《李自成编年》《张献忠编年》，把他们的战争活动，如某年月日攻占某地，战争策略，以及政策措施等统收入编年，对历史事件进行纵向联系和探索。
>
> 通过工作实践，深感梁先生意见的正确。有关农民战争事迹，历史文献记载时有分歧，同记一事，不同史书对每一次战争发生时间、参加人数和农民军领导者等，每互相歧异。如当前争论的李自成归宿问题，李岩有无其人问题等，文献记载也不例外。如何取舍，哪种记载比较可靠，何者系以讹传讹，通过写编年和考证，问题才逐渐明朗，其间梁先生提供了不少

宝贵意见。(《纪念梁方仲教授学术讨论会文集》，第13页，中山大学出版社1990年出版)

研究历史是如此，研究教育也是一样。比如说想研究本省高考语文卷，也不妨依时间轴整理一番，弄清本省高考语文卷从哪年开始，分值、题型逐年有何变化，评价是好是坏，一一列出，这样心中会有数得多。

例如，欲研究高中语文新教材的情况，不如先综合各方信息，先整理一个年表：

1994～1996年：高中语文新教材调研、编写阶段；

1997年9月～2000年6月：高中语文教材（试验本）在江西、山西、天津两省一市进行试验；

2000年9月：高中语文新教材（试验修订版）在全国大多数地区推广使用，逐册替换1991年版高中语文教材，2002年春，试验修订版第4册开始使用；

2001年底：教育部组织有关专家修订《全日制普通高级中学语文教学大纲》，修订后的大纲已正式公布。根据修订后的大纲，对高中语文全套新教材（1～6册）开始一次修订。教育部将组织审查修订后的高中语文教材；

2002年9月：高中语文开始使用试验修订版第一、三、五册教材；

2004年秋：高中语文课程标准实验教材开始进入实验区；

2007年秋：高中语文课程标准实验教材在修订后开始逐步推广使用；

……

这样按年一编，客观事实就很清楚了。

除了依时间轴整理材料，写写综述，也是很好的一种整理材料的方法。中国工程院院士、外科专家汤钊猷先生讲，他发现大量阅读文献，然后撰写某一专题的研究综述，是一个迅速成为某一领域专家的好办法，他写道：

> 在1957年，我刚大学毕业不久，组织上要我参加血管外科研究工作。由于有了目标，我一有空就到图书馆看书。图书馆里有关血管外科的书，只要能找到，都尽量看。不久，我就写成了有百余篇参考文献的综述。从那时起，我算进入了角色，在相当长的一段时间里，我总是图书馆关门前的常客。在1957至1968年间，我不仅看了很多血管外科方面的书，而且还做了大量血管外科的实验。那时崔之义教授是我的领导，在太阳伞下，我做了几百条狗的血管外科实验。记得有一条移植了真丝人造血管的狗活了10年才死亡。通过尸体解剖，我们惊奇地发现，移植的血管仍然通畅。通过看书和实践我们于1962年在国内最早开展了显微血管外科的实验研究，那时的手术显微镜是由一台解剖显微镜加上落地架改装而成。由于显微血管外科技术研究的开展，使我们在1965年获得断拇指再植的成功，并在1966年与杨东岳教授合作取得国际首例游离足趾再造拇指的成功。如果不是拥有大量血管外科的知识，没有大量进行血管外科的实验研究，要取得这些成绩是不可能的。这就是我第一次大量拥有知识和大量定向实践。
>
> 1968年，组织上又要我改行从事肝癌研究。那时我对血管外科的文献已相当熟悉，但对肝癌几乎一无所知。我感到，要进入角色，首先还是要大量地拥有前人对于肝癌研究的成果。在从事肝癌研究的初始几年，我又每天在图书馆看文献，到晚上8时半闭馆才离开，看完了几千篇与肝癌相关的文献。在此基础上，我又连续写了几篇大型的肝癌研究综述，使文献资料变成自己头脑里的知识。与此同时，还进行了大量肝癌病人的临床工作。

汤钊猷先生正是这样，通过阅读文献，撰写提要，再加上大量的临床工作，终于成长为我国一流的外科专家。

积累材料除了要阅读整理小目录上所列文献外，当然也应包括自己在工作中的一些材料。如工作总结、调查问卷、实验报告、教学案例等等。冉乃彦老师《中小学教师如何做研究》、郑金洲老师《教师如何做研究》等著作中均有专门叙述，可以参览，在此不赘。

积累材料的过程，是一个艰苦枯燥的过程，可又是科学研究不可逾越的过程。从事中国近代经济史研究的汪敬虞先生，对这一点颇有感受。他说：

> 搞社会科学研究特别需要靠资料积累，这是我当研究生时最深的一点体会。为了准备赴英国留学，我进了燕京大学研究院。为了提高英语水平，我选修了一门由瑞士教授德瓦戈用英语讲授的“中国的现代化”。没想到这门课使我受益的不只是英语水平的提高，而且更主要的是做学问的方法。这位外国教授对中国近现代史了如指掌，上课像开故事会一样，各种历史资料信手拈来，历史事件被描述得就像他亲身经历的那样具体生动。我很钦佩这位教授的学识，不久便成了他最熟悉的学生之一。教授邀请我到他家过周末，教授的书房给我留下了深刻的印象：从地板到橱顶，到处堆满了书籍，不但数量多，而且种类广。书中夹着许多小纸片，说明他对书中的内容均已相当了解，并根据自己的需要做了选择。从德瓦戈教授那里我体会到，要想对某一方面有较深入的研究，必须首先有相当广博的知识，充分地占有材料。从德瓦戈那里我学到了不少做研究的方法，对后来都有很大的影响。

程千帆先生也曾讲过：从事任何一个专题研究，“材料是基础。必须从搜集材料开始，然后进入整理材料，即由低级阶段进入高级阶段。那种想跳过搜集材料的阶段而直接进入整理阶段，逃避搜集材料的艰苦工作，利用别人搜集的一点材料大发议论的人，与科学研究就是无缘的”。(《治学之道》，第 17 页，齐鲁书社 1983 年出版)

社会科学如此，自然科学也是如此。中国科学院院士、土壤学家石元春先生讲：“科学研究中，我感到最基本最重要，也是最辛苦最枯燥的是占有第一手材料。搞地学的要到大自然中去，搞农学的要到田间去，搞实验科学的要到实验室去获取资料。”

显而易见，这样艰苦的一个过程，除了智商，还要有情商才行。否则是坚持不下来的。英国病残科学家霍金讲：“人要活到一定的年纪，才会意识到生活并不公正，你所必须做的是在你所处的环境下尽最大的努力。”当你在积累材料时遇到挫折时，不妨就想自己是在为改变自己的命运“尽最大的努力”吧。

另外，有的老师也还注意买书、看书，但不爱动笔。理由是“没时间”，“记住就行了”。真要搞科学研究，不动笔可不行。不说别的专业，就是最讲天分和灵感的文学创作，也得手勤着点，时时记点笔记。作家赵燕翼先生就说，坚持每天记点“文学笔记”，借以磨炼自己驾驭文字的能力，对学习文学当然是很有好处的，他举了一个例子：地主宅院的外部装饰：

> 四道厚门扇，全用铁叶包钉。左侧门上书“厚德”。右侧门上书“载福”。右偏门上书“和气”。左偏门上书“致祥”。正门对联是：“父肯堂，子肯构，世家盈宁有庆；兄刚友，弟则恭，瓜瓞绵远无疆。”大门对联是：“清德传家，书香继世；名宦遗泽，槐荫腾芳。”横额是：“甲第广开”。内正门影壁，以青砖浮雕“孔雀戏牡丹”及“麒麟吐玉书”。书房阁扇门，木雕“暗八仙”——“芭蕉扇”“宝剑”“渔鼓”“简板”“牙骨拍板”“药葫芦”“荷花”“花篮”“横笛”。

赵先生说，上面记的是河西家村一家地主宅院的外部装饰概貌。现在看来，记得还不够详尽。比如，空间一进几院？房屋的格局和间数到底怎样？都没有记下来。尽管如此，如果要在文学作品中描述这样的财主门第，就可以作为具体的蓝本加以参考，总会比完全凭想象编造要真实得多。

赵先生说，他不仅见过那座庄院，而且还在里面住过；可是一个人的记忆能力总是有限度的。何况人的一生经历，又是那样繁复庞杂，绝不可能把见过的每一样事物的细部，都记忆得那样清晰。不久前，有关报刊要他写一篇有关会见茅盾同志的文章。当他写到那极其简陋的客厅时，记忆中只留下一种粗略的印象；而对客厅诸多细部，如长短沙发及茶几的款式和件数，沙发上的布料质地及颜色，烟灰缸的形状，玻璃橱柜中保存的物件——是泥人张的彩塑？还是某种陶制工艺品？都记不清楚了。因为当时没有留下笔记资料，现在仅凭印象追忆，便觉似是而非，一片朦胧模糊；要用文字复述，也就很难写得准确具体了。

综上所述，“积累”可以是物质的积累——相关的书、刊、资料……也可以是学识的积累——在阅读、抄录中的思考、顿悟……诚如中国古代神话研究专家袁珂先生所言：“积累应当说是做学问的基础，没有积累，任何学问也做不起来。”(《袁珂神话论集·代序》，四川大学出版社 1996 年出版）。古人云：“不积跬步，无以至千里；不积小流，无以成江海。”(《荀子·劝学》)。做学问，说来说去也没什么神秘的，一个“积”字而已。

喻立森老师制作了一张“教育科学研究资料系统表”，可供参考（原载《教育科学研究通论》，第 191 页，福建教育出版社 2001 年出版）：

<table>
<tr><th>名称</th><th>功能</th><th>概念</th><th>内容</th><th>形式</th></tr>
<tr><td>事实性资料</td><td>事实证据</td><td>专门为教育科学研究提供事实证据的资料</td><td>古今中外已被发现和证实的各种形式、各种内容的事实资料，如文物、拓片、碑刻、教育史学专著、各种测验量表、各类教育实验报告、教育名家教学实录</td><td rowspan="5">古今中外的各种纸质、实物、电子资料</td></tr>
<tr><td>工具性资料</td><td>检索咨询</td><td>专门为教育科学研究提供检索咨询的资料</td><td>工具书、网上检索查新咨询、学术动态综述</td></tr>
<tr><td>理论性资料</td><td>理性知识</td><td>专门为教育科学研究提供理性认识的资料</td><td>教育专著、论文、文集、语录、教育家评传、方法论著作</td></tr>
<tr><td>政策性资料</td><td>政策依据</td><td>专门为教育科学研究提供政策依据的资料</td><td>规章制度、改革文件、政府统计资料</td></tr>
<tr><td>经验性资料</td><td>感性认识</td><td>专门为教育科学研究提供感性认识的资料</td><td>调查报告、工作总结、经验、随笔、杂谈、教育艺术作品、教育参考书、各级各类学校教科书、教学大纲</td></tr>
</table>

（六）撰写修改

是不是得等到材料都百分之百地一篇、一本都看过，才能动手撰写呢？不是的，事实上，完全没必要那样做，原因有二：一是很多情况下不可能将小目录中记载的每一文献都读到，总会有个别文献，几经查找，也无下落；二是只有动笔写了，才会知道还要看哪些文献，而这些文献，是原来制作小目录时没有考虑到的。

首先一条，就是要多写，勤于动笔。湖北省黄冈市语文教师吴再柱老师讲，平时有以下 4 种写作方式（详见所著《我教语文的感觉》，第 10 ～ 12 页，黄河出版社 2009 年出版）

一是“反思性写作”。吴老师说，他坚持写教学反思。一节课下来，或是一课书上完，总要在备课本上随笔写上几句。下课后，迅速到办公室里写上那么一两段、三五条，有时兴起，居然七八百字一气呵成，并怡然自乐。如：

> 本课书教学，打破了以往以“讲”为主的方式。第一课时，以读为主，例读（第一节，重音、停顿、语调）—自读—展示读—范读，力求改变学生“读字”而不是“读书”的陋习，虽然收效不明显，但开了头；第二课时同样体现“以生为本”原则，自读，每节用一句话概述——探究文章主旨（交给了方法，如从副标题、写作时间及诗的内容着手）——质疑互答（绝大多数学生“无疑”，但在意料之中）。学生“无疑”，实际上是一种“接受为主”教学模式所致，以后须打破，让学生“从无疑处生疑”。（《雨说》教学反思）

二是“随笔式写作”。吴老师说，这不妨利用博客的形式，如：

> 如昨晚半夜阅读，让我明白了一个道理：要读书，最好在夜深人静、万籁俱寂之时；要读书，只有在房门紧闭、心门紧锁之境；要读书，必须是孤灯相伴、板凳为友之地。电视机前看书，那只是一种做做样子，连自己都无法相信是在看书；窝在床上看书，那只是把书当做一种催眠的工具。我甚至觉得，在热闹场所看书，只有像毛泽东这样的伟人才能真正做到凝神静气；在被窝里看书，只有像保尔那样的英雄才能真正做到用“心”阅读。除此之外，我们一般的凡夫俗子要在这两种境况

中读书，几乎都是空话。(《有一种过年叫读书》)

三是“归结式写作”。日常教学中，自然会有许多小想法，或是一些尝试，或是一些探索，或是一种课题研究，如果不能及时将它们进行归结，形成文字，往往会昙花一现，或失之漂浮，不能形成实质性的成果。相反，及时形成文字，或保存，或投稿，集中起来，无论是形式上还是实质上，都会增加厚度和深度。吴老师说，教学反思，他写了几个月之后，便积累了一些感悟，再稍加整理、升华，便形成了一篇不错的论文《教学反思：求真·向善·唯美》。又如，他进行一种阅读实验，教过了许多篇课文之后，便又进行整理，结果便有了省一等奖论文《诊治浅性阅读，提高阅读实效》。

四是“同步式写作”。如何提高学生作文能力，一直是困扰语文老师的大问题。吴老师说，他与学生“同步作文”——同时知题，同一要求，同场写作，同时完成。通过同步作文，切身体会到了作文，尤其是考场作文的艰难，吴老师把它概括为“十难”：“动笔难，选材难，构思难，措辞难，书写难；难在没准备，难在钝思维，难在无积累，难在笨笔头，难在懒习惯。”尽管这么难，但他一直坚持着与学生同写，慢慢地也就不觉得作文难了，甚至还经常写出令自己非常满意的美文来，比如《美丽的瞬间》在他的博客上，就被近万人次阅读，并有诸多好评。

第二条，就是要多改。

为什么把“撰写”和“修改”放在一起谈呢？这是因为这二者密不可分，好文章全是改出来的。一挥而就、依马可得的写作方式，只能当成是一种文学描述吧。著名明史专家梁方仲先生，撰写《明代粮长制度》一文，开始只有 8 千多字，后来发现了新史料，有了新的认识，就加进去，前后四易其稿，历时二十多载，最后发展成一本十几万字的小册子，学术界评价很高的。

杭州大学教授、博士生导师蒋礼鸿先生，以《敦煌变文字义通释》一书而享誉学术界。此书自 1959 年第 1 版，也是几十年间一再修订，已出了 6 版。黄征先生在评价此书时写道：

> 我把这几种版（指《通释》）都找来，仔细比较，每一新版

> 本与前一版有何不同，除了发现一版比一版厚实外，还发现每一条目下的材料都比以前充实，结论比以前精确。不过最大的发现（也许别人未必留意）却是：每次增加的都是有所发明的条目。

蒋先生说，黄征先生的这段话，他认为还是符合《通释》的实际情况的。在 1959 年发表第 1 版时，仅 143 条，约 5.7 万字，到 1988 年第四次增订时已增加到 400 多条，共约 40 万字，条目和字数都增加了数倍。增加的都是新条目，也有补例、合并或删除的。至蒋先生去世前，此书已修订 6 次，愈出愈精。

专家尚如此，何况是刚入门呢？

作为尚处于入门阶段的我们，写科研文章至少要写三稿：

初稿。曾有一位老先生讲，写初稿时，只当读者是你的学生，你给他们讲课。怎么想就怎么写，怎么顺溜就怎么来做。因为初涉写作，心中多少有些不自信。而如果把读者当成学生，只当是讲课时多加了一节课，讲清一个事情，多少能减轻这种不自信。

二稿。在初稿的基础进行修改，就形成了第二稿。写第二稿时，你就不能把读者当成你的学生了，而至少应当成你的同事、同行了。就是说，你不是居高临下，而应是和读者平起平坐的。你知道的一些事情，人家也知道，就无必要如同上课一样啰啰唆唆、一一交代了。

三稿。在二稿的基础上再进行修改，就形成了第三稿，在写第三稿时，你又应把读者当成是专家、学者，你要想象他们来审读你的文章，会挑些什么毛病？所以有必要逐字逐句地推敲，三番五次地研读，看自己的立论是否站得住脚，看自己的论述还有什么漏洞。

诚如有老师所指出的：写作时一定要“一气呵成，不重‘小节’。在动笔之前做好充分的准备，一旦下笔，就要坚持不懈地一口气写下去，力求在最短的时间里完成初稿，这是许多作家的经验之谈。有的人写文章喜欢咬文嚼字，边写边改，这样容易打乱思路，浪费时间。其实，初稿不妨粗一些，有关问题和缺陷可以等到初稿全部写完以后，再来修改和订正。根据写作进展情况，适当调整提纲。在执笔过程中，常常会产生一些新观点、新思路、新见解，这时就有必要对原先的提纲进行一定程度的修改，使之更好地反映科研成果。把想到的内容都写出来。宁愿多余的内容在修改定稿时加以删减，也不要因为初稿过于简略，而遗漏了某些重要的内容。边写作边加注。引用参考资料，一定要随引随注，以免日后再花很多时间来查找出处；并且参考文献的标注也要按照有关规定，做到内容完整、格式规范。遇到疑难问题，要及时记录下来，留待以后集中检查和解决。如果遇到一个问题就检查一个问题，不仅会耽误时间，而且会打断思路，影响写作进度。相反，把遇到的疑难问题记录下来，集中查询，就可以节省时间，提高写作效率。”（《中学语文课题研究与论文写作》，第128页，江平、戴丽敏著，浙江大学出版社2009年出版）。

与我们教学生写作文一样，撰写初稿前，也可以先写一个很简单的提纲。江苏张家港外国语学校葛文山老师举例说：

> 例如，我在写《给新上岗英语教师的三点建议》（发表于《中小学英语教学与研究》2008年第12期）一文时，就用三个句子列出了该文的纲要：建议一：合理定位，成功转换角色，学会自我心理调适；建议二：边模仿边创新，变知识储备为教学技能，培养英语教学的组织能力；建议三：合理分配时间和精力，及时、高效地处理日常事务，反思自己的教学。（《与青年英语教师谈如何写科研论文》，载《中小学外语教学·中学版》，2009年第9期）

葛老师说，在充分准备材料、巧妙构思和拟定提纲之后，就可以开始动笔撰写文章的初稿了。在写作时，不妨先从可用资料最多、自己最熟悉的部分入手，葛老师主张一气呵成，暂时不要过多拘泥于语言、语法、措辞等。这些可以放在下一步去修改。

初稿写好后，一定要反复改。好文章全是改出来的。正如江平、戴丽敏老师所说的：“科研论文初稿完成以后，并非就是万事大吉了。初稿只能算是半成品，还需要反复修改、推敲，直至最后定稿。由此可见，修改是写好科研论文不可或缺的一个环节，是提高论文质量的必经之途。”（同前引书）史学家陈垣先生指出，文章写好后，最好先放一放。如同刚出锅的热馒头一样，得凉一凉再吃。过一段时间，自己再看看，也许又会有新的发现、新的想法。江苏省张家港外国语学校葛文山老师说他的修改方式是“一等二诵”，初稿写成后先放一放，过一段再拿出来修改，“往往效果更好。在修改时，可以采用朗读的方式推敲语言，从而发现文中不通顺的地方。”（“与青年英语教师谈如何写科研论文”，《中小学外语教学·中学版》，2009 年第 9 期）。但反过来说，写作也要趁着新鲜，有激情，否则时过境迁，或许写不好甚至根本不想写了。中国科学院经济研究所研究员、博士生导师汪敬虞先生说，他就坚决主张“有感即发”，从大学时就写文章、搞科研。他写道：

> 进大学后我读的是商科。那时国内交通要道设有关卡，逢关抽税，遇卡完厘。这种封建割据式的经济制度严重阻碍了市场流通和经济发展。当时有人提出裁厘加税的改革，取消关卡厘金，加收营业税，以保财政收入。那时我是大学二年级学生，当时我想，这种新税制只有利于少数大工商业者而不利于大多数小工商业者，因为从原料到成品的多个生产阶段，对大工商业者来说都集中在自己一个公司里，而对小工商业者来说却分散在各个企业里。流通一次就缴纳一次营业税，必然提高小工商业者的生产成本，从而提高价格，不利于他们的经营。我把这些想法写成了一篇论文，题目是《谈营业税》。我把这篇论文送到财政学教授那里，受到了这位教授的称赞。他马上把文章推荐给《时事新报》，该报在社论的重要地位上发表了这篇论文。论文刊出以后，从学术界到工商界，反响十分强烈。这件事使我很受鼓舞。我体会到，对问题要敢于独立思考，并且敢于发表自己的看法。从此一发而不可收，我不断寻找一些经济问题的题目来写，投到《钱业月报》等经济刊物上发表，就这样“有感而发”使我在上大学时就开始走上了学术研究的道路。

写作时出手要快，发表时倒不妨缓一缓，这二者并不矛盾。

因为要反复修改，所以在写作时，最好用大一点的纸，天头地脚多留点空，以便修改时勾勾画画、删删补补。

华中师范大学博士生导师邢福义先生也曾谈及这一点，认为修改的过程是一个自我否定、自我超越、自己教自己的过程。他说：

有个法子：有的文章，写成之后冷一段，过些时间拿出来挑挑毛病改一改，再过些时间又拿出来挑挑毛病改一改。这是一个不断自我否定、自我超越的过程，也是自己引着自己不断前进的办法。1965 年，我写了一篇关于《定名结构充当分句》的小文章，三千多字，寄给了《中国语文》。5 个月后编辑部把稿子寄回，希望深入发掘，扩大篇幅。1972 年，跟学生去工厂搞“开门办学”，利用午休时间躲在蚊帐里写成第二稿，两万多字，但不满意。1978 年完成《论定名结构充当分句》一文，一万多字，《中国语文》作为重点文章发表在 1979 年第 1 期上。此文从初稿到发表经历了三个时段，时间跨度 13 年。不管在哪个时段上，我都试着设计解决问题和论证问题的多种法子，并注意总结其优点和缺点。这样一来，我就慢慢积累了自己教自己的经验。

多写、多改，这就是写好文章的不二法门。听上去似乎是一句废话，但也确是多少前辈反复强调的经验之谈。

（七）投稿发表

如果科研这个过程只有投入，没有产出；只有入口，没有出口，那恐怕长久不了，会出问题的。所以，科研成果还是要设法发表，尽管对于尚处于入门阶段的一线教师来说，这种所谓“习作”获得发表的机会的确不容易。

为了达到发表的目的，我们不妨采取以下一些科研论文的“生产”方式：

一是“来料加工”式。即参加市区、学校组织的科研活动，按要求做好自己负责的部分，至于发表的事不必操心，反正最后公开发表时有个名就行了。

二是“特供生产”式。即专门针对某一刊物的特别要求，进行“生产”。比如某一刊物辟有专门栏目，讨论作文教学。那么不妨写一篇有关高考作文教学的文章，这样“命中率”会大大提高。

三是“贴牌生产”式。即发表时挂上一位成名的学者的名字，就好比生产商品时贴上某个品牌的商标，会身价百倍一样。

投稿时一投即中的情况当然有，但那几乎等同于买彩票中大奖，机率很小的，大多数人都会经历多次挫败。所以投稿不中，应很正常，这表明咱们的水平还不够，还要接着努力嘛。当然，有时也许是因为咱们犯了忌。比如不少刊物不大喜欢否定其他人的稿件（尤其是你否定的是个权威），因为那意味着要得罪人，甚至是得罪一批人。故而严耕望先生讲“尽量少说否定话”（《治史三书》，第27页，辽宁教育出版社1998年出版），或许也有这层意思在内吧。

投稿时一定要反复琢磨相关刊物的特点和要求。如《中学语文教学》，一般以不超过3000字为宜，长篇大论的文章就不适合往这个刊物投了。又如《语文教学通讯》，一向注重农村学校课改教改情况，有关农村中学教学的文章，就比较适合投给注重实际的刊物。再如《语文教学与研究》，所办语文知识性的专栏反响不错，相关的文章投过去，被采用的可能性当然就大一些。刊物的特点及栏目的变化，一定要自己去归纳总结，不妨以统计学方法统计一下该刊一共几个栏目，每个栏目发些什么文章。把相关的信息数字化后，认识会准确一些。对于《教育研究》《人民教育》《教育研究实验》《比较教育研究》《外国中小学教育》《中小学校长》《课程·教材·教法》等相关刊物，应该如同家门口常去的超市一样非常熟悉。安徽临泉一中王峰老师就曾谈到《数学通讯》（教师版）近几年开专栏讨论一线教师在教学中遇到的疑难问题和困惑，他针对这一专栏积极投稿，几年下来，已发表了22篇相关文章。

除了要了解和熟悉相关的专业刊物、栏目等外，一些投稿细节也要注意。所谓“细节决定成败”嘛。江苏省张家港外国语学校葛文山老师在这方面提供了很好的意见。他谈及以下几点（“与青年英语教师谈如何写科研论文”，原载《中小学外语教学·中学版》，2009年第9期）：

细节一，提防非法刊物通过有偿征稿、收取论文评比费等形式搞诈骗活动。葛老师说，识别刊物真伪的办法有：1. 看名字。非法刊物往往冠以“中国”“中华”“国际”“世界”之名，虚张声势。2. 看是否向作者收取版面费或推销杂志，非法杂志办刊的宗旨就是骗取钱财。3. 登录中国记者网（http：//press.gapp.gov.cn/）查验。

细节二，注意投稿时机。这是决定稿件能否被录用的一个重要因素。时效性强、与教学进度配合紧密的稿件最好要提前投稿。正常情况下，如果报刊没有规定，与教学进度配合的稿件，双月刊、月刊应提前4～6个月。总的来说，报刊发行周期越短，提前量相应要小些。另外，如上面我们已读到的当报刊开设一个新栏目或急需某类稿件时，会登载一些征稿启事。如果我们能及时关注并投稿，一定能提高文章的录用率。

细节三，投稿的方式通常有信邮和电邮两种。尽管很多刊物都设有投稿邮箱，但是由于病毒问题，还是偏爱信邮稿件，待决定采用后，才会通知作者把稿件发至另外一个指定邮箱内。

细节四，投递稿件时最好在信封上注明栏目名称，以便编辑人员及时、准确地处理稿件。

最后是一定要有信心，“屡退屡投”。据统计，我国目前教育类报纸杂志多达四百多种，总会有人欣赏，终会有发表之处。

（八）形成品牌

在科研“市场”上与商品市场一样，只有最终形成品牌，才会真正具有竞争力。会写点文章，写过几篇文章的人太多了，那还不足以让你在与人竞争时占据优势。只有当你在某一个领域，哪怕是很小、很专业的一个领域形成了品牌，你才会真正出人头地，占尽先机。

或许有人会说了，科研“市场”上有那么多大腕、大家，我们这样的普通教师哪能会有出头之日？实际上，科研“市场”上真正经得起考验的“名牌”产品，并不是如我们想象的那么多，还有不少“市场”有待开发。刘道义老师就曾谈到我国中小学英语“很多具有重大研究意义的项目居然没有认真做过调研，没有做过像样的总结”。“教育统计年鉴材料不全，前后体例不同，对所提供的数据难以进行可靠的比较和分析。”“教师行动研究已有开展，但是缺少案例研究……现在虽然也有人在搞，但力度不大，影响有限。”“缺少对学生学习的研究。”（《中小学英语教育发展进程中的问题和建议》，载《课程·教材·教法》2009年第2期）语文、数学两门主科或许比英语稍好些，但也有限，更不用说其他各科了。

当然，科研“品牌”的形成需要一个过程。这就需要韧劲和恒心。从事科研，当然得有灵气，可也得有坚持。二者缺一都做不成事。不过，对于尚处于“入门”阶段的人来说，因为看不到希望半途而废的情况太多了。史学家严耕望先生或许有感于此，指出从事科研一定要“坚定意志，集中心力，以拙为巧，以慢为快，聚小为大，以深会契精细为基础，而致意于组织系统化。”（《治史三书·序言》，辽宁教育出版社1998年出版）翻译家傅雷先生也讲：“要有耐性，不要操之过急。越是心平气和，越有成绩。时时刻刻要承认自己是笨伯，不怕做笨功夫，那就不会期待太切，稍不进步就慌乱了。”（《傅雷家书》）这可不是什么空话、套话，而是过来人的深知甘苦之言啊！史学家钱穆先生讲：“大抵在学术上成就大的人都不是第一等天资，因为聪明人总无毅力与傻气。”（同前引严耕望书，第250页）恐怕也是有感而发吧。

要形成品牌，就应抓住一个领域下死功夫。还拿商品经营来打比方，有些企业这也干，那也干，最后什么也没干好。而有些企业始终抓住一个项目不放松，做汽车就老老实实做汽车，做医药就认认真真做医药，反倒成为行业的龙头老大，国内品牌。科研也是一样，最忌东边一枪，西边一枪，听着枪炮齐鸣，十分热闹，但“战果”却平平，效果不佳。故而严耕望先生说：

> 若是一个一个问题作点的研究，而这些问题有相互关联性还比较好；最忌上下古今，东一点，西一点，分散开业，作孤立的研究。（《治史三书》，第18页，辽宁教育出版社1998年出版）

下面我们举一个例子，让大家具体感受一下一位学者是怎样形成自己的科研品牌的。陈美林先生是国内外知名的研究吴敬梓《儒林外史》的专家。据新世界出版社2002年出版的《清凉布褐批评儒林外史》一书所附《陈美林历年发表的吴敬梓研究要目》，陈美林先生已公开出版的论著有：

论著：

1.《吴敬梓》，江苏人民出版社，1982.11第一次印刷，江苏古籍出版社，1984.7第二次印刷.

2.《吴敬梓研究》，上海古籍出版社，1984.8.

3.《新批〈儒林外史〉》，江苏古籍出版社，1989.12第一次印刷，

1998.2 第七次印刷.

4.《吴敬梓评传》，南京大学出版社，1990.12 第一次印刷，1998.12 第三次印刷，2001.2 香港中文大学馆藏图书（光盘版），中国图书进出口公司广州分公司制作.

5.《吴敬梓和〈儒林外史〉》，辽宁教育出版社，1992.10 第一次印刷，2000.12 第三次印刷.

6.《校点本〈儒林外史〉》，浙江古籍出版社，1993.2 第一次印刷，1994.4 第二次印刷.

7.《吴敬梓》，天津新蕾出版社，1993.6.

8.《儒林外史辞典》（主编），南京大学出版社，1994.10.

9.《名家导读小说经典〈儒林外史〉》（撰写“导读”），文化艺术出版社，1997.1.

10.《〈儒林外史〉人物论》，中华书局，1998.8.

11.《清凉文集》，南京师范大学出版社，1999.11.（上编为有关研究《儒林外史》论文，计 38 篇，650 页）

论文：

1. “范进中举”的前前后后，语文战线（杭州大学），1976.3.

2. 吴敬梓身世三考，南京师范学院学报，1977.3.

3. 关于吴敬梓的“治经”问题，南京师范学院学报，1977.4.

4. 吴敬梓修先贤祠考，南京师范学院学报，1978.4.

5. 颜李学说对吴敬梓的影响，南京师范学院学报，1979.2.

6. 吴敬梓和戏剧艺术，南京大学学报，1979.4.

7. 关于“幽榜”的作者及其评价问题，西北大学学报，1979.4.

8. 吴敬梓家世杂考，安徽师范大学学报，1980.2.

9. 略谈《儒林外史》的讽刺手法，光明日报，1980.8.27.

10. 吴敬梓在南京，随笔第 15 期，1981.4.

11. 怎样阅读《儒林外史》，文史知识，1981.4.

12. 秦淮水亭的史地考索，香港大公报，1981.8.9，南京史志 1984 年 1 期转载.

13. 魏晋六朝风尚和文学对吴敬梓的影响，群众论坛，1981 年 5 期.（9 月 10 日出刊）

14. 吴敬梓和释道异端，文史哲，1981.5.

15. 关于吴敬梓的身世问题，艺谭，1981.3.

16.《范进中举》琐谈，教学通讯，1981.12.

17. 略评胡适对《儒林外史》的研究，南京师范学院学报，1981.4.

18. 关于深入研究吴敬梓问题的几点意见，吴敬梓研究专刊（内刊），1981.10.

19. 七泖湖、西子湖及其他，美育，1982.3.

20. 陈古渔《所知集》中有关吴敬梓交游资料，江海学刊，1982.6.

21. 吴敬梓的家世和创作，香港大公报·艺林，1982.11.21.

22. 鲁迅与吴敬梓，儒林外史研究论文集，安徽人民出版社，1982.9.

23.《歧路灯》不能与《儒林外史》等量齐观，江淮论坛，1983.2.

24. 吴敬梓亲友的科研活动及其对《儒林外史》的影响（上），教学与进修，1983.4.

吴敬梓亲友的科研活动及其对《儒林外史》的影响（下），教学与进修，1984.1.

25. 吴敬梓和甘凤池，香港大公报·艺林，1984.1.1.

26. 略述康熙《全椒志》中有关吴敬梓先世资料，文献15辑，1984.1.13.

27.《儒林外史》中人物的进退场，文学遗产，1984.1.

28. 关于吴敬梓应征辟问题，社会科学战线，1984.2.（又收入美国《海内外》1985年4期）

29.《儒林外史》和《歧路灯》,《歧路灯》论丛二辑，中州古籍出版社，1984.3.

30. 试就卧评略论《儒林外史》的民族特色，社会科学研究，1984年4期（8月20日出刊），修改稿收入《中国古代小说理论研究》，1985.6.

31. 试论《儒林外史》对科举制度的揭露和批判，南京师范大学学报，1985.1.

32. 吴敬梓的家世对其创作的影响，文学遗产，1985.1.

33. 试论对《儒林外史》的思想主题的评论，语文导报，1985.7.

34. 论《儒林外史》人物性格，人民文学出版社“中国古典文学论丛”二辑，1985. 8.

35. 试论《儒林外史》对封建礼教的揭露和批判，明清小说研究创刊号，1985. 8.

36. 移家南京后的吴敬梓，古典文学知识，1986. 5.

37.《儒林外史》是我国古代第一部以知识分子为题材的长篇小说，社会科学战线·古典文学论丛 5 辑，齐鲁书社，1986. 9.

38. 吴敬梓的门阀意识，明清小说研究，1986 年 4 期 .（1986 年 12 月出刊）

39. 怎样读《儒林外史》，古典文学知识，1987. 1.

40. 分合包孕传中传，嬉笑怒骂现魍魉——《儒林外史》中的二严与二王，古典文学知识，1987. 5.

41. 吴敬梓的父亲究竟是谁，明清小说研究 6 辑，1987. 12.

42.《儒林外史》的讽刺艺术，中国古典小说六大名著鉴赏辞典，华岳出版社，1988. 12.

43. 新近发现的《儒林外史》黄小田评本略议，文献，1990. 3.

44. 我与《儒林外史》研究，古典文学知识，1990. 5.

45.《儒林外史》卧评略论，河北师范学院学报，1991. 2.

46. “隐括全文”的“名流”王冕，文史知识，1991. 7；韩国中国小说研究会报第 26 号，1996. 6.

47. “暮年登上第”的周进，文史知识，1991. 8.

48. 石巢园、湘园和陶湘，南京史志，1991. 3.

49. 中举前后的范进，文史知识，1991. 9.

50. 由“能员”而“钦犯”的王惠，文史知识，1991. 10.

51. “忝列衣冠”的严贡生，文史知识，1991. 11.

52. “胆小有钱”的严监生，文史知识，1991. 12.

53. 寓居如意桥的程廷祚，南京史志，1991. 6.

54. 竟以稗说传的伟大作家，南京文化，1991. 5.

55. 试论吴敬梓对科举制度的批判和对知识分子出路的探寻，明清小说研究，1991. 4，中国传统思想文化与 21 世纪国际学术研讨会论文选集；南京大学出版社 1992. 1.

56. “铮铮有名”的廪生王德、王仁，文史知识，1992. 1.

57. 汤奉与汤奏、文治和武功，文史知识，1992.2.

58. “科名蹭蹬”的豪门公子娄琫、娄瓒，文史知识，1992.3.

59. 名士杨执中和高人权勿用，文史知识，1992.4.

60. “穷翰林”鲁氏父女，文史知识，1992.5.

61. 庸中佼佼的制义选家马静，文史知识，1992.6.

62. 蘧府四代人，望族陵替史，文史知识，1992.7.

63. 试论《金瓶梅》对《儒林外史》和《歧路灯》的影响，金瓶梅研究3辑，江苏古籍出版社，1992.6.

64. 从拆字少年到内廷教习的匡超人，文史知识，1992.10.

65. 牛布衣、牛浦郎和牛玉圃，文史知识，1992.11.

66.《儒林外史》齐评略议，韩国中国小说研究会报第16号，1993.11，河北师范学院学报1994.3.

67. 吴敬梓传，中国通俗小说家评传，中州古籍出版社，1993.9.

68.《儒林外史》张评略议，文学遗产，1994.3.

69. 杜慎卿论，明清小说研究，1994.3.

70. 儒林外史，中国通俗小说鉴赏辞典，南京大学出版社，1993.5.

71. 庄尚志论，南京师范大学学报，1994.4.

72. “竟以稗说传”的作家，探索士人出路的作品，文史知识，1994.11.

73.《儒林外史》的思想、艺术及版本说略，南京社会科学，1994.10.

74. 杜少卿论，扬州师范学院学报，1994.4.

75. 知识分子人生道路的探寻，江淮论坛，1994.5.

76. 清代知识人对《儒林外史》的批评，(日文)日本中国人文学会会报1994年号.

77. 虞育德论，明清小说研究，1995.1.

78.《儒林外史》人物论二题(王玉辉论，余特、余持论)，淮海文汇1996年4—5合期.

79. 迟衡山论，虞华轩论，明清小说研究，1996.2.

80.《儒林外史》研究的历史与现状(凌昕)，稗海新航(摘要)，春风文艺出版社1996.7；文史知识，1996.11(上)、1996.12(下).

81. 凤鸣岐论，社会科学论丛(东南大学)第一辑，1996.12.

82. 论“四客”，明清小说研究，1997.3.

83. 二百余年来《儒林外史》研究之回顾，中国小说论丛Ⅵ，韩国中国小说学会编，1997 年刊 .

84. 五十年来《儒林外史》研究概况，韩国中国小说会报总 39 号，1999 年 3 期 .（9 月出刊）

85. 二十世纪《儒林外史》研究之回顾，东南大学学报，1999. 4.

86. 20 世纪《儒林外史》主题探讨之回顾——纪念吴敬梓诞辰 300 周年，中华文化论坛，2001. 3.

从这个目录看，陈美林先生已公开出版的论著有 11 部，公开发表的论文有 86 篇，这还仅限于 2002 年以前！至于时间，是从 20 世纪 70 年代后期开始，几近三十年的功力！不能不令人佩服。我们之所以不惜篇幅引用陈美林先生的著述目录，就是要让我们心中有个标杆。我们要从事任何领域的科研，也应做到陈美林先生这样！

然而，这是需要一点韧劲甚至傻劲的，唯有如此，才会下“笨”功夫。史学家胡如雷先生指出：

> 在研究中，一定要在选定的课题上下大力气，也就是下笨功夫，切不可有取巧的念头。回顾我自己已经发表过的论著，哪本书、哪篇文章在搜集史料、酝酿看法、执笔撰写中用力最大，使用的办法最笨，现在读起来仍稍感满意；哪本书、哪篇文章在研究过程中取了巧，偷了懒，现在重读时就不免摇头，深感遗憾。选一个重大的课题花几年、十几年攻关，这样的机会在一生中并不很多，所以一定要抓住时机呕心沥血地搞一下。如果在这样的课题上取了巧，偷了懒，那就无异于糟蹋了一个价值连城的题目，使一次终身罕遇的良机失之交臂，并且最后会在自己的回忆中成为憾事。（《抛引集》，第 221 ～ 222 页，河北教育出版社 1993 年出版）

从事教育工作的人大多读过苏联教育家瓦·拉·苏霍姆林斯基在《给儿子的信》中的话：“不紧张，不努力，不想流汗和劳累，不经过一番焦急和不安，人们是什么也搞不到的。”“没有战胜过困难，没有负过重荷的人，不能成为真正的人。”“把自己培养成为人，这是头等重要的事。”

成长是如此，科研也是如此。科研说到底，不也就是自身的一种成长吗？

事实上，科研的过程也就是发现矛盾、解决矛盾的过程。而“人没有苦闷，没有矛盾，就不会进步。有矛盾才会逼你解决矛盾，解决一次矛盾即往前迈进一步。”（《傅雷家书》）任勇老师指出，一所学校、一个教师，都必须过科研这一关。他说：

> 一所学校，只有坚持不断提高教育科研品位，才能有长远的发展；一个教师，也只有走教学与科研相结合之路，才能将教学工作提高到一个新的境界。（任勇：“我的数学教育教学教研观”，原载《中学数学》2000 年第 1 期）

湖北省十堰市东风高级中学甘志国老师提出了“高胜任教师”这一概念，认为“只有善于研究的教师才可能是一位高胜任老师。题海战术真的过时了，它浪费了高三学生最宝贵的东西——时间，也损害了其他各科的统一备考。”［详见所著《初等数学研究（Ⅰ）》，哈尔滨工业大学出版社 2008 年出版］他认为说到底还是要教给学生方法，而要做到这一点，教师本人必须自己掌握科研方法。

本篇小结

在我国目前这种教育体制下，科研方法大多得靠自己去学、去悟。上过大学甚至研究生的，但依然没有掌握研究方法的人，是不在少数的。熊丙奇先生在博客中讲一些保送上北大的学生，到国外留学后才悟到"原来在国内我上的不是大学"，学不到什么东西，更别提什么"方法"了。施蛰存先生在谈到自己带研究生的经历时说：

> 根据我自己带研究生的经验，感到现在的研究生写论文，几乎是被动的。不是他自己要研究一个课题，而是分配给他一个研究课题；不是他自己去做研究工作，而是我给他安排好工作进行程序。这样培养出来的研究生，我怕他到毕业以后，未必能做到独立的研究工作。（详见《北山四窗》一书，上海文艺出版社 2000 年出版）

有同样感受的研究生导师，恐怕不止施先生一人吧。我们在大学或研究生毕业后，在工作数年以后，仍有必要重温（或补上）研究方法这一课。

关于教育科学的研究方法，我们没有展开全面论述，我们可以借助喻立森老师的下述表格，来帮助自己建立相关的知识体系：

教育科学研究方法体系结构表

分类等级 / 方法名称 / 分类依据	一级	二级	三级四级	分类依据
按照研究方法的功能	求“理”的方法	马克思主义哲学	历史唯物论	历史与逻辑的统一
			辩证唯物论	从一般到个别、从具体到抽象、分析与综合
		思维方法论	逻辑学	归纳法、演绎法
			心理学	思维方法、联想方法、迁移方法、创造方法
		科学方法论	系统论	系统方法
			控制论	控制方法
			信息论	信息方法
	求“问”的方法	常用研究方法	综合研究的方法	抽样法、问卷法、比较法、预测法
			定性研究的方法	观察法、总结法、历史法、文献法、追因法
			定量研究的方法	实验法、测量法、统计法、模型法、模糊数学法
			符号表述的方法	列表法、图示法
			技术手段的方法	内容分析法、虚拟法、计算机数据处理法、心理诊断法
	求“学”的方法	具体研究的方法	收集材料的方法	目录分类法、读书法、网络查询法、卡片法
			整理材料的方法	材料分类法、筛选法、摘要法
			分析材料的方法	考据法、证伪法运用材料的方法佐证法、注引法
			“稀薄”理论的方法	提纯法、抽象法

喻立森老师说，所谓求“理”，在此不作“追求真理”或“讲求道理”解；而是追求事理，明白事理的意思。即追求指导教育科学研究基

本原理。求“理”的方法，就是指追求那些专门用来指导教育科学研究的基本原理的方法。

所谓求“问”，即寻求问题的结论的意思。“问”字之所以加上引号，是因为问题是要寄寓在研究客体上面，求“问”即要借助研究客体来作用于研究问题。

所谓求“学”，与治学相通，即渴求学问的获得的意思。

喻立森老师强调说，在各种关于教育科学研究方法的论著中，都没有将治学方法列入方法体系，似乎那是“小儿科”，在搞科研之前谁都该掌握好的。然而，其实不然，多少人尽管受过大学教育甚至上过研究生，“小儿科”仍没掌握好。

喻立森老师最后说，人们常说，“教学有法，但无定法”；科学研究也是这样，“科研有法，但无定法。”（以上引文详见《教育科学研究道德》，第 109 ～ 110 页，福建教育出版社 2001 年出版）

最后，让我们索性先抛开“校本”等等一套学术用语，用我们熟悉的网络用语来小结一下中小学一线教师科研的特点。

要提到的第一个网络用语，是“草根”。千万不要一提科研，就摆出一副天将降大任于斯人的面孔。而应保持一颗平常心，只有保持一颗平常心，才会客观和公允。

有一位老师在网上发表博文说：“我对草根这样的词语非常不感冒。”什么是“草根”？教师当中还有很多不草根的吗？教师不草根的研究是什么样的研究？（见“驳刘良华教授的教师研究论”，以下引此文不再注明）就是说，不要把一线教师的研究又分成“高级”“正规”与“低级”“次品”。首先，只要是真正能提出问题、解决问题，就是好的研究。那种“规范”的“学术”论文或大作，如果不能解决问题，更提不出什么问题，再“规范”、再“厚重”，又有什么意思呢？或许正是基于这一立场吧，这位老师认为“当前，我们所忧虑的是教师眼睛里没有问题，一个没有问题的教师是问题最大的教师——这个判断我看是成立的”。换句话讲，现在首先让人忧虑的，是思想空洞，而不是形式上的什么“规范”等等，那当然也很重要，但毕竟是第二位的问题。

要提到的第二个网络用语是“山寨”。如果说上面说的是内容，这里要说的就是形式了。“山寨”一词当然不是个好词，但有多少人、多少企业，都是在这样一个模仿改进的过程中学到了东西，完成了积累。

从事科研活动，也是一个道理。而且一开始很难逾越这个过程，要反复研读范文，认真模仿名师。

据安徽临泉一中王峰老师说，他在写作时，也走过借鉴和模仿的路，他说：

> 2007年《福建中学数学》第9期上刊登了这样一篇文章《利用导数的三个性质解高考题》，文中介绍了导函数的奇偶性、周期性与原函数奇偶性、周期性的关系。我读后，认为此文介绍的内容新颖，令人耳目一新，受此启发，本人于2007年写了一篇文章《2007年高考抽象函数问题归类分析》，发表在2008年《中学数学月刊》第3期上；又如2008年《中学数学》第12期上刊登了《让学生在任意与存在之中建构关系和演绎推理——对一道高考题的变式探究》一文，此文把大家易混的一类问题作一对比，写得好，因此我认真地进行了拜读，受益的同时，却发现了两点错误，为了避免造成以讹传讹，我将此文的这两点错误给予指出，写了题为《对"对一道高考题的变式探究"文中的错误订正》，寄给了《中学教学》编辑部，不久刊登于贵刊2009年第5期上，从这两个例子可以看出，在阅读别人的文章时，我们只要善于学习和反思，就一定能从中有所发现，找到写作的素材。(同前引文)

这里前面的例子，不妨称为"克隆型"，当然是加上了引号的"克隆"，不能真去抄袭，而是借鉴别人的思路，换上新的内容。后面的例子，不妨称为"改进型"，即对要模仿的文章进行改进，指出其不足，补充其所缺。

要提到的第三个网络用语是"经适"。在住房问题上，抱着一上来就住别墅的想法，会被人讥笑为不现实。但不知为什么，对一线中小学教师科研问题，却总是有人指责老师们的"科研"太低级、不正规。老师们大可不必被这些指责吓住，应和住房问题一样：得先有个地方住！能写什么先写什么，能发表什么先发表什么。前面提到的那位老师就是这样一位"经适"型科研人才。他在博文中写道：教师研究，没有捷径，但还是有章可循。教师的研究与写作要做到三多，即：多读、多写、多揣摩。多读提升理念；多写提升写作和认识能力；多揣摩、多研究范文，可以积累经验和方法。其中多揣摩非常重要！如果每周选择2至3篇自己感兴趣、高质量的文章，从文章的体例、文章的主题、文章的结构、文章的写作手法，以及例证的选择等方面进行深入研究，尤其从文章看背后作者是怎么研究、解决问题的，这会给我们很多帮助。有时对于自己有一定研究的文章，读之前自己先构思一下，如果我写这个问题怎么写？然后再读原文并且和自己的构思进行对比，从中体味问题研究与写作的要领，这样帮助会更大。

这位老师把自己一年多研究过的问题、写的文章附到后面，以期把自己关注的一些问题提供给大家，也为老师们提供一些文章样本：

1. “你在课堂中有对学生的隐性不尊重吗”——《中国教育报》2009.12.11

2. “校长听课可否看人下菜碟”——《中国教育报》2009.12.8

3. “教师子女教育缘何灯下黑”——《中国教育报》2009.6.25

4. “个别名师为何热衷从政”——《中国教育报》2009.10.8

5. “电学典型错解分析”——《物理教学探讨》2009年第3期

6. “助推教师专业发展要抓住四个问题”——《中国教师报》2009.5.27

7. “名师工作室如何引领教师快速成长”——《现代教育报》2009.10.12

8. “校长听评课促进教师专业发展”——《现代教育报》2009.10.7

9. “名师发展不要走入行政化误区”——《中国教师报》2009.10.28

10. “都是博客惹的祸”——《山东教育报》2010.5.31

11. “校长听评课的四个关注”——《中国教育学刊》2010年第6期

12. “这样的农村倾斜政策值得商榷”——《中国教育报》2010.9.16

13. “学校作息时间为何相差如此之大”——《中国教育报》2010.1

14. “科学称呼学生的八条原则”——《中国德育》2010年第10期

15. “非本专业课，校长怎么评”——《中国教师报》2010.12.15

16. “追寻楷模精神”——《中国教育报》2010.12.31

17. “教师子女教育缘何灯下黑”——《教育文摘周报》2009.7.29转载

18. “教师子女教育缘何灯下黑”——《科技信息报·今日文教》2010.1.11转载

19. “名师发展不要走入行政化误区”——《教育文摘周报》2009.12.16转载

20. “名师发展不要走入行政化误区”——《现代学校》2009年第6期转载

21. “你在课堂中有对学生的隐性不尊重吗”——《百科知识·教师文汇》2010年第5期转载

22. “教师子女教育缘何灯下黑”——《云南教育》(中学教师)2009年Z2期转载

23. “校长听课可否看人下菜碟”——《课程教材教学研究(中学研究)》2010年Z3期转载

24. “助推教师专业发展要抓住四个问题”——《广西教育》2009年第8期转载

25. “教师子女教育缘何灯下黑”——《沂蒙教育》2009年第7期转载

26. “助推教师专业发展要抓住四个问题”——《格尔木教育》2009年第3期转载

一句话，任何事情都有一个过程，一步登天是不可能的。在科研的入门阶段，我们就是要“草根”、要“山寨”、要“经适”。这没有什么不好意思，很正常。下面，我们再以浙江省诸暨市暨阳初中孟碧君老师的亲身经历，来阐明一下一位普通的一线教师是如何具体从事科研的。这位老师说：

> 写论文首先要有一个好的论点，要有一个比较新的角度。我想，这个话题应该是在我们的脑中经过一段时间酝酿之后的自然结果。如果在论文评比的时候才绞尽脑汁去想话题，这个话题很可能不是我们最有感触的话题。即使想出了一个不错的话题，还是要拼拼凑凑去找材料，说白了是一种抄袭。我感受到，这种写论文的过程对自己是没有真正意义上的提高的，因为它没有经过我们的思考、实践、再思考、再实践的过程，它不是经历这个过程之后产生的思想的自然表达。论文是实践和理论结合的成果，如果我们在平常的教学中对写的话题不注重实践研究，写论文必成无源之水。所以就有学者说：论文质量取决于研究的优劣。要写好论文，必先学会研究。
>
> 任何科研成果都建立在前人研究的基础上。所以，在确定话题之后我就广泛阅读相关资料。比如，一连几个学期，我一直在尝试结合教材资源进行写作，我决定写成论文。所以，在写论文前，我先从手头的教学杂志上把所有写作教学的文章找出来阅读一遍，接着在网上搜索写作、写作教学的文章，发现资料不是很全，我就到网上去搜写作教学的书，发现有好几本，就立刻把他们网购过来。有了网络的帮助，文献检索变得简单多了。在阅读这些资料后，我对写作这个话题有了更深、更全面的认识，积累了更多写作教学的理论。一个更加丰满的论文渐渐在脑中形成。
>
> 有了话题和理论之后，接着就要用实践资料作为论据来支撑理论。我采用的实践资料有两个来源：引用别人的实践素材和使用自己的实践素材。
>
> 我在论文中经常引用别人的资料。比如，我写的“从对话教学的视角谈谈对初中英语阅读教学的思考——有感于2008年诸暨市初中英语优质课评比”，优质课中的参赛老师们不同

的教学设计就是宝贵的第一手资料，除了认真写听课笔记之外，我还把参赛教师的课件拷来，便于研究。在工作头几年，去外面听课，往往是听到好的课就把课件要来，不好的课就认为课件没有价值，听课笔记也随便写一通。自从我养成了思考和写作的习惯后，听课的观念发生了变化。正如对行动研究产生过重大影响的英国教学专家 Stenhouse 认为的那样，每个课堂都可以成为教育研究的场所。不管什么样的课，如果我们以研究的视角去看，都有值得思考和学习的地方。如果真的没有值得我们学习的地方，也能引起我们的思考，这不是价值吗？

另一方面，使用自己的实践资料。这个资料是最容易获得的，我们每天都在上课，课堂教学中有太多的文章可做。因此，一线教师应该是最佳的研究者。可是以前我没有意识到这一点，忙于抓成绩而忽视了反思和积累，很多宝贵的论文素材就这样流失了。后来，每上一节课后，我就把反思写下来。由于平常一直在积累，等到写论文的时候就不怕没有材料了。

孟老师说：“写论文是经历了一段时间的教学实践和反思之后的自然结果，而不是冥思苦想拼凑、捏造出来的，更不是一蹴而就的。”（《我写教研论文的故事》，原载《中小学英语教学与研究》，2011 年第 2 期）

在写作上我们应该允许自己有一个过程，但在态度上我们应该一开始就严格要求自己，研究真问题，交流真想法。例如江苏张家港外国语学校葛文山老师所指出的：“教师绝不能仅仅出于晋职和评优的需要，为写论文而写论文，更不能凭空想象，弄虚作假和抄袭剽窃。写论文的主要目的是记录和交流自己对英语教学的体会、观点和思考。因此，备课、上课、听课、作业布置和批改、辅导和考试等教学过程就是中小学英语教师的研究方向。”（《与青年英语教师谈如何写科研论文》，载《中小学外语教学·中学版》，2009 年第 9 期）。

英语教师应该如此，其他各科教师，也同样应该如此。用北京市密云二中语文高级教师李贺武老师的话讲，就是“搞教育科学研究，大而言之，国家有中央科研单位，各所大学里都有实验室，他们的实验一般是国家出资并立项的。而我们第一线语文教师搞科研必须和自己的教学实践要结合，只有这样，科研才能有生命力。”（《优秀初中语文教师一定要知道的 11 件事》，第 183 页，中国青年出版社 2007 年出版）。

当然，说一千道一万，首先得写——有写的欲望，更要有写的行动！只要写起来，写下去，终会有所改观。福建省福清市岑兜小学陈华忠老师曾与过一篇题为《教育写作的‘七大功效’》（原载《山东教育（小学）》2014 年第 11 期）一文，详述了科研写作的好处：

一是影响态度。陈老师说，教育写作可以带来自身教育思想观念的变化，使自己对教师这个职业的价值和工作特点有更深刻的认识。戴林东说：“教育写作给我们带来的首先是教育思想的变化。在教育写作过程中，我们逐步形成了个性化的主体性的教育教学思想。其次是教育情感的变化。可以说，离开教育写作的教师情感，只能是感性化、浅表化的流动，而在教育写作基础上产生的教育情感是理智的、深厚的、持久的，是深入人心的激荡。最后是教育行为的变化。教育写作是思想的披沥、情感的体验，必然导致教育行为的更新；教育写作造就的人格修养，必然促进教师迈出有力的教育教学实践的步伐。”

二是促进读书。陈老师说，读书与写作和人的呼吸是一个道理，写作是倾吐，是“呼”的过程，“读”是吸纳，是吸收和汲取的过程；读是写的源头活水，写是读的凝练表达。写作能促使教师不断地去吸，去汲取。为此，我们必须读些教育理论书籍，不断了解学科教学最新的动态以及前沿的知识，丰富自己的教育理论，提高自己的专业素养；同时也寻找写作的灵感，为自身写作打下坚实的基础。顾广林说：“教育写作逼着我读了许多理论书籍，逼着我平时多思考教学中的问题，使我学会了发现问题。”为了写作的阅读是一种高效的有意义的阅读，它不同于平常的休闲性阅读，是一种应用性阅读与学习，是一种带着问题寻找答案的阅读与学习，还是一种专题化的深刻与学习。这种学习是主动的探究性学习，不同于参加培训之类的被动学习，因而也特别有效益。

三是促进观察。陈老师指出，观察，是为了社会的基本功力，又是一切科学活动的基础。观察中的“观”，却是“体察”，也即用耳朵听、用鼻子闻、用舌头品尝以及用手指进行触摸。要使我们真正学会科学地观察，写作是一个极为经济便捷的方法。譬如说，听一节课，要求你叙述这节课的教学过程，评价这节课的优缺点，这就逼着你仔细观察。

四是促进思考。陈老师认为，我们每天的教育教学工作中都会发生许许多多的“小事情”，对于这些鲜活的思想和事件，最初的时候，我们的认识可能多数是肤浅的、无意识的，不善写作的教师很容易流失，而会写作的教师善于从这些平常的事件进行分析与思考，逐渐提炼出本质的与规律性的东西。培根说：“写作使人精确。”写作是非常有效的认知加工的过程。若要把感悟写下来，就必定会迫使自己对这些“平常”的事件进行一番思考、研究和追问，久而久之就形成了善于思考、善于总结的习惯。其实，写作的过程也是不断学习、思考的过程，更是提升的过程。

五是促进探究。陈老师说，郭元祥教授认为：“写作是与研究相伴而生的。”当然，研究能够促进教师的专业成长是不争的事实。高子阳说，真正的教育写作就是研究，就是对教育现象的观察与思考，就是经过思考直接把优秀的教育思想整合起来用在自己的课堂上，文章就是记录自己的教育行程，研究自己的教育史。冯卫东认为，研究有多种形态，教育写作就是一种形态，它同时又是一些具体研究行为的终端，它还是对平时零零碎碎的一种研究、一种提纯。当然，有的写作不是研究，如急功近利的写作、无病呻吟的写作等就不是研究，更不是所谓的真研究。

六是永葆激情。陈老师说，读书和写作就是教师源源不断的“活水”，这样的水是充满着清新氧气和营养的“活水”。教师不断地从中汲取到新鲜的思想，精神和心灵不断地感受到新鲜的刺激，才能感受到工作的乐趣、保持对教育工作的激情，远离职业倦怠的泥沼。尤其是当看到自己的文章在正规报刊上发表时，产生的那种成就感是无与伦比的。因此，坚持写作能让教师永葆激情，感受自身成就的幸福。

七是实现自我。陈老师说，写作是教师专业化成长的重要途径，美国著名学者波斯纳曾经提出教师成长的公式为：教师成长 = 经验 + 反思。很多名师的成长经历也都证明了写作对于教师专业成长的重要作用。在网络时代，这一点表现得尤为突出，近年来许多教师都是在各类博客、论坛上、在以文会友的过程中脱颖而出的。一个不会写作的教师有可能成为一名优秀教师，但是会写作的教师更有可能从优秀走向卓越。

不用问，还会有名利方面的好处。既然科研写作有这么多好处，我们何乐而不为呢？

中篇

读书篇

本篇说明

本篇从宏观上阐述如何去读书，从微观上描述要读些什么书。

仿佛来京旅游，我们要买张北京地图，从宏观上看看北京的全貌一样，我们对教育类图书，也应当有一个全面的了解。这里特别强调了对图书馆的利用。教育类书多且杂，仅靠个人买是不现实的，一定要学会利用图书馆。诚如北京师范大学 77 级学生，后为清华大学教授的谢思炜先生所言："我们上本科的时候，没听过目录学的课。读研究生后，才开始懂得利用图书馆。"（《百年情结——"我与北师大图书馆"征文文集》，第 155 页，北京师范大学出版社 2002 年出版）

仿佛来北京游玩，我们要在网上查查景点，从微观上看看每个景点如何游玩一样，我们对教育类图书中各个"景点"，也当游历一番，大体知道每个"景点"（分科分支），有些什么值得一线教师看的书。

本书所分三篇，"方法篇"大致可以类比成我们教学中的"原理篇"，"论文篇"大致可以类比成我们教学中的"习题篇"，而"读书篇"应该可以类比成我们教学中的"阅读篇"。如果舍弃课外阅读，看了"原理"就直接"做题"行不行呢？当然也行，但那是科研上的"应试教育"，见效快但无后劲。真正要做科研，还是要在"做题"前放眼看书，那才是科研上的"素质教育"。

一

读书先要学会利用图书馆

（一）“数据库”与“外书房”

做学问的过程，也可视为一个“数据库”的建设过程。“数据库”三字之所以打上了引号，是因为这个“库”不一定真是数字化的，也可以是文本式的。“数据库”建设的好坏、大小和早晚，将决定其日后学问的规模、高下和气势。

最高一级的“数据库”，当然是国家一级的“数据库”，比如说汉字，当然首先要想到国家级的重点项目:《汉语大字典》和《汉语大词典》。再比如说宗教，当然要首先想到国家级的出版工程:《中华大藏经》(汉文部分)和《道藏》。这都是我们个人万万无法企及的大工程，是某一学科的大型综合性“数据库”。

中间一级的“数据库”，是某一专业的参考型“数据库”。比如说研究教育的，可以手头备一套郭齐家先生的《中国教育的思想遗产》，一套4册（教育科学出版社2013年出版），时时翻览，答疑解惑。这样的“数据库”，一般是科研院所的集体项目，当然也有些中型“数据库”是某个学者个人倾毕生精力而为的，比如郭齐家先生的《中国教育的思想遗产》(教育科学出版社2013年版)，一套4册。

再低一层次的“数据库”，才是我们自己为科研而建设的“数据库”。建设自己的“数据库”，当然离不开买书，书买多了，就自然有了书房。明史专家何龄修先生是这样描述自己的书房“五库斋”的：

> 五库斋为寒斋斋名。为何取此斋名？因为有一些藏书，为便于查找，需要有管理办法，于是根据实际确定自己的图书分类法，将存书分为古籍、理论、研究、工具、余兴五部，每部各分若干类，按类别按开本排架，就比较整齐、醒目。我又开玩笑说：乾隆有《四库全书》，我还多一库，我有五部五库。因此，戏称陋室为“五库斋”。其实，我当初何尝有什么五库斋，开这种玩笑的时候，我一家三口正寄居一间十多平米的办公室内，在此一住前后十个年头。我也是附庸风雅，但更是自嘲，是混合着愤慨的无奈，而保留至今，则是一份回忆，一种纪念。

何龄修先生的藏书号称“五库”，数当可观。但与图书馆的藏书仍是无法相比。如果说学者自己的书房按老话讲可视为“内书房”，专藏一些最常用、最专精的书，那么图书馆则可视为“外书房”了。试想，如果一位学者不仅将自己的“内书房”建设得很好，同时又善于利用诸多“外书房”，那一定是饱读群书、知识丰富的。

请注意，“内书房”和“外书房”是相互联系而不是相互隔绝的。“内书房”收藏的是自己感兴趣的专业书，就某一专业而言，你的收藏或许比图书馆都全、都齐。一些经典的专业书，也最好要自备。因为这些书你是要反复读、天天读的。所谓“书读百遍，其义自见”。读时还应在书上勾勾画画，而总不能在借来的书上写写画画吧？

兰州大学历史系教授赵俪生先生就讲过，他一生无数次阅读章太炎先生的《自述学术次第》。他说：

> 我可以说，我平生得益于这本小书之处，真是太多太多。一生中，我不断地翻读它，一次比一次收获深一些……这些精义，我并不是第一次就能领会了的，而是通过几十年中鄙人自己学业逐渐开拓的过程逐渐领会了的。（详见所著《篱槿堂自叙》，上海古籍出版社 1999 年出版）

再有就是一些常用工具书，手头应备，总不能老跑图书馆去查。而“外书房”则是聚集了诸多“数据库”的数据中心，当自己的小小的“数据库”无法满足时，自然要去“数据中心”了。搞科研的人，尤其是学文科的人，一定要学会利用图书馆。或许正是在这一意义上，山东大学曾繁仁先生讲：我们高校的人才在某种意义上就是从图书馆培养出来的。教师、教材、教室都不如图书馆。图书馆培养出来的人，最突出的长处是自学能力强，知识面广。教育家顾明远先生也讲：“图书馆可以说是大学的心脏。”（《百年情结——“我与北师大图书馆”征文文集》，第 36 页，北京师范大学出版社 2002 年出版）

要利用图书馆，首先就要了解图书馆。

我们需要了解图书馆的历史。或许有人要问“图书馆的历史与我有什么关系呢？”图书馆的历史不同，其所收藏的书便不同。比如我国的高校有不少是新中国成立之初创立的，如果要到这些图书馆去找民国年间出版的旧书，成功的机会是很小的。反之，如果要到北京大学图书馆这样的建馆已上百年的老馆去查找同一文献，成功的机会就会很大了。可见，图书馆的历史与我们还是有关系的。

我们需要了解图书馆的规模。或许有人会更奇怪了，“图书馆的规模又与我有何关系？”实际上，图书馆的规模与我们的关系也是很大的，对于普通人来说，图书馆的规模与查找图书的成功率之间，应该是成正比的。图书馆的规模越大，找到所需文献的成功率也就越高；而规模越小，找到所需文献的成功率也就越低，这个道理是不难理解的，在此就不多说了。

我们需要了解图书馆的特色。图书馆的经费是有限的，不可能什么书都买，必然会有所选择。所以几乎所有的图书馆，都十分注重形成自己的“馆藏特色”。凡是与馆藏特色有关的书，便尽量收入，而凡是与馆藏特色无关的书，便是可买可不买了。我们只有了解了图书馆的特色，查找起来才会目的明确、事半功倍。

我们还需要了解图书馆的服务。图书馆与图书馆是大不一样的。有的服务水平高，有的服务项目少，不可一概而论。有的服务是收费的，有的服务是免费的。比如，当我们看到华南师范大学的网页上有一个名为“广东省教育事业数据库”的网站，可能会有兴趣看一看，但却令人遗憾地发现进不去。估计该数据库对校外用户不是免费开放的。

图书馆的历史、规模、特色等，凡是上网的图书馆，均会有所介绍，可以用浏览各图书馆主页的方式加以了解，至于图书馆的服务，这是一个变量。有的图书馆今天还没有这项服务，也许明天就有了；有的图书馆这个月上网的书目数据可能相当可怜，但下个月上网的书目数据可能就相当可观，所以最好是多加浏览，时间长了，相关图书馆的情况，就自然胸有成竹了。另外，尽量掌握一般规律。不妨记住以下几个“凡是”：

凡是地方性图书馆，一般都比较重视地方文献的收藏。例如首都图书馆收藏的有关北京的文献，肯定要超过国家图书馆。

凡是师范类院校图书馆，一般都比较注意收藏教育类，尤其是基础教育类的文献。这是由师范学校的培养对象和总体任务决定的。

凡是科研院所图书馆，一般都比较注意本专业文献的收藏。例如中国社会科学院近代史研究所收藏的有关史料，就远较其他图书馆丰富。

下面是我们搜集的中国内地部分图书馆的特色情况：

序号	图书馆	文献特色
1	上海市长宁区图书馆	计算机文献
2	上海市杨浦区延吉图书馆	女性文献
3	上海市闵行区图书馆	儿童玩具文献
4	上海市奉贤县图书馆	民间艺术
5	上海市宝山区图书馆	舰艇文献
6	上海市闸北区图书馆	国防教育文献
7	上海市青浦区图书馆	养殖业文献
8	上海市南汇区图书馆	农业科技文献
9	上海市虹口区图书馆	艺术文献
10	上海市徐汇区图书馆	培养少儿动手能力文献
11	上海市浦东第一图书馆	家庭健康保健文献
12	上海市浦东新区第二图书馆	盲文文献
13	上海市普陀区图书馆	法律文献
14	北京市东城区图书馆	服装文献
15	北京市延庆县图书馆	农业科技文献
16	北京市西城区图书馆	旅游文献
17	北京市宣武区图书馆	饮食文化文献
18	北京市海淀区图书馆	装饰艺术文献
19	北京市崇文区图书馆	包装文献
20	北京市朝阳区图书馆	法律文献
21	武汉图书馆	广告文献
22	湖北省武汉市东西湖区图书馆	湖北籍作家文献
23	湖北省仙桃市图书馆	残疾人文献
24	湖北省汉川市图书馆	淡水养殖文献
25	湖北省江安县图书馆	叶君健著作

续表

序号	图书馆	文献特色
26	湖北省宜昌市图书馆	柑橘文献
27	湖北省罗田县图书馆	桑蚕文献
28	湖北省保康县图书馆	食用菌文献
29	湖北省荆门市金龙泉啤酒集团公司二厂图书馆	啤酒文献
30	湖北省荆州市饮食图书馆	饮食文献
31	湖北省荆州市荆楚名人著作馆	荆楚名人文献
32	湖北省钟祥市图书馆	家禽文献
33	湖北省黄石市图书馆	服装文献
34	湖北省潜江市图书馆	曹禺著作
35	湖北省蕲春县李时珍中医药图书馆	中医药文献
36	湖北省襄阳市图书馆	胡绳文献

要利用好图书馆，最大的捷径就是多去、多用。直到你对图书馆熟得就像是自己的朋友一样，直到你一眼就能分辨出书架上的哪些书是新书，那就行了。

（二）“分类法”与“全景图”

要利用图书馆，仅仅是了解了图书馆的历史、规模、特色还不够，还要了解分类法。

有些人或许会不以为然地说，什么“分类法”，不就是图书馆的工作人员分编图书用的依据吗，与我何干？是的，每一本书进入图书馆后，必须经过分编，才会与读者见面，否则几十万、几百万甚至上千万册，岂不乱了套？必须要给每一册书一个独一无二的“分类号”。就好像我们每个人都有一个身份证号一样，才能使得需要的人能够在浩瀚的书海中一下就能找到自己需要的书。而分编的依据，就是“分类法”。分类法固然是图书馆的工作人员须臾不可离的依据，可也是图书馆的普通读者，包括我们每一位老师都需了解的工具。为什么这么说呢？

首先，从宏观上看，分类法就好比是幅“全景图”。大家去北京游玩时，大概都会买一幅北京旅游地图，看了这幅全景图，北京有哪些景点，哪些道路，可以说了然于胸了。同样，我们学习时，也应有这么一幅知识的全景图在脑子里才好。人类掌握的知识究竟有哪些门类，这些门类中又究竟都有些什么内容？看看分类法，心中大致就有数了。

其次，从微观上讲，分类法又好比是一个“定位器”。大家知道，如果一辆汽车上带有“全球定位系统”，那么不管这辆车开到什么地方，我们都有办法找到它。每本经过分编的图书，实际上也就等同于随身带有一个“定位器”。因为每本书的分类号，都是独一无二的，不会重复。故而只要我们对分类法有所了解，就肯定能够逐步缩小范围，找到自己所需要的文献。值得指出的是，目前我国已实行标准书号制度，国家的正式出版物在版权页上，均已按要求依照“中图法”，标明该书所属的类目。

列宁的夫人克鲁普斯卡娅说过：“重要的是在读者能够不必单纯依靠着图书馆员而能够自己了解各种目录，自己选择他所需用的图书”。不少人到了图书馆后，面对成千上万册书籍，真是有点手足无措，什么都得问图书馆的工作人员，似乎离开了这根“拐棍”，就寸步难行。其实大家可以注意观察，每逢有人咨询图书馆员某书在何处时，图书馆员十有八九要拿出一部无所不包的“宝书”翻阅起来，这部“宝书”便是分类法。据统计，“中图法”包含的所有各级类目大约是 4 万个。可谓琳琅满目，应有尽有。既然如此，为何我们自己不把这部宝书拿到手、学到手呢？

所谓“中国图书分类法”，简称“中图法”。目前，包括国家图书馆、北京大学图书馆等全国各级图书情报部门，大多采用此法。该分类法自推出后，随着科学技术的迅猛发展，不断予以充实和修订。现在所用的版本，为 1999 年出版的第四版。第五版据悉也即将出版。

依照“中图法”的观点，人类所有知识分为以下五大部分：

马克思主义、列宁主义、毛泽东思想、邓小平理论
哲学、宗教
社会科学
自然科学
综合性图书

每一部分，下面又列有一个或数个大类，每一大类，均由一英文字母代表。五个部分下面共有 22 个基本大类：

马克思主义、列宁主义、毛泽东思想、邓小平理论	A 马克思主义、列宁主义、毛泽东思想、邓小平理论
哲学、宗教	B 哲学、宗教
社会科学	C 社会科学总论
	D 政治、法律
	E 军事
	F 经济
	G 文化、科学、教育、体育
	H 语言、文字
	I 文学
	J 艺术
	K 历史、地理
自然科学	N 自然科学总论
	O 数理科学和化学
	P 天文学、地球科学
	Q 生物科学
	R 医药、卫生
	S 农业科学
	T 工业技术
	U 交通运输
	V 航空、航天
	X 环境科学、安全科学
综合性图书	Z 综合性图书

如果这 22 个大类了然于胸，那么我们步入图书馆后，就会胸有成竹，知道往哪走，去哪找。然而，如果要从事科学研究的话，仅仅知道这 22 个大类还不够，还应了解下面的细分，至少应熟悉二级类目，即

每一个大类下又分多少类。以经济类为例，下面又分：

F 经济
F0 经济学
F1 世界各国经济概况、经济史、经济地理
F2 经济计划与管理
F3 农业经济
F4 工业经济
F49 信息产业经济（总论）
F5 交通运输经济
F59 旅游经济
F6 邮电经济
F7 贸易经济
F8 财政、金融

作为中小学教师，我们所能深入了解的教育类图书在哪一类呢？G类，而且只是这一大类下的一个二级类目：G4。下面，我们就步入G4这一教育图书的百花园，看看里面都有些什么书籍。

按照“中图法”（第4版）规定，教育图书分在G类下，分类主要以G4打头，下头又可进一步细分为：

G40 教育学
G41 思想政治教育、德育
G42 教学理论
G43 电化教育
G44 教育心理学
G45 教师与学生
G46 教育行政
G47 学校管理
G48 学校建筑和设备管理
G51 世界教育事业
G52 中国教育事业

G53/57	各国教育事业
G61	学前教育、幼儿教育
G62	初等教育
G63	中等教育
G64	高等教育
G65	师范教育
G71	职业技术教育
G72	成人教育、业余教育
G74	华侨教育、侨民教育
G75	少数民族教育
G76	特殊教育
G77	社会教育
G78	家庭教育
G79	自学

至于为什么要将教育图书如此分类，这里就不去讨论了，肯定有它的道理，也肯定有不尽合理之处。所以，据悉“中图法”第5版对教育类也要进行较大调整，增补教师教育、情绪与行为障碍、儿童教育等主题。

（三）“大工程”与“快速路”

1. 与教育图书相关的“大工程”

欲阅读教育书刊，首先需了解和教育书刊有关的几项“大工程”：

和教育图书相关的“大工程”，目前还只能首推《中国教育书录》。该书由中央教育科学研究所等单位老师编写，已出版4册。计：

《中国教育书录：1949—1990》，田东平等主编，北京师范大学出版社1996年出版；

《中国教育书录：1991—1995》，田东平等主编，北京师范大学出版社1999年出版；

《中国教育书录：1996—2000》，龙华军主编，上、下两册，北京师范大学出版社2007年出版。

《中国教育书录：1949—1990》一书共收录图书 2959 种；《中国教育书录：1991—1995》一书共收录图书 5104 种。有的书有提要，有的没有提要，仅给出书名、作者、出版社、出版年等简略信息。

《中国教育书录：1996—2000》计上下两册 250 余万字，收录 1996—2000 年间我国正式出版的教育图书 9300 多种，其中有内容提要的 4215 种，仅列书名、未作提要的 5100 余种。对于了解教育图书很有用处。但令人遗憾的是翻译国外的教育图书、港澳台各地区的教育图书和中小学教材教参及教学挂图等，一概未收。另外，全书依书名汉语拼音为序而不按学科分类编排，也难免让人前后翻找，有所不便。程方平博士序中说书后附有“分类索引”“关键词索引”“丛书题名索引”等多种索引，不知为何未见。这也不能不让人感叹，诚如中央教育科学研究所研究员程方平博士所言：“教育类图书是所有图书类型中数量最大、范围最广、层次最多、相关联系最复杂的图书系统。”（见所撰“入学门径，治学梯航——《中国教育书录（1996—2000）》序”一文），要编写一部体例完备、收录宏富的教育类图书目录，谈何容易。尽管如此，此书仍不失为一座丰富多彩的教育图书数据库。

该书的使用方法有三：

其一，通读。即从头到尾通读一遍。

其二，查阅。诚如程方平博士所言：“每当我需要了解某一教育问题、接触某一教育思想和方法、对某一类型的教育感兴趣时，书录就是我最好的帮手。”是一部有关教育专业的“百科全书”“最佳入门书”。（引文出处同前）

其三，复制。此 4 册书合计近 2 万种书，因按汉语拼音为序，不是按专业分类，使用起来不是很方便。不妨将其中自己感兴趣的某专业领域的书一一复制（复印、抄写）下来，装订成册，并将该书未收的相关书籍（2000 年以后出版的及 2000 年以前出版但漏收的）一一补入，形成自己的一部“子目录”。

中央教育科学研究所，早在 1980 年起，就曾编过《中文教育论文索引》，季刊，一年 4 本。1999 年后改为《中国教育文献数据库》，每月更新。新中国成立之初的论文，北京师范大学教育系资料室在“文革”前曾坚持编过教育论文索引，一年一本，“文革”前 17 年，一共是 17 本。已由北京师范大学出版社于 1984 年合为一册出版，书名就叫

《中小学教学论文索引（1949—1965）》。1966 至 1982 年编为第二卷。

附带说一句，要查找新中国成立之前的教育书籍，有一本书可资利用：中央教科所图书资料室编写的《解放前出版的教育图书目录》，1982 年内部印制，收了不到 4000 种书。

除了书目，还应了解与教育有关的大百科全书，在此我们推荐下面这部大百科全书：

《教育大百科全书》，（瑞典）胡森（Husen，T.）等著，中译本，西南师范大学出版社、海南出版社 2006 年出版，共 10 册，共 45000 多词条，由来自一百多个国家的 1300 多专家、学者撰稿，基本反映了世界各国各类教育的发展情况和教育科学的研究水平。第 1 册教育管理、教育政策与规划、教育评价；第 2 册教育史、女性与教育、教育社会学、教育哲学、教育人类学；第 3 册学前教育、特殊需要儿童教育、人的发展、教育心理学；第 4 册职业技术教育、成人教育；第 5 册各国（地区）教育制度Ⅰ；第 6 册各国（地区）教育制度Ⅱ，比较教育与国际教育；第 7 册教育技术、课程；第 8 册教师教育、教学；第 9 册教育研究方法；第 10 册教育经济学和全书索引。该书原版是 1985 年出版的，20 世纪 90 年代中后期做了修订（90% 词条重新撰写）。基本代表了 20 世纪末国外教育研究的水平，曾被美国图书馆协会（ALA）评为最佳参考书。每一词条后附参考文献，全书索引包括以汉语拼音排序的索引和以英文字母排序的索引两种，便于中国读者使用，如欲了解西方在某一方面的研究成果，查一查这部书是会有所收获的。该书的简编本名为《简明国际教育百科全书》，由中央教育科学研究所比较教育研究室编译，教育科学出版社出版。

另外，以下几部书也可备查：

《中国大百科全书（教育）》，中国大百科全书出版社，1985 年出版。这是新中国成立后第一部教育专科的百科全书。

《教育大辞典》，顾明远主编，上海教育出版社，1997 年出版。这是一部大型教育辞书，是我国自己编撰的教育大辞典。全书共收词目约 3 万条，800 万字。

《中国基础教育学科年鉴》，由国家教育部相关部门组织编写，北京师范大学出版社出版，现已出版 2009 年和 2010 年的年鉴，每年的年鉴下分“语文卷”“英语卷”“政治卷”“美术卷”和“信息技术卷”等，内容包括“专家视野”“政策法规”“概况摘要”“学科动态”“全国名校名师”“报刊著作”“研究机构与社会介绍”“大事记”“论著索引”等。

2. 与教育期刊相关的“大工程”

至于和教育期刊有关的“大工程”，当然要首推中国人民大学编制的《复印报刊资料》了。

《复印报刊资料》，是由中国人民大学书刊中心选编出版的社会科学类期刊的数据库。具有以下几个特点：

第一，划分专题、高度汇总。

《复印报刊资料》共有一百余个专题，高度汇总了相关的文章。专题的划分没有机械地使用单一标准，而是根据具体情况采用多个标准。有的按学科划分，如“伦理学”“教育学”；有的以社会行业划分，如“乡镇企业与农场管理”“旅游经济”；也有的依时间划分，如“先秦、秦汉史”“明清史”等。且每年都根据社会科学的最新发展和社会要求进行调整，如“邓小平理论研究”“生态环境与保护”等专题，均为近年来新设的。

据统计，一个专业的文献，在本专业报刊上仅能找到50%左右，而另外的50%左右则散见于其他专业的报刊上，查找不易，翻检费时。而如今一册《复印报刊资料》在手，最近一段时间某一研究方向的研究概况一览无遗，可谓事半功倍，功德无量。

第二，既收全文，也编索引。

《复印报刊资料》的检索范围，包括有国内统一刊号的中央和地方报刊，以及大专院校学报等，近3000种。经国家新闻署批准创办的新报新刊，也随时收录，并收了部分台、港、澳等地中文报刊上的文章。对这些浩如烟海的文献，《复印报刊资料》采取了两种办法，分别处理：

第一类是全文复印，这当然是比较重要的文章；

第二类是编制索引，即将未全文复印的文章，编成“未选文献索引”，附于每期目录之后。

目前的每年全文复印的文献，加上编入索引的文章，约有十几万篇，基本上涵盖了国内公开发表的有关社会科学各领域的文章。请注意，只能说是“基本涵盖”，还不能说包括了所有国内公开出版的社科类刊、报。

两种收录办法，分别处理，优点显而易见。重点文章，当时即读；

非重点文章，可以依索引指明的出处，再去查找。这就比纯粹编制索引节省时间。既照顾了面，也突出了点。连点带面地读下来，又可对某一专业领域的“线”有一个整体的印象。

既然所有可检索的文章有两种处理方法，那么哪些文章享受第一种的“待遇”，全文复印，哪些享受第二种方法的“待遇”，编入索引，就很关键了。据称这一工作是由人大书报资料中心聘请的几十位专家、学者与中心工作人员一起完成的。对此工作学术界有不同的看法，有人认为全文复印的文章的确是文献学术价值较高的文章，甚至有人指出：“如果说，我国的科技论文以被国际四大检索工具即《科学引文索引》《科学技术会议录索引》《科学评价索引》和《工程索引》收录而感到光荣，那么我国的社科界则以论文被上述三大文摘（《新华文摘》《复印报刊资料》等）摘录而引为自豪。”但也有人指出，通过对同一年度的三大文摘期刊进行逐篇对比，发现相互之间的耦合度很低。一篇文章是否优秀，理应有一个客观标准。很难想象甲刊认为此文优秀，乙刊却认为此文低劣。因此，人们有理由提出更多的“在质量和公平方面的要求”。换句话说，全文复印的文章也未必一定是重要的，编入索引的文章也未必一定是次要的。

第三，既有文本，也出光盘。

《复印报刊资料》等于是一个一百多种专题期刊的系列产品。不过依专题不同，有的是月刊，有的是双月刊，还有个别的是季刊。

《复印报刊资料》1995 年以来，也开始出版电子产品。主要有：

A.《复印报刊资料》选中全文复印的文章。可以进行检索和全文浏阅，结果可以进行拷贝、打印和粘贴处理。每一年是 4 张光盘。

该数据库是从 1995 年开始建设的，1995 年以前的《复印报刊资料》全文数据，据称只有三个专题进行了回溯建库，其余各专题尚在建设之中。

B.《复印报刊资料》专题目录索引数据库。

该数据库共计 3 张光盘，汇集 1978 至 1999 年《复印报刊资料》各专题收录的全文复印文章。累计达 57 万篇，每篇文章可以篇名、著者、刊名、刊期等进行检索。检索结果可以打印、拷贝。

此外，《复印报刊资料》自 1996 年 12 月起已在网上设站点。可在网上为用户提供服务。有“主要出版物与期务项目”、专题“分类表”“索引数据库演示”“全文数据演示”等栏目。

中国人民大学书报资料中心与基础教育有关的产品列表如下：

序号	名称	备注
1	教育学	月刊、1995 年创刊
2	思想政治教育	月刊、1995 年创刊
3	中小学教育	月刊、1995 年创刊
4	幼儿教育导读（家长版）	月刊、1995 年创刊
5	幼儿教育导读（教师版）	月刊、1995 年创刊
6	家庭教育导读月刊	
7	素质教育（中学生版·成长读本）	月刊、2002 年创刊
8	素质教育（中学生版·情感读本）	月刊、2004 年创刊、2005 年停刊
9	素质教育（小学生版·中高年级）	月刊、2002 年创刊、已停刊
10	中学语文教与学（初中版）	月刊、2005 年创刊
11	中学语文教与学（高中版）	月刊、1995 年创刊
12	小学英语教与学	月刊
13	中学外语教与学	月刊
14	中小学学校管理	月刊
15	小学各科教与学	
16	中学数学教与学（初中版）	
17	中学数学教与学（高中版）	
18	中学物理教与学	1998 ～ 2001 年是双月刊、2002 年以后是月刊
19	中学化学教与学	月刊
20	中学历史、地理教与学	月刊、1995 年创刊
21	中学政治及其他各科教与学	月刊、1999 年创刊
22	教育学文摘	季刊、2002 年创刊

更新情况请随时登录中国人民大学书报资料中心网站（http：//

www.zlzx.org）查询，在此不赘。

台湾师范大学图书馆，也编有《教育论文索引》，每年 1 辑，台湾盛文印书局印行。

3. 国外的相关工具书

至于国外的教育方面的数据库，主要有：

——《教育研究百科全书》（EER），该书是美国教育研究协会的一个项目，最初的一版是在 1941 年，基本上每隔 10 年出一个新版本。

《教育研究百科全书》不仅仅对已完成的研究编制了目录，而且对每一篇文章都有详尽的书目摘要，同时附有批判性的评价分析及对教育研究文献的解释，都由那些熟知本研究课题的知名的教育家写成。

——《教育研究手册》。手册的准备工作亦由美国教育研究协会完成。最初的一本由盖茨（N.L.Gage）编辑并在 1963 年出版；第二本由佛莱伍斯（R.M.W.Fravers）编辑，在 1973 年出版；第三本由威屈克（M.C.Wittrock）编辑，于 1985 年出版。第二、第三本都是原始卷，不是第一本的修订本。

手册对包含高等教育和目标教学在内的教学研究都有综合性的论述，在所有三本手册中，包含了许多深入探讨的主题，每一本手册内容都是广泛而综合的。对教育研究者来说，不仅其内容是非常有帮助的，而且手册中的每一章都有一份详尽的参考书目摘要，书目摘要自身也代表了对研究文献的详尽研究。

——《教育研究评论》。这也是一本美国教育研究协会的出版物，教育研究评论的目的在于通过批判性的和分析性的小品文来检查在教育上的学科调研能力，每篇由该领域学有专长的作者所写的小品文都代表了对近期经验研究的一种尝试性鉴定、评价和批判。每一版本大约涉及 10 个主题，被分类排在诸如“课程”之类的标题之下。

评论的第一卷出版于 1973 年，此后每年出版一卷。在很大程度上选本评论取代了前面介绍过的《教育研究评论》1970 年前的版本。事实上，美国教育研究协会创办现在这本评论的目的就是为了填补过去的评论在采用新的发表多种主题稿件方针后所留下的空白。

这本评论旨在突出教育研究中的重点和薄弱环节并为该领域的未来的研究指明方向，尽管提供书目参考信息只是它的次要任务，但它也的确包含了丰富的信息及有关每一篇文章的详细材料。

年鉴方面，中、英文各介绍一本：

《中国教育年鉴》，中国教育年鉴编辑部编，每年一卷。一般滞后一两年。

《Yearbook of Education（UNESCO）》，这是联合国教科文组织编印的教育年鉴。

考虑到不少一线教师外语都不错，而且又是学什么专业的都有，下面再介绍几本英文的大型“数据库”：

——《工具书指南》（Guide to Reference Books）

此书是国外久负盛名的一部工具书，初版于 1902 年，我国各大学图书馆所收多为第 9 版的翻印本以及 1986 年的第 10 版。第 10 版因是美国哥伦比亚大学图书馆参考部主任 Sheehy 主编，故又简称 Sheehy。

Sheehy 收书 14000 种，分为五大类：

A. 一般参考书（General Reference Books）
B. 人文科学（The Humanities）
C. 社会和行为科学（Social and Behavioural Sciences）
D. 历史和地区研究（History and Area Studies）
E. 科学、技术和医学（Science，Technology and Medicine）

A、B、C、D、E 下，又各分为若干小类，每一小类下列相关的书籍，每书均有提要，共收书一万余种。书后有索引，使用方便。

在版权意识渐强之后，我国大学图书馆购入此书的已不多，应尽量寻找最新版本，并不妨将与自己专业有关的部分复印下来。各版之间常有“补编”，在“补编”未出版时，ALA（美国图书馆学会）所办刊物《大学图书馆与研究图书馆》（College and Research Libraries）上常有补充书目，也可以在网上查阅。

——《参考资料指南》（Walford’s Guide to Reference Material）

此书与《工具书指南》相仿，有三卷本，也有简本。我国大学图书馆收藏的多为 1990 年的第 5 版，已较陈旧，当注意寻找最新版本。

此书最大特点是带有英国倾向。以第 5 版为例，所收书美国出版物仅占 13%，英国出版物占 31%，50% 来自英联邦国家和欧洲国家。

老一代学者中有不少人是通过《四库全书总目》或《书目答问》入

门的，在学术日益国际化的今天，我们理应通读，至少是了解 Sheehy 及 Walford 这一类的书。

——《社会科学情报源》(*Sources of Information in the Social Science*)

此书是美国研究生用书。以我国大学图书馆普遍入藏的 1986 年芝加哥出版的第 3 版为例，计收书 8100 种，分为九章，每章前有相关学科概览，叙述某一学科的历史、范围、研究方法、重要论著及工具书等，下列有关书籍，每书均有提要。此书作者多为专家，文字深奥，但在学术界评价颇高。应设法找到最新版本，并复印其中与本专业有关的部分，反复阅读。

4. 网上资源

说到“快速路”，自然离不开上网。

第一类是教育网站的检索工具，这方面不少网友已推荐了一些。这里再推荐一个：蟠桃 108 网（www.pantao108.cn），将各类教育网站搜集得比较有序齐全。不妨将这类网站视为教育网站的“谷歌”“百度”。

第二类是国家级的大网站。如“中国基础教育网”“中国教育与科研网”“中国科普网”“中国中小学信息技术教育网”“中国教师研修网”“全国中小学教师继续教育网”等等。这些网站一般有国家财力支持，是教育网络中的“国有企业”。当然也不是说每个网络都十分完美，比如“中国中小学教育教学网”（http：//www.k12.com.cn），俗称“K12”网，指从小学到高中共 12 年，涵盖整个小学、初中、高中。当时是投入了不菲的人力、物力的，但离老师们的期待，似乎还有距离。当然有些国家级大网站也是由大公司运作的。如由北京清大新干线教育科技有限公司运作的“中国教育新干线”网。

第三类是地方性的网站。例如“湖北教研网”“湖南省基础教育教学资源中心”“上海市基础教育信息网”一类，一般有地方财政支持，内容比较充实，对了解本地教育信息，很有帮助。

第四类是学校网站，现在几乎所有学校都有自己的网站，想了解哪个学校，将学校名输入一般都能找到。

第五类是专业网站。如语文老师常看的语文网站，数学老师常看的数学网站等等。这里情况就很复杂了，有各级政府部门（如教育学会）

做的，有专业机构做的，有学术刊物做的，有培训机构（如巨人学校）做的，有出版社做的，还有公司甚至个人做的。质量也相差很大，有的很专业，如“苏教版在线”，为苏教版小学教材的使用和教研提供了一个在线交流平台。又如“我是班主任”，提供班主任工作需要的信息，包括评语、计划、总结等。再如“捷凯数奥”，是有关小学数学奥林匹克的专门网站。有赛题赏析、奥数教程等。有的质量平平，信息陈旧，乏善可陈。

第六类是个人网站。在博客日趋流行的今天，不少老师的个人网站，均以博客形式出现。如一些知名语文教师：余映潮、王大绩、唐建新、胡明道、程红兵、尤立增、蒋念祖、曹公奇、于漪、朱震国、张悦群、刘湘玉、顾之川、董一菲、李震、曹津源、程韶荣、唐巨南、肖家芸、吴泓、杨万欣、池军华、陈玲玲、王鹏伟、范维胜、胡涛海、钟湘麟、陈维贤、李锦超、吴同和、纪勇、任玲、李春华、黄礼先、魏本亚、张宝童、党红英、严华银、张俊峰、宋如郊、陈胜全、潘克勤等等，均有自己的博客。其他各科知名老师，不少也有自己的博客。

也有不少老师的个人网站，不是以博客形式出现的。如“乡村园丁”是一位一线乡村小学教师的个人网页，有课件、论文、学生习作等。又如“张光涛个人网站”是省级优秀物理教师张光涛老师的网站。再如“高中语文子规园”，是四川省郫县一中高中语文老师莫春林的个人网站。被誉为“中国语文课件第一人”的张国生老师的网站，也有自己的特色。

至于海外的网络，考虑到大部分老师上不了国外网，就不具体介绍了。如果能上国际网，以下网站是应该知道的：

1.EBSCO 信息服务网 http：//search.global.epnet.com
2. 教学网 http：//www.teachnet.com
3. 教师网 http：//www.teachers.net
4. 教师来帮教师 http：//pacificnet.net/mandel
5. 美国教育部 http：//www.ed.gov
6. 教育应用图书馆 http：//www.csu.edu.au/aivision/libraryl
7. 美国国会图书馆 http：//www.loc.gov
8.Administrative Science Quarterly 介绍管理科学的季刊

http://asq.sagepub.com

9.Adult Education 成人教育理论与实践

10.American Educational Research Journal 刊载实证研究报告 http://aer.sagepub.com

11.British Journal of Educational Psychology 刊载英国教育心理学的实证研究报告 http://onlinelibrary.wiley.com/journal/10.1111/(ISSN)2044-8279

12.Comparative Education 介绍世界各国教育发展趋势 http://www.tandfonline.com/toc/cced20/.u3Q23dkBk3I

13.Comparative Education Review 比较教育的研究刊物 http://www.press uchicage.edu/ucp/journals/journal/cer.html.

14.Education Administration Quarterly 介绍中小学行政管理的理论 http://eaq.sagepub.com

15.The Elementary School Journal 介绍小学教育的理论与研究 http://www.press.uchicago.edu/uop/journals/journal/esj.html.

16.Journal of Education Psychology 介绍教育心理学的理论和研究 http://www.apa.org/pubs/journals/edu/index.aspx.

17.Review of Education Research 专门刊载某一特定问题的综合评论 http://rer.sagepub.com

18.Harvard Educational Review 哈佛教育研究刊物 http://www.hepg.org/her-home/home

19.The Education Digest 美国的《教育文摘》http://www.eddigest.com

20.Journal of Teacher Education 美国的《师范教育》http://www.jet.sagepub.com

21.The Journal of Experimental Education《实验教育杂志》http://www.tanfonline.com/toc/vjxe20/.u3QfmNKBk3I

22.International Review of Education（UNESCO）《联合国教科文组织的国际教育评论》http://link.springer.com/journal/11159

23.History of Education 英国的教育史杂志 http://www.tanfonline.com/toc/thed20/.u3Qf.dkBk3I

24.Education and Psychological Measurement《教育和心理测量》http://epm.sagepub.com

……

另外，ERIC（教育数据库）当然是应该知道的，可用交费委托方式通过国际联机检索系统（DLALOG）查询。

利用网上资源，一是面要广，不要局限在自己窄小的专业领域，如“4221学习网”就很不错，又如从“大夏教育网”和“万千教育”上，都可以获取不少最新的教育图书信息。如果仅从具体学科去寻找，很容易漏掉。再一个是注意收集免费网站，毕竟现在买书、订刊都不便宜。从免费书来说，可上“新浪”，点击“爱问”，打开后再点击“共享资料”，再按分类自己查询即可。其他如“超星”“读秀”（超星运作的商业网站）等也有一批书籍是免费的。国学古籍方面，可上爱如生、国学经典。报刊如《中学生数理化》，均有电子版。“三槐居”“作文私塾”等拥有大量完整资料的网站，应该是老师都很熟悉的。中学语文网中网，存有大量免费教案，也可备考。

总之一句话：“快速路”得多走，才会熟，才会真正起到“快速”的作用。

二

适合一线教师阅读的教育书籍

（上）

教育类图书恐怕是各类图书中数量最庞大、质量最不整齐的了，一定要有所选择。我们的选择标准说起来简单，就是一个：要适合一线教师阅读。但细究起来，问题就来了：什么叫“适合一线教师阅读”呢？至少有以下几条“标准”，可以提出来，供大家讨论：

第一，浅显易懂。仿佛学生刚开始学习，一开始得先做些浅显的题，不能一上来就做高深的题一样，读书也应有一个由浅入深、循序渐进的过程。浅显不等同于浅薄，而应是用浅白有趣的语言，深入浅出地讲清楚。当然，符合这个条件的书不多，但还是有一些，尤其是近年来出版的一些大家的教育随笔，一般每本由若干篇文章组成，文章一般也不太长，几千字，就比较适合一线教师阅读。

第二，信息量大。一线教师搞科研的一大局限，就是脑子里的学术信息太少。为此很有必要阅读一些相关的“概论”“综述”一类的书，这样至少面上的一些信息，就都会有所了解。另外，一些大部头的“通史”“目录”等至少应该知道，必要时可以当成“数据库”去检索。比如吴式颖、任钟印老师的《外国教育思想通史》（湖南教育出版社2002年出版），共10卷，好几百万字，如无时间先不读也罢，但脑子里应“存储”有这部书的信息，科研时遇到某个问题，知道上哪里查去。

当然，信息量大并不能同篇幅大画等号。有的皇皇大作，空洞无物；有的经典之作，篇幅不大却经得起反复诵读。我们理应如熊十力先生所言：“每日于百十之中，须取古今大著读之。至少数页，毋间断。寻玩义理，须向多方体究，更须钻入深处，勿以浮泛知解为实悟也。”所谓“大著”，当是经典之作意矣。

第三，现身说法。近年来一线教师出书的越来越多。虽然他们的一些议论或许在“专家”“教授”眼里还登不上学术的大雅之堂，但毕竟是实实在在自己的心得。例如苏静老师的《凭什么让学生爱上你》（湖北教育出版社2008年出版），讲述的就是自己从教8年的切身体会。吉光片羽，十足珍贵。说实话，因为这些书的出版东零西落，这个社一本，那家社一本，而且一般印量都很少，老师们甚至都有必要收集同行们出的书。例如中小学校长不妨收集同为校长的作者出的书，又如高中语文老师也不妨收集同为高中语文老师的同行出的书。这些书不少即使是大图书馆也不会有。

第四，理念先进。不少一线教师，尤其是中小城市和农村地区的老师，有一个很大的误解，就是认定自己身处偏远地区，教育理念肯定落后。其实在媒体、信息传递如此发达的今天，即便身处上海、北京等大城市，如果一天到晚忙忙碌碌，不读书不看报，一些相关的教育理念也未必了解；相反，即便身处穷乡僻地，但坚持学习，注意搜集，那么对教育理念的了解未必就比不上大城市里的那些人。或许就是从这一角度考虑吧，我们对相关译著也比较关注，目的就是想让一线教师对相关教育理念产生兴趣，有所了解。

理念先进，不是说近年新出炉的才是“理念先进”。有些几十年甚至上百年前的经典之作，今日看来仍是“理念先进”的。所谓经典，就意味着不过时。这些经典书最好看原著。正如中国人民银行金融研究所研究员丁鹄宁先生讲的：读书宜直追名家原著，读不懂时不妨先放一放，先往后看，或过一段时间再看。所谓“读全书才懂一页，读群书才懂一书”。

从实际选择的书看，所谓“理念先进”的书，实际上是两头：一头是旧的经典的书，一头是新的才出的书。这倒正符合北京大学中文系教授褚斌杰先生所说的“抓两头”。他说：

> 读书从事学术研究工作，我主张抓两头。要熟悉、精读经典性的、有巨大历史影响的原著，同时，要不脱离学术发展的前沿，掌握学术研究的新动向，新成果。两方面的书，都要读，用心读。

第五，相对新颖。同类的书尽量推介新近出版的。有些出版较早的书如同一坛老酒一样令人回味，但在出版业如此发达的今天，图书愈出愈精、后出转精也已然是规律了。

有些是要具体分析，有的书确实不错，但因作者过世或忙于其他事务，无人、无暇修订，那么尽管出版较早，仍需阅读。

第六，可以获取。推介的图书一般应可以借得、购得。故而台港方面的书、内部印刷的书，一般就很少介绍了。

“可以获取”还有一层意思，那就是学校图书馆已有的图书，一般就不做介绍了。按教育部规定，全国中小学都要按照生均 15 ～ 40 册书的标准配备，图书馆不达标者，一票否决。这些年中小学的图书数量，确实大大增长了。但质量是实在不敢恭维，有兴趣的老师不妨参看2010年9月16日《南方周末》“谁将‘垃圾塞进了图书馆’”一文，但不管怎么说，只要是大多数图书馆均有的什么《新课程××案例》《新课标解说》一类，就一般不予介绍了。

大体依据以上几条原则，我们推介了一批图书。回顾学术史，梁启超、胡适等前辈所开列的书单，都曾引发过不少批评意见，更何况我们了。所以，这里推介的图书，只能说是略备资料，聊胜于无，还有待补充、修正。

教育科学的书籍，依照“中图法”（第4版）的规定，是分在G4之下的。国家图书馆截止到2010年，分列在G4下的图书，真是成千上万。这么多书，怎么看得过来呢？其实，这些书中，有不少是教育学的教材、复习资料等，不看也罢。我们不妨大体参照中图法，将其分为N个大类，每类中再挑一些对自己帮助最大的书进行阅读。

站在一线教师的角度，下面这几类书是值得浏览和阅读的：

（一）与教育理论、教育哲学和教育科研方法有关的书

1. 教育学的入门书

和任何一门学问一样，教育这门科学一上来，也是有关教育全局性质的书，比如教育学理论，比如教育哲学，比如教育科学方法论等等。鉴于老师们大多读过或听过教育学的课，《教育学概论》一类的教材就不在这里介绍了。但有几本颇具特色的书是值得一读的：其一是浙江大学教育学院教授励雪琴老师的《教育学是什么》（北京大学出版社2006年出版），该书用尽量通俗的语言解答了“今日的教育从何处来？”“今日的教育学在研究什么？”“学校是什么？”“课程是什么？”“今日的教育学向何处去？”等问题。附带说说德国雅斯贝尔斯的《什么是教育》（中译本三联书店1991年出版）、美国布鲁柏克的《教育问题史》（中译本安徽教育出版社1991年出版）也是不错的。其二是华东师范大学教授陈桂生老师的《常用教育概念辨析》（华东师范大学出版社2009年出版），用随笔形式解析了我们常见的“课程”“教案”“考试”等教育概念，可以当一本案头教育小辞典用。其三是湖南科技大学副教授周险峰老师的《教育文本理解论》（广东高等教育出版社2007年出版），这本

书要专业一些，但硬着头皮啃下来会增强自己的理论修养。其四是王新燕老师的《故事中的教育理念更新》（福建教育出版社 2008 年出版），可读性较强。其五是叶澜等老师的《基础教育改革与中国教育学理论重建研究》（经济科学出版社 2009 年出版），其中论及改革带给中国教育学理论的冲击与重建部分尤其精彩。其六是李政涛老师的《教育科学的世界》（华东师范大学出版社 2010 年出版），下分 9 章，介绍了教育科学下面的各个分支。其七是王鹏伟老师的《和名师一起读语文新课标》（教育科学出版社 2013 年出版），读此可对新课程标准有一个起始了解。

具体到小学教育方面，潘海燕老师主编的《小学教育概论》（北京师范大学出版社 2013 年出版），虽属教材，但仍值得一读。该书共计 10 章：

第一章　小学教育的产生与发展
第二章　小学教育
第三章　小学学生
第四章　小学教师
第五章　小学教育目标
第六章　小学教育内容
第七章　小学教学
第八章　小学德育
第九章　小学教育活动
第十章　小学教育管理

附有《小学管理规程》和参考文献。

沈嘉祺老师主编的《小学教育实践手册》，（华东师范大学出版社 2012 年出版），也值得一读，此书计分见习篇、实习篇和研习篇共三篇，基本涵盖了小学教师从入门到教学再到科研的全过程。每篇下分若干单元，如“见习篇”下分“单元一，了解小学和小学生”“单元二，了解小学教师”；每单元下再分若干专题。如“了解小学和小学生”这一单元下，列 5 个标题：

1. 进入小学；
2. 进入班级；

3. 了解学生；
4. 低中高年级学生差异；
5. 小学生常见的行为问题。

此书的一个特点是有大量表格，对新教师迅速建立自己的“情报”系统，当有帮助。

齐佳楠、孙颖老师编著的《论初等教育》（吉林教育出版社 2012 年出版），仅 200 页左右，在同类书中算薄的。计 7 章：

第一章　国际初等教育学制
第二章　国际初等教育管理
第三章　国际初等教育教师的教育
第四章　国际初等教育课程
第五章　国际初等教育的教学
第六章　中国初等教育
第七章　世界初等教育的发展趋势

注意，名曰“国际”，实际重点还是在美、英两国。

教改方面，推荐张荣伟老师的《我们需要怎样的教育——中国基础教育改革概论》（教育科学出版社 2012 年出版），虽曰“概论”，但可读性颇强，并不是板着面孔千篇一律的说教。

另外，查有梁老师的《给教师的 20 把钥匙——教师应掌握的教育学方法》（四川教育出版社 2008 年出版）也可翻阅。埃玛·佩卡德的《给小学教师的 500 条建议》（中译本四川教育出版社 2006 年出版）也可一读。

专门写给初入教育界新教师的书也不少，在此推荐费希尔的《初为人师：教你 100 招》（中译本教育科学出版社 2009 年出版），王福强老师的《用心做教师——青年教师快速成熟的十大定律》（西南师范大学出版社 2011 年出版）、彭小虎老师的《小学教师专业成长——从新手到专家》（东北师范大学出版社 2005 年出版）也不错。

2. 新老专家的集子

任何一门学科，都有一个积累的过程，无数的聪明人在这门学科上下过功夫，有独到的见解。尽管有些意见今天看来已经过时，或是不符合中国国情。但看一看人家当时是怎么想的，为何会得出这样的结论，肯定会有所收获的。看专家的集子，一是分享这些聪明人的智慧，二是能够提高自身的专业素质。看看人家都在思考些什么问题，又是怎么在思考。

先看中外大家的集子：

（1）老一辈专家的集子

人民教育出版社从20世纪90年代至21世纪初，出版过一套“中国近代教育论著丛书”，如《蔡元培教育论著选》《陶行知教育论著选》《俞子夷教育论著选》《廖世承教育论著选》《雷沛鸿教育论著选》《梅贻琦教育论著选》《郑晓沧教育论著选》《晏阳初教育论著选》《经亨颐教育论著选》《陈鹤琴教育论著选》《黄炎培教育论著选》《李建勋教育论著选》《傅葆琛教育论著选》《张伯苓教育论著选》《陈宝泉教育论著选》《陆费逵教育论著选》《陈独秀教育论著选》《梁漱溟教育论著选》《胡适教育论著选》《蒋梦麟教育论著选》《孟宪承教育论著选》《舒新城教育论著选》《庄泽宣教育论著选》等数十种，自1912年中华民国成立至1949中华人民共和国成立期间重要专家，似已搜集齐全。但请注意这是“选”，既然是选，当然就有个选择过程，难免有主观偏向。所以要想全面了解某一个人的教育思想，最好再查查有无全集。如陶行知，有四川教育出版社2002年出版的《陶行知全集》，计12卷。又如蔡元培，有浙江教育出版社在1996年至1998年出版的《蔡元培全集》，计18卷。

福建教育出版社在2006年从另一角度出版了一套“20世纪中国教育名著丛编”，即将从20世纪初至新中国成立之初的教育家，每一人挑一本最具代表性的著作出版。已出版的也有数十种：如王国维的《教育学》、张子和的《大教育学》、舒新城的《教育通论》、庄泽宣的《教育概论》、李浩吾的《新教育大纲》、陈科美的《新教育学纲要》、孟宪承的《教育概论》、钱亦石的《现代教育原理》、吴俊升和王西征合著的《教育概论》、孟宪承和陈学恂合著的《教育通论》、熊子容的《课程编制原理》、盛朗西的《小学课程沿革》、陈侠的《近代中国小学课程演

变史》、赵延为的《教材及教学法通论》、俞子夷和朱晸旸合著的《新小学教材和教学法》、龚启昌的《中学普通教学法》、肖承慎的《教学法三讲》、吴俊升的《德育原理》、钟鲁斋的《教育之科学研究法》、陈选善的《教育研究法》、罗廷光的《教育科学纲要》、范寿康的《教育哲学大纲》、吴俊升的《教育哲学大纲》、张栗原的《教育哲学》、陶孟和的《社会与教育》、卢绍稷的《教育社会学》、雷通群的《教育社会学》、张栗原的《教育生物学》、艾伟的《教育心理学》、萧孝嵘的《教育心理学》、高觉敷的《教育心理》、丘景尼的《教育伦理学》、常导之的《增订教育行政大纲》、程湘帆的《中国教育行政》、罗廷光的《教育行政》、史襄哉的《教育卫生学》、王书林的《心理与教育测量》、沈有乾的《教育统计学》、钟鲁斋的《比较教育》、黄绍箕和柳诒徵合著的《中国教育史》、周予同的《中国现代教育史》、陈青之的《中国教育史》、陈东原的《中国教育史》、王凤喈的《中国教育史》、郭秉文的《中国教育制度沿革史》、舒新城的《近代中国教育思想史》、雷通群的《西洋教育通史》、姜琦的《现代西洋教育史》、瞿世英的《西洋教育思想史》、蒋径三的《西洋教育思想史》等。20 世纪上半叶中国的教育名著，几乎网罗殆尽。涉及的面比人民教育出版社那套书要广。

（2）外国教育名家的集子

至于外国教育名家的集子，首推人民教育出版社自 1984 年以来陆续出版的“外国教育名著丛书”，已出计 38 种 44 本。每书有简介，有的还附有年表、图片或其他参考资料。这些书广受好评，长销不衰。这 38 种名著是:《古希腊教育论著选》《昆体良教育论著选》《中世纪教育文选》《大教学论》《夸美纽斯教育论著选》《教育漫话》《理解能力指导散论》《爱弥儿——论教育》《林哈德和葛笃德》《裴斯泰洛齐教育论著选》《普通教育学·教育学讲授纲要》《人的教育》《德国教师培养指南》《斯宾塞教育论著选》《人是教育的对象——教育人类学初探》《乌申斯基教育文选》《科学与教育》《福泽谕吉教育论著选》《凯兴斯泰纳教育论著选》《民主主义与教育》《学校与社会·明日之学校》《我们怎样思维·经验与教育》《实验教育学》《克鲁普斯卡娅教育文选》《蒙台梭利幼儿教育科学方法》《童年的秘密》《教育原理》《教学方法原理——教育漫谈》《教育与新人》《小原国芳教育论著选》《马卡连柯教育文集》《科南特教育论著选》《维果茨基教育论著选》《皮亚杰教育论著选》《教学与发展》《课程与教学的基本原理》《布鲁纳教育论著选》《教学过程最优化——一般教学论方面》等，外国从古代到近代、现代对中国影响较大的教育学家的集子，大体均已在此。但请注意，这 38 种书有整本专著，也有节选和文章汇编。教育科学出版社 2003 年开始推出的“20 世纪苏联教育经典译丛”，包括了苏霍姆林斯基的《要相信孩子》《和青年校长的谈话》《给教师的建议》《怎样培养真正的人》《帕夫雷什学校》《公民的诞生》，赞科夫的《和教师的谈话》《教学论与生活》《论小学教学》，巴班斯基的《论教学过程最优化》等。同一出版社 2007 年开始出版的“当代俄罗斯教育理论译丛”，在时间上正好与前一丛书衔接。其中的《新自由主义全球化：资本主义危机抑或全球美国化》等，颇有看头。教育科学出版社 2002 年推出的“学校无分数教育三部曲”，收录了阿莫纳什维利的《孩子们，你们好》等 3 部名著，此人被誉为是苏联继苏霍姆林斯基、赞科夫后的又一大教育家。

美国方面，教育科学出版社 2007 年推出了“权威教育丛书”计 3 册:《杜威教育名篇》《杜威学校》和《杜威在华教育讲演》。

实在没有时间的话，也不妨看看导读、快读一类的书。这种书也不少，在这里我们推荐田正平、肖朗先生主编的《中国教育经典解读》（上海教育出版社 2005 年出版），此书选取了从孔子到徐特立计 55 位中国教育家的代表作，每人有作者简介、文章节选和解读。撰写者都是相关专家，书籍的质量是有保证的。全书共 650 多页，70 多万字。与此书配套的是单中惠、朱镜人先生主编的《外国教育经典解读》（上海教育出版社 2005 年出版），介绍了 27 位外国教育家的代表作，体例同上。类似的图书不少，如任钟印先生主编的《世界教育名著通览》（湖北教育出版社 1994 年出版），介绍了国外古今名家 89 人的教育论著 120 余种，1700 余页一巨册；又如李明德、金锵老师主编的《教育名著评介・外国卷》（福建教育出版社 2008 年出版），介绍了从柏拉图的《理想国》，到布鲁贝克的《高等教育哲学》计 32 本专著。彭新、陶建华老师主编的《新世纪教师必读书目导读》（海南出版社 2006 年出版）介绍图书 50 种，主要是近年出版的《新课程改革实用导读》一类的书。但请注意，如是撰写学位论文或正式发表论文，最好引用原书。如引自“选读”“导读”一类，会贻笑大方，让人觉得不够专业。

说起阅读中外大家的集子，有一本书很有特色，值得推荐。那就是杭州市特级教师闫学老师的《教育阅读的爱与怕》(华东师范大学出版社2008年出版),这本书,实际上是一位特级教师阅读经典读后感的结集,所读经典包括:苏霍姆林斯基的《给教师的建议》,夸美纽斯的《大教学论》,亚米契斯的《爱的教育》,黑柳彻子的《窗边的小豆豆》,李希贵的《学生第二》,刘良华的《教育自传》,王荣生的《语文科课程论基础》,泰戈尔的《新月集》《对岸》,金河仁的《我心中的风琴声》,新美南吉的《去年的树》,圣埃克苏佩里的《小王子》,罗曼·罗兰的《贝多芬传》,文森特·凡高的《亲爱的提奥:凡高自传》,纪伯伦的《先知·沙与沫》,大江健三郎的《在自己的树下》,叶灵凤的《叶灵凤文集》,艾米莉·狄金森的《狄金森诗选》,冯友兰的《中国哲学简史》以及对陶行知、杜威、三毛、张爱玲、韩素音、周作人、海子、北岛、顾城、食指、舒婷等人的领悟,还有《红楼》《西厢》《道德经》等。类似的有仇忠海、李敬老师的《教师读书札记》(上海社会科学院出版社2007年出版)。

(3)担任过教育领导工作的专家的集子

接下来就是1949新中国成立以后的专家的集子了。首先要读的,是一些担任过教育领导工作的专家的集子。如李岚清同志的《李岚清教育访谈录》(人民教育出版社2003年出版),以访谈形式记述了李岚清同志有关教育工作的重大方针、政策法规等的决策过程和体会感受。温家宝同志的《温家宝谈教育》(人民教育出版社、人民出版社2014年出版),收录了温家宝同志1995年至2013年的相关著述66篇。担任过国家教委领导职务的柳斌同志的《关于基础教育的思考》(上海教育出版社1992年出版),还有做过全国人大常委会副委员长、北京师范大学副校长的许嘉璐先生的《未安集——许嘉璐说教育》(教育科学出版社2002年出版)。

在地方做过教育领导工作的集子有:曾任北京市教育局局长的陶西平先生的《一路走来——陶西平教育漫笔》(京华出版社2006年出版)和《追梦人——陶西平教育漫笔》(人民教育出版社2008年出版),教育科学出版社2012年推出了"陶西平教育漫笔选集"两册:《大家不同,大家都好》和《在反思中创新》等。曾任《人民教育》杂志副总编,后任北京市社科院院长的敢峰先生的《敢峰教育文选》(人民教育出版社2008年出版);山东省教育厅总督学孟庆旭先生的《教育知行思辨录》(山东人民出版社 2009 年出版);广东省副省长(主管教育)王屏山先生的《王屏山教育文选》(广东人民出版社 2008 年出版);国家教育部督学、上海市教育督导室副主任俞恭庆先生的《公仆手记:教育百篇自选集》(上海外语教育出版社 2009 年出版);北京市课改实验领导小组副组长文喆先生的《门里门外谈教育》(北京师范大学出版社 2009 年出版)等。曾任国家教育部办公厅负责人、中央教育科学研究所副所长兼教育科学出版社社长,同时兼任联合国教科文组织中国教育学术交流中心主任的曹青阳老师的《教育现代化与教育情报研究》,国家教育行政学院院长、教育部干部培训工作领导小组副组长郑树山老师的《1968—2008 工作笔谈》(高等教育出版社 2009 年出版)、湖南省政府督学陈昌清老师的《回头看教育——与新中国教育同行》(湖南人民出版社 2009 年出版)等,也颇值一读。

国家教育行政学院、中国教育干部培训网合编的《教育局长访谈录》(新华出版社 2000 年出版),对来自全国各地的 70 位教育局长进行了采访,刘洪涛和李永钧老师的《教育局长谈治教》(哈尔滨工业大学出版社 2005 年出版)汇集了几十篇相关文章。国家教委督导办主任何秀超主编的《国家督学谈教育》(人民教育出版社 2012 年出版),是同类书中最新的。均当归类于此。恕不一一列举了。

这些领导的集子的共同特点是涉及面广,眼界开阔。而一线教师每日忙于具体事物,容易陷到具体事情中去,过重微观而缺宏观。看看这些领导的集子,可以开阔我们的眼界,扩大我们思维的空间。

(4)担任过中小学校长工作的专家的集子

还有一类领导的集子,估计广大一线教师会更感亲切。那就是称得上是教育家的校长的集子。如在教育界享有盛名的北京市第二实验小学副校长霍懋征老师的集子:《没有教不好的学生:一代名师霍懋征爱的艺术》(中国大百科全书出版社 2003 年出版)、中国人民大学附属中学校长刘彭芝老师的集子:《刘彭芝教育文集》(中国大百科全书出版社 2003 年出版)、北京大学附属中学校长赵钰琳老师的《追求优质教育——我在北大附中当校长》(中国人民大学出版社 2010 年出版)、北京十一学校校长李金初老师的《平生只想办好一所学校》(高等教育出版社 2009 年出版)、南京师范大学附属中学校长胡百良老师的《胡百良教育文集》(南京师范大学出版社 2002 年出版)、上海市市北中学名誉校长方仁工老师的《拾掇记忆的碎片》(上海教育出版社 2006 年出版)等，均很值得一读。

事实上，几乎稍好一些的学校的校长，都出过集子，读一读都会让人感到有所启迪。如刘永胜老师的《为了光明的明天：校长手记》(人民教育出版社 2005 年出版)、卓立老师的《为了孩子为了明天：北京史家胡同小学校长卓立办学思想文集》(奥林匹克出版社 1997 年出版)、天津外国语大学附属小学校长张奎文老师的《追求——我的教育生涯》(天津教育出版社 2009 年出版)、上海市实验小学校长杨荣老师的《教育追梦——一个青年校长的办学感言》(上海教育出版社 2009 年出版)、成都市磨子桥小学校长刁荣普老师的《一路有阳光——刁荣普阳光教育手记》(科学出版社 2006 年出版)、深圳外国语学校分校校长邬晓莉老师的《爱的叮咛》(海天出版社 2008 年出版)、深圳市新安湖小学校长黎娘献老师的《守望教育的蓝天》(辽宁大学出版社 2008 年出版)、福建泉州幼儿师范学校校长陈雅芳老师的《树人之道：在百年女校里探索》(厦门大学出版社 2004 年出版)、浙江省瑞安市安阳实验小学校长陈钱林老师的《尊重教育新理念》(人民教育出版社 2005 年出版)、山东省济南市舜耕小学校长胡爱红老师的《爱耕之路——小学生态化教育的研究与实践》(山东文艺出版社 2012 年出版)；辽宁省本溪市明山区联丰小学校长贾金荣老师的《心灵的收获：教师教育感悟集萃》(辽宁民族出版社 2012 年出版)、北京市朝阳区实验小学校长陈立华老师的《为幸福人生奠基》(人民日报出版社 2011 年出版)、深圳市宝安区坪洲小学校长张云鹰老师的《开放式教育》(教育科学出版社 2011 年出版)、黑龙江省佳木斯市云环小学校长张建明老师的《与天使共成长：当代小学教育创新的实践与思考》(暨南大学出版社 2012 年出版)、甘肃省兰州市七里河区建兰路小学校长刘福老师的《“诗意化”教育》(甘肃教育出版社 2012 年出版)、安徽省蚌埠市五河县实验小学副校长王静邦老师的《串起记忆的碎片》(中国矿业大学出版社 2012 年出版)、山东省聊城经济开发区顾宫屯联校校长许德刚老师的《让教育更美好》(福建教育出版社 2013 年出版)、安徽省芜湖市大官山小学校长程斌老师的《且行且思——我的教育生活》(安徽师范大学出版社 2012 年出版)、江苏省吴县市东山实验小学校长楼靖怡老师的《心雨》(上海文艺出版社 2013 年出版)。

在校长所著的书中，有些已不是简单的文章结集，而是有了一定的特色思考。如郑杰老师的《从校长到幕僚：学校发展咨询手记》（上海科技教育出版社 2009 年出版），全书分 6 章，实际已是一本专著了。甘肃武都一中校长王克明老师的《治校方略录》（兰州大学出版社 2001 年出版），也将治校提升到“方略”高度。

郭华老师主编的《差异？差距？——中国校长美国考察笔记》（教育科学出版社 2012 年出版）是出国考察记中的杰作。

小学校长方面，有几部书颇具特色。湖北省保康县马桥镇小学校长屈万军老师的《仰望星空——山村小学校长日记》（华中师范大学出版社 2011 年出版），以日记体记载了一所山村小学的日常教学、学校管理、教师成长、个人感悟等。其中不少论述十分新颖。如“教育是农业，不是工业”，学生的成长要有“正向心理循环”“教师是一个领袖”等等。以博文结集的有广东省深圳市福日区上步小学校长赵道年老师的《成长的记忆：一位小学校长的博客》（广东教育出版社 2012 年出版），江苏省扬州市李新梅校长的博客，在当地颇有影响，她将博客文章结集为《静听花开：叙事德育：让教育如花儿绽放般美丽》（南京出版社 2009 年出版）。

教育科学出版社曾以“全国中学骨干校长高级研究班文库”名义出版过一批校长的集子，如陈玉琨老师的《教育：发现与发展学生的潜能》、孙鹤娟老师的《学校文化管理》、张德文老师的《为每个学生提供良好的教育》、仇忠海老师的《“全面发展、人文见长”的学校教育》、鲁善坤老师的《人的发展：教育的基本维度》、沙洪泽老师的《教育：为了人的幸福》等。

在众多校长出书的基础上，有一类书是将各位校长的经验、心得汇为一书，倒也颇便阅读。如方国才老师的《中国著名校长的管理细节》（江苏人民出版社 2009 年出版），汇集了 418 位校长的管理经验。周柏云老师主编的《武昌名校长》（湖北科学技术出版社 2004 年出版），介绍了武昌 32 位中小学校长的事迹。高洪老师主编的《名师名校长讲演录：教育部更新教育观念八周年报告集》（教育科学出版社 2011 年出版），是校长们的讲演结集。夏锡平老师主编的《小学之道》《西南交通大学出版社 2012 年出版》，讲述了多位四川泸州农村小学校长的心得，“试图用小学校长们的工作案例和深层思考，体现农村地区小学掌门人的困惑和探索”（见前言）。天津东丽区苗街小学许士军校长的《有效教学的务实运作》（百花文艺出版社 2013 年出版），着重讲述了农村小学实施有效教学的途径与策略。洪雨露老师主编的《现代学校建设的实践研究》（上海三联书店 2011 年出版），集中了上海市徐汇区向阳小学校长洪雨露老师、上海市浦东新区康桥小学校长乔备军老师、上海市闸北区启慧学校校长尹岚老师、上海市著陀区武宁路小学校长孙纳新老师、上海市长宁区天山第一小学校长孟水莲老师等多位老师的文章。深圳市南山区丽湖中学校长房超平老师的《教师发展的阿基米德点》《品牌学校是这样建成的》（均为教育科学出版社 2012 年出版），所涉及事例既有中学的，也有小学的。

小学校长所出的书还有太原市迎泽区朝阳街小学校长王宝霞老师的《守望凝思——我们这样做得好》（北岳文艺出版社 2012 年出版），收录了不少一线教师从事研究的心得和结题报告。北京市房山区良乡第三小学校长王生老师的《求索——行走在新课程改革路上》（中国戏剧出版社 2013 年出版）、天津市河东区实验小学校长杨军红老师的《改变，从课堂开始》（天津教育出版社 2013 年出版）、内容充实，其中讲述“说教材”“得例分析”等章节尤为精彩。清华大学附属小学校长窦桂海老师的《超越·主题·整合——窦桂梅教学思想探索》（中国大百科全书出版社 2013 年出版）等等，恕不一一列举了。

谈到校长写的书，上海北郊学校校长郑杰老师的《顾此失彼——教育理论与实践的困境》《没有办不好的学校——郑杰教育讲演录》《给教师的一百条新建议》等广受好评。其中《边走边叹：一个校长给女儿的 52 封信》（华东师范大学出版社 2008 年出版）一书尤具特色，里头有许多大实话，如“示范性高中是中国教育的‘癌’”（第 8 页）、“中国教育不能再大刀阔斧地瞎折腾了，也不能老弄些什么新潮流或新名词糊弄人”（第 11 页）；“我坚信，在民间一定还会有鲜活的草根形态的东西存在，而恰恰这些东西，可能是未来中国教育真正的魂魄”（第 15 页）；“中国的教师进修学校的末日终将来临”（第 33 页）、“教研员们真是一代不如一代了”（第 34 页）等等。尤其是谈及中国的“校长文化”实际是“事必躬亲”加上“自虐”（第 212 页）并告诫女儿“千万别去搞教育”（第 265 页），让人印象深刻。你可以不同意他的看法，但这本书读后一定会有所触动。他的新作《学校何以难办：一个教育咨询师的哲学回答》（中国轻工业出版社 2010 年出版）也充满真知灼见。厦门市湖里区教师进修学校校长蒋宗尧老师的《优秀教师的修炼之道》（华东师范大学出版社 2010 年出版）可谓语重心长。李希贵老师的《学生第二》（华东师范大学出版社 2006 年出版）明确提出“教师第一，学生第二”的观点，也让人耳目一新。

说到小学校长的书，还有一类是校长主编的反映该校教学特色和教学成果的集子。这非常多。如尹超老师主编的《隐形的翅膀：讲述北大附小的故事》（北京大学出版社 2012 年出版），汇集了北大附小八十多位教师的教学心得，言之有物，都是很好的教学随笔。范晓红老师的《聚焦课堂，科研学校》（天津科学技术出版社 2013 年出版），收录了天津师范大学附属小学老师们的科研成果。诚如于树漫先生所指出的，“一线教师的研究成果是最新鲜的研究成果，一线教师的研究思考是每天在与学生的目光触碰中引发的思考，这些都非常珍贵”。（见“序言”）北京市东城区织染局小学王凤岭老师主编的《知心教育故事文集》（世界知识出版社 2013 年出版），汇集了该校师生的文章，其中有不少鲜活的案例，类似的还有苏州工业园区胜浦实验小学校长徐海鹰老师主编的《且行且歌——苏州工业园区胜浦实验小学教师随笔集》（南京师范大学出版社 2011 年出版）、云南省昆明市武成小学校长钟玲丽老师主编的《教坛耕耘录》（云南大学出版社 2012 年出版），李艳老师主编的《梧桐树下——贵阳市北郊小学教师文集》（贵州人民出版社 2013 年出版），孙西义校长主编的《行走在教育路上》（中国矿业大学出版社 2013 年出版），汇集了安徽省蚌埠市五河县实验小学几十位老师的成果。广州市沙面小学校长张凤娟老师主编的《与孩子同成长——给小学教师的一本书》（华南理工大学出版社 2012 年出版），汇集了该校老师实施“协同教育”的成果，“协同教育”尤重方法论的学习。上海市松江区实验小学校长胡银第老师的《三乐教育惠泽童心》（上海教育出版社 2011 年出版）。山东省高密市第二实验小学校长张群老师的《奏响教育和谐曲——高密市第二实验小学人文管理思考与探索》（青岛出版社 2010 年出版）、武昌市中华路小学校长徐宏丽老师的《教师日常那些事》（湖北人民出版社 2011 年出版），上下册，实际是该校老师们对“日常小事”的记录与感悟。类似的还有上海市封滨小学校长高岚岚老师的《百年封小·炫色生命》（上海教育出版社 2011 年出版）、江苏省吴中市碧波实验小学校长陆建荣老师的《在探索中成长：小学课程改革实践与思考》（江苏教育出版社2012年出版）、黑龙江省方正林业局中心小学孔令燕老师的《让花开得更“幸福”》（哈尔滨地图出版社2012年出版）、北京市芳草地国际学校校长刘飞老师的《幸福的教师培养幸福的学生案例集》（台海出版社2012年出版）、石家庄市实验小学校长崔迎霞老师的《一切为孩子成长给力：石家庄市实验小学创新特色教育纪实》（中国文史出版社2011年出版）、上海市康桥小学校长乔备军老师的《创造属于每个孩子的课堂——小学课堂教学中“分层式”师生互动的实践研究》（上海科学普及出版社2012年出版）、上海市九亭二小校长徐平老师的《课堂创新探索》（安徽师范大学出版社2012年出版）。广州颐和实验小学校长李兴球老师的《颐和教育的课改之路——广州颐和实验小学“SQC问题学”型课堂学习模式的实践研究》（世界图书出版西安有限公司2012年出版），所谓“SQC”，是发现问题、提出问题、分析和解决问题英文词汇首字缩写。山东省乐陵市实验小学校长李升勇老师的《让学生站在课堂教学的中心——乐陵市实验小学大课堂教学实录》（福建教育出版社2013年出版），此书可与同一出版社出版的《课堂教学的颠覆与重建》参看。前一书是教改实例，后一书是教育学者陶继新与人称“改革校长”的李升勇的对话录。王晓东、徐世贵老师的《风起燕东唱大潮：有效课堂深水探秘》（白山出版社2013年出版），所收文章为辽宁省本溪满族自治县实验小学教师的文章，讲述了“有效备课”“有效课堂”“有效作业”以及关于学生组织注意力、自主学习、学法指导、学习习惯等方面的事情。文章大多很接地气。如“小学生有了学习计划不能坚持怎么办”“教师如何在上课前了解并分析好学生的现状”等等。

附带说一句，有关所谓“名校长”的传记，这些年也出了一些，比如《教育，真的不能简单——一位校长的教育叙事》（南京师范大学出版社2010年出版），讲的是江苏天一中学校长沈茂德老师的事迹，不错。但说句实话，值得捧读的实在不多。郑杰老师说：“在我看来这类书基本上是‘面目可憎’的，人物扁平化、类型化不说，传主往往成了不食人间烟火的神，而且文字‘肉麻’得直叫人汗毛直立。”（《边走边叹——一个校长给女儿的52封信》，第235页，华东师范大学出版社2008年出版）。倒也不能说是过激之辞。

（5）一线教师的集子

一线教师个人的专集，近年来也渐渐多了起来。如上海市语文特级教师汪叔阳老师的《教育，为了孩子的明天》（东华大学出版社 2009 年出版），江西广丰语文高级教师蒋敦鑫老师的《东斋论语——一个教师 50 年的阅历与思考》（江西人民出版社 2008 年出版），南京师范大学附属中学语文特级教师吴非老师的《不跪着教书》（华东师范大学出版社 2004 年出版），成都市武侯实验中学李镇西博士的《教有所思——李镇西随笔选》（华东师范大学出版社 2003 年出版）、《用心灵赢得心灵——李镇西教育讲演录》（华东师范大学出版社 2008 年出版），姚丽娟老师的《给自己一个爱上教育的理由》（东北林业大学出版社 2008 年出版）以及陆冰扬老师《耕耘集：语文教学五十年》（浙江教育出版社 1997 年出版），贾志敏老师的《贾老师教语文》（上海教育出版社 2000 年出版），王晶华老师的《携智慧和阳光漫步》（山东教育出版社 2009 年出版），徐卫祥老师的《教者当自强》（华中师范大学出版社 2009 年出版），申延生老师的《让成功伴着我们成长——申延生教育文集》（陕西人民教育出版社 2009 年出版），邱广欣老师的《教育，我有话要说：一个教师对教育的深度反思》（中国轻工业出版社 2009 年出版），于华强老师的《阅读丁香：华强老师教育日记》（大连海事大学出版社 2009 年出版），陈一水老师的《老教师笔记——关于教育的一些思考》（黄河出版社 2008 年出版），吴延岭老师的《碎片如歌：我的教育随笔》（山东大学出版社 2008 年出版），王丽萍老师的《选择教育的经营与创新》（上海教育出版社 2009 年出版），周学静老师的《心会看见》（教育科学出版社 2006 年出版），居桂珍老师的《爱，然后教》（教育科学出版社 2011 年出版）等。西南师范大学出版社 2011 年还推出了一套“草根名师系列”，所收赵克芳老师的《课堂，诗意还在》、夏昆老师的《率性教书》、马一舜老师的《为爱教书》、许丽芬老师的《做一个纯粹的教师》等，也均为普普通通的一线教师。不管名气大小，相信都一定会让同为一线教师的读者备感亲切，开卷有益。有的集子让人印象深刻，如江苏省特级教师陈萍老师的《教师专业发展之道：我的教育叙事与生命感悟》（人民教育出版社 2008 年出版），讲述了自己一步一个脚印从村小走向全国的人生历程。

说到普通一线教师的集子，还有一类书是将全国一线优秀教师的事迹、经验等结集出版。如教育科学出版社出版的《做一个优秀的小学数学教师——16 位著名特级教师的专业成长案例》，西南师范大学出版社 2008 年出版的“名师讲述系列”丛书中《施教先施爱：名师讲述班主任的核心教导力》一书收录了全国七省市 50 位优秀班主任的鲜活、生动的教育案例，每文有“名师简介”“案例”“专家点评”等栏目；《让学生做自己的老师：名师讲述如何提升学生自主学习能力》一书收录名师讲述如何提升学生自主学习能力的案例，体例同上；此外还有《引领学生高效学习：名师讲述如何提高学生课堂学习效率》《教育从心灵开始：名师讲述最能感动学生的心灵教育》《在欢乐中成长：名师讲述最具活力的课堂愉快教学》等，不一一详述。还有一类书是将某一地一线教师的事迹、经验等结集出版。如华东师范大学出版社 2008 年出版的“上海教师丛书”，即包括了《刘京海和他的“后成功时代”》《吕型伟：见证中国教育 30 年》《于漪的生活状态：平凡而富于情趣》等。该丛书出过两次，1998 年版有李首民老师的《情理相融创和谐：我当校长 20 年》、徐永初老师的《女校·女生》、毛懿飞老师的《从第二课堂走来：尚文中学教改纪实》、秦璞老师的《搏动的讲台：我教思想政治课》等，特别要提到的是这套书里有一本赵才欣老师的《有效教研：基础教育教研工作导论》，不错。江苏教育出版社 2012 年推出的《著名特级教师教学思想录》，下分“小学语文卷”“小学数学卷”等，可当工具书备查。唐云增老师的《魏书生教育思想图文详解》（凤凰传媒 2013 年出版），也是颇有特色。

说到普通教师的集子，有几本书附带在此特别推荐：第一本是余文森老师主编的《教育博客：教师专业成长的航程》（福建教育出版社 2007 年出版）。近年来，越来越多的老师在网上开设了自己的教育博客，如蔡兴蓉老师的博客就很受欢迎，博文结集为《走在孩子的后面》（教育科学出版社 2012 年出版）。余老师这本书中虽说也有“教育博客的注册与运用”等偏技术的文章，但更多的是“有朋自博客来”“感悟教育博客的价值”等偏人文的文章，主要是老师们自己谈自己的教育博客。第二本是林岩、刘静老师主编的《实习生活叙事》（河北人民出版社，出版年不详），此书是讲述河北师范大学组织学生“顶岗实习支教”的心得体会。内分“感悟篇”“教学篇”“管理篇”“生活篇”“未了篇”，通过一群刚刚步入基础教育的年轻人的眼睛看世界，当有不少新的发现。第三本是王桂芝老师的《班主任成长日记》(开明出版社 2006 年出版),肖川老师点评。第四本是张彦春、朱寅年老师主编的《16 位教育家的智慧档案》(华东师范大学出版社 2006 年出版),集中介绍了魏书生、李吉林、李镇西、顾泠沅、张思明、张化万、刘彭芝、康岫岩、龚正行、李烈、刘京海、李希贵、唐盛昌、杨一青、廖文胜、杨瑞清 16 位老师的教学实践和教育理念。翻一翻,可以大致了解一线教师中的佼佼者的思想和实践。第五本书是张万祥老师的《一句话改变人生:400 位优秀教师的智慧感悟》(江苏教育出版社 2009 年出版),是作者几十年累积的 400 位优秀教师的精妙语句。

有一类所谓“成长日记”“轨迹访谈”式的书,实际上就是一线教师自己写自己,或采访记,很受一线教师欢迎。如铁皮鼓的《冬去春又来》、陈晓华的《怀揣着希望上路》、刘国营老师的《情到深处》、方海东老师的《守候阳光》、王艳芳老师的《飘着花香的琴弦》、卢惠姗老师的(在两点和一线之间)、秦望老师的《光辉岁月:我与个性一班的高三之旅》、孙国华老师的《那年,我第一次带毕业班》、吕春玲老师的《科学,科学!》、张文峰老师的《留在瓦窑的歌》、刘祥老师的《走过高三》等。以上各书由教育科学出版社编入“新教师成长日记丛书”,自 2006 年至 2011 年出版。另有《金莹:静静地开放》《刘永宽:阿宽从教记》《俞正强:低头找幸福》《林良富:行走在理想与现实之间》《邱向理:从有心人做起》等书,由教育科学出版社以“名师成长轨迹访谈录”丛书名义于 2007 年出版。罗炜老师的《我的教师梦——语文教师成长叙事》(北京师范大学出版社 2014 年出版)也当归类于此。

一些专业性比较强的一线教师的集子,将在“适合一线教师阅读的教育书籍(下)”中介绍。

(6)新闻界、文学界关心教育的朋友的集子

有不少新闻界、文学界的朋友,有的一直关注教育,有的甚至就在中小学工作过,他们的作品,眼界比一般教师要开阔,文笔也比一般教师要老到,也值得一线教师作为闲书翻翻,也可学到不少知识,知道不少事情。

先看新闻界,如《上海教育》杂志副编审李北宏老师的《教育杂谭》(上海社会科学院出版社 2005 年出版)、苏军老师的《一个记者的教育视野》(上海教育出版社 2003 年出版)、宋洪昌老师的《第三只眼

看教育》（同心出版社 2002 年出版）、在湖南教育报刊社工作的王树槐老师的《触摸教育的脉搏》（湖南人民出版社 2006 年出版）、江西教育期刊社副总编黄安福老师的《从一集》（江西高校出版社 2004 年出版）、中国教育报人文中心主任张圣华老师的《触摸教育》（北京师范大学出版社 2009 年出版）等等。新闻记者出身的孙云晓老师所出的《孙云晓教育作品集》（江苏教育出版社 2007 年出版）更多达 11 册。最近他和张引墨老师合著的《藏在书包里的玫瑰——校园性问题访谈实录（全本）》（漓江出版社 2009 年出版），在采访基础上提出的一些结论令人震惊：发生性关系的学生中，半数以上是公认的好学生；三分之一来自重点中学甚至是声名显赫的重点中学……

近年来，新闻界对教育的关注似乎更多了，相关的集子不少，如王敦贤老师的《国之痛：贫困山区教育现状扫描》（新华出版社 2008 年出版）、夏克军老师的《中国家长心里的痛：当代大陆教育反思》（海天出版社 2005 年出版）、朗忠老师的《还孩子一片净土——中小学教育弊端直击》（中国文联出版社 1999 年出版）、丁勤政老师的《痛稿 2004：为韩寒祛昧为中国教育进言》（新世界出版社 2004 年出版）、上官子木老师的《创造力危机：中国教育现状反思》（华东师范大学出版社 2004 年出版）、苏军老师的《"苏军专栏"原汁原味》（上海三联书店 2006 年出版）、施麟俊老师的《一个人的教育视界：教育者之思》（安徽教育出版社 2008 年出版）等。肖光畔老师的《中国教育问题调查》（大众文艺出版社 2005 年出版）则出成系列，下有"问题教育""问题父母""问题孩子"三个分册。李斌老师的《把学校交出来——一位青年记者笔下的中国教育》一书由教育科学出版社出版后，也引起一定关注。

至于文学界作家的相关作品也不少，有些还成为畅销书，也反映出大众对教育问题的关注和焦虑。比较流行的有黄白兰老师的《盲点：中国教育危机报告》（中国城市出版社 1998 年出版）、杨晓升老师的《中国教育，还等什么》（经济日报出版社 2001 年出版）、李季老师的《中国教育病》（四川教育出版社 1999 年出版）、柏岳老师的《中国教育现状沉思录》（山东友谊出版社 2002 年出版）、中原和陈红老师的《现代教育警示录》（河南人民出版社 2004 年出版）、赵健伟老师的《教育病：对当代中国教育的拷问》（中国社会出版社 2003 年出版）、郭冬老师的《走出"老房子"：当代中国教育报告》（河南文艺出版社 2001 年出版）、苏舟子老师的《中国教育流行病》(江苏文艺出版社 2004 年出版)、杨晓升老师的《拷问中国教育》(文汇出版社 2005 年出版)、莫忌华老师的《反思中国教育》(上海三联书店 2006 年出版)、徐平利老师的《教育的陷阱》(广西师范大学出版社 2008 年出版)、赵一安老师的《拿什么教育我们的下一代》(天津科学技术出版社 2008 年出版)、熊丙奇老师的《中国教育的 100 份诊断报告》(百家出版社 2010 年出版)和《教育熊视:中国教育民间观察》(东方出版社 2008 年出版)等。武宏伟老师的《大教育要从小教育做起:一位草根教育家说给教育工作者的话》(广东教育出版社 2012 年出版),多少也反映出一些民意。

郑金洲老师主编过一套“故事中的新课程改革丛书”,共 5 册,计有《故事中的教育理念更新》《故事中的教师角色转变》《故事中的课堂教学改革》《故事中的师生关系调整》《故事中的学生行为变革》。力争将教育叙事与文学的可读性结合起来,颇受好评,该丛书由福建教育出版社 2008 年出版。

(7)科研院所教授们的集子

接下来一类,就是科研院所教授们的集子。其中不少集子实际上是专家们的杂文、散文等,阅读起来并无困难,而且相当轻松,收益却不少,适合一线教师阅读。这其中首推北京师范大学教育管理学院名誉院长顾明远先生的集子,他的《热点问题冷思考:透视中国基础教育》(教育科学出版社 2010 年出版)、《野花集:教育——未来社会的希望》(福建教育出版社 2008 年出版)、《教育:传统与变革》(人民教育出版社 2004 年出版)、《杂草集——顾明远教育随笔》(福建教育出版社 2001 年出版)、《我的教育探索》(教育科学出版社 1998 年出版)、《世界教育发展的启示》(四川教育出版社 1989 年出版)等,均极具启迪意义,值得一读。此外,苏州大学博士生导师朱永新先生的《朱永新教育文集》(人民教育出版社 2004 年出版),共 10 卷:卷一为《新教育之梦:我们教育理想》、卷二为《滥觞与辉煌:中国古代教育思想史》、卷三为《沟通与融洽:中国近现代教育思想史》、卷四为《嬗变与建构:中国当代教育思想史》、卷五为《困境与超越:教育问题分析》、卷六为《反思与借鉴:中外教育评论》、卷七为《心灵的轨迹:中国本土心理学研究》、卷八为《校园守望者:教育心理学论稿》、卷九为《享受与幸福:教育随笔》、卷十为《诗意与理性:教育问答录》。其中有些(如卷九)是随笔性质，可以当闲书来看；有些（如卷七）是应该反复研读的。华东师范大学博士生导师郑金洲老师《教育絮语》（华东师范大学出版社 2009 年出版），计 20 万字共 110 多篇，平均每篇文章不到 2000 字，文章虽短却意义深远，值得品读。华东师范大学另一位博导钟启泉老师《教育的挑战》和《课程的逻辑》（华东师范大学出版社 2008 年出版）是姊妹篇，系钟启泉老师多年来有关教育改革、课程改革、教师教育、比较教育方面的自选集。北京大学博士生导师钱理群先生的《做教师真好》（华东师范大学出版社 2009 年出版）、华东师范大学还有一位教授陈桂生老师的《教育实话》（华东师范大学出版社 2003 年出版）、《聚焦教育价值》（教育科学出版社 2011 年出版），北京大学孔庆东老师的《摸不到门——孔庆东谈教育》（华东师范大学出版社 2009 年出版）、北京师范大学肖川老师的《好教育，好人生——肖川教育美文精选》（凤凰出版传媒集团 2009 年出版）、江西师范大学钟志贤老师的《教育的事：一个观察者的散点透视》（江西高校出版社 2005 年出版）、北京理工大学杨东平老师的《杨东平教育随笔：教育需要一场革命》（上海人民出版社 2007 年出版）以及徐九庆老师的《中国教育怎么了？一个大学校长的忧思录》（广西师范大学出版社 2009 年出版）、郭思乐老师的《教育激扬生命：再论教育走向生命》（人民教育出版社 2007 年出版）等，都是言简意赅、意蕴久远的好书。

一些已故专家的集子也饱含了深刻的智慧。如《傅任敢教育文集》（教育科学出版社 2011 年出版）等。这些人的年龄，比前述“老一辈专家”要小一些。

说到科研院所专家的集子，安徽教育出版社 2007 年推出的一套“中国中青年教育学者自选集”或应引起我们的重视。这套书收录的是相对年轻的学者（40 ～ 50 岁）的作品，已出 10 本。周洪宇老师的《教育公平是和谐社会的基石》、张斌贤老师的《教育是历史的存在》、程斯辉老师的《教育之道》、石中英老师的《教育哲学的责任与追求》、涂艳国老师的《科学教育与自由教育》、徐辉老师的《国际视野——本土行动：比较教育的若干思考》、张新平老师的《教育管理学的持续探索》、汪霞老师的《课程理论与课程改革》、马健生老师的《教育改革论》、王本陆老师的《现代教学理论：探索与争鸣》。这些老师不少有海外求学经历，信息较新，但从可读性来看，并非本本都适合一线教师阅读。西南师范大学出版社 2010 年开始推出的“思想者系列”，也当引起重视。已出的有许锡良老师的《追寻教育的真谛——许锡良教育现实思考》，许传利老师的《教育，细节的深度反思》，扈永利老师的《今日教育之民间立场》等。

说到科研院所专家们的集子，近年来出版了一些“讲演录”“访谈录”，因较口语化，更少专业术语，倒是十分适合一线教师阅读。如华东师范大学出版社 2008 年出版的“大夏书系 · 教育讲演录”书系，包括《我的教师梦——钱理群教育讲演录》《用心灵赢得心灵——李镇西教育讲演录》《做一个幸福的教师——陶继新教育讲演录》《一流学校的建设——陈玉琨教育讲演录》《转向教育的背后——吴康宁教育讲演录》《教育是慢的艺术——张文质教育讲演录》《给教育一点形上的关怀——刘铁芳教育讲演录》《没有办不好的学校——郑杰教育演讲录》《教师专业成长——刘良华教育讲演录》《过一种幸福完整的教育生活——朱永新教育讲演录》等等。绝大部分是高校教授的讲演结集。福建教育出版社在 2007 年也推出过郑金洲老师的《教育的思考与言说——一位教育学者的演讲录》等书。至于访谈录，有中国人民大学出版社 2009 年出版的一套“教育名家访谈录丛书”，包括对北京师范大学博导顾明远先生、劳凯声先生，华东师范大学博导顾泠沅先生、钟启泉先生、中央教育科学研究所原所长朱小蔓先生，华中师范大学博导周洪宇先生的访谈。

还有一类，是学者自传式的作品，如北京师范大学出版社 2010 年推出过一套“教育口述史”，也很不错。包括中国教育哲学奠基人黄济先生的《黄济口述史》，教育史大家王炳照先生的《王炳照口述史》，教育家顾明远先生的《顾明远教育口述史》，以及《潘懋元口述史》《林崇德口述史》等。老教育家吕型伟老师的《吕型伟从教七十年散记》（上海教育出版社 2004 年出版），吕老师人称中国基础教育界的“活字典”，这本书也很值得一读。

至于当代海外学者的集子，特别推荐中国青年出版社近年陆续推出的“世界名师新经典系列丛书”，如《美国最优秀教师的自白》《为孩子更强大而教书》《如何在考试时代提升教育本质》《我是这样和家长沟通的——美国当代名师写给家长的信》等。该社推出的“教师一生的读书计划”丛书中，也有一些外国学者的集子颇值一读。如英国海柔尔·贝内特的《师范学院学不到》，英国麦克马兰的《中学课堂管理的7个要点》，《班主任一定要面对的9个问题》，美国桑德拉·哈利斯的《美国获奖中小学校长的建议》，美国托德·威特克尔的《优秀校长一定要做的15件事》，《如何调动和激励教师》，美国黛安娜·罗曼斯的《优秀教师的课堂艺术》，英国爱恩·戴维斯的《教师一定要思考的四个问题》，英国苏·里奇的《如何成为一名优秀的中学教师》，美国琳达·梅特卡尔夫的《教师、学生和家长焦点难点解决方案》，美国莫尔盖思·L.·唐纳森的《给新教师的忠告》等等，这批书的特点一是均为英美等国当代教育名家，二是一般都不太厚，也就10万字左右，内容实用，阅读起来不是很累。另一些散见的书也不错，比如美国盖托的《上学真的有用吗》（中译本三联书店2010年出版）、美国卢安·约翰逊的《跳出教育的盒子》（中译本中国青年出版社2009年出版）等。

3. 教育哲学和教育科研方法论方面的书

（1）教育哲学

什么是教育哲学？用刘铁芳老师的话讲："如果说哲学就是对个人生活的询问，那么教育哲学无疑就是对个人周遭的教育生活本身的询问，是对什么样的教育是值得追求的教育的不断询问。"（《走向生活的教育哲学·前言》，湖南师范大学出版社2005年出版）。教育哲学方面的书不少，但适合一线教师阅读的并不多。一本就是刘铁芳老师的《走向生活的教育哲学》，作者声称"本书试图从我们习以为常却思之不多的教育问题出发，避开体系化、规范化的教育哲学言说方式，抓住当前日常教育生活的关键因素，逐一探讨"。（出处同前）高伟老师的《回归智慧，回归生活——教师教育哲学研究》（教育科学出版社2010年出版），也可一读。再一本是译著：美国斯坦福大学诺丁斯诺教授《教育哲学》的中译本，北京师范大学出版社2008年出版，许立新译。该书"关于本书及其作者"中声称"无论是对于教师和未来教师来说，还是对于需要了解教育哲学当代趋势的任何人来说，它都是一本必需的著作"。而美国教育哲学的大学教材也已有中译本：《教育的哲学基础》（第7版，奥兹门等著，中国轻工业出版社2006年出版）。

（2）教育科研方法

至于教育科研方法方面的书，据冉乃彦老师讲："现在教育科研书籍虽然不少，仅仅在我的案头就有三十多本，但是真正适合中小学教师读的寥寥无几。”（《中小学教师如何做研究·前言》，人民教育出版社 2006 年出版）。冉乃彦老师有感于此，专门写了《中小学教师如何做研究》一书，该书共 15 讲 18 万多字，平均每一讲也就一万字多一点，篇幅不长。介绍了经验总结法、科学观察法、调查研究法、教育实验法、个案研究法、质的研究法、行动研究法和统计法共 8 种科研方法。第 13 讲“如何从实践经验中提升观点——掌握论文的基本要求与写法”、第二讲“怎样在工作中从‘经验型’走向‘科研型’”尤其精彩。同一作者还出过一本《中小学教师如何用哲学》（教育科学出版社 2011 年出版），实际也是讲方法。华东师范大学教授郑金洲老师《教师如何做研究》（华东师范大学出版社 2005 年出版）一书也很受一线教师欢迎。该书共分 10 章，也是 18 万多字。从第 6 章至第 10 章，分别介绍了 5 种“教育研究成果的表达形式”，诸如教育日志、教育叙事、教育案例、教育反思、教育课例。每种均有范例，是其特点。同一作者的还有《教师反思的方法》（教育科学出版社 2006 年出版）、《学校教育研究方法》（教育科学出版社 2008 年出版）。郑金洲老师还主持编写了“中小学教育科研指导丛书”，由教育科学出版社近年陆续推出。其中丁念金老师的《研究方法的新进展》、郑金洲老师的《校本研究指导》等尤为精彩。任勇老师的《任勇：研究让教育更精彩》（首都师范大学出版社 2011 年出版）分为七个部分，第二部分“做研究型的教育行动者”、第三部分“研究，让教育更精彩”等，都是十分精彩的一线教师从事科研的自叙。耿涓涓老师的《教育信念：一位初中女教师的叙事探究》（教育科学出版社 2002 年出版），王枫老师的《教师印迹：课堂生活的叙事研究》（教育科学出版社 2008 年出版），也一定会让人有所启迪。当然更专注于研究的自述型书，是刘波老师的《从新手到研究型教师——我的专业成长手记》（宁波出版社 2011 年出版）。

其他适合一线教师阅读的相关书籍，还有刘英琦老师的《做研究型教师——问题·方法·实例》（广东教育出版社 2013 年出版），叶澜老师的《教育研究方法论初探》（上海教育出版社 1999 年出版），张健老师编著的《研究报告撰写指导》（教育科学出版社 2003 年出版），黄毅英主编的《教授现在告诉你：如何开展教育研究》（华中师范大学出版社 2010 年出版），张民生、金宝成主编的《现代教师：走近教育科研》

（教育科学出版社 2002 年出版），鲍传友老师的《做研究型教师》（教育科学出版社 2009 年出版），刘玉莲老师的《在学校教育中学作研究》（首都师范大学出版社 2011 年出版），谢春风和时俊卿老师主编的《新课程下的教育研究方法与策略》（首都师范大学出版社 2004 年出版），李冲锋老师的《教师教学科研指南》（华东师范大学出版社 2009 年出版），李臣之老师的《教师做科研：过程、方法与保障》（海天出版社 2010 年出版），潘海燕、何晶老师的《教师怎样进行反思与写案例和论文》（中国轻工业出版社 2008 年出版），钱爱萍老师的《教师怎样做课题研究》（中国轻工业出版社 2007 年出版），宁虹老师的《教师成为研究者——国际互动理论路径实践》（首都师范大学出版社 2002 年出版），徐世贵、刘恒贺老师的《教师怎样做小课题研究——高效助力教师专业化成长》（西南师范大学出版社 2011 年出版）、柳文浪老师的《教师研究的意蕴》（教育科学出版社 2007 年出版）、冯卫东老师的《今天怎样做科研：写给中小学教师》（教育科学出版社 2012 年出版）等，也各具特色。

全国教育科学规划领导小组办公室编的《教育科研大家谈》（教育科学出版社 2007 年出版）是在三十多年来申报项目基础上编撰的论文集。类似的还有《中国教育科学规划回顾与展望：从“六五”到“十五”》（教育科学出版社 2006 年出版）；青岛市教育科学研究所编的《教育科研访谈面对面》（中国海洋石油大学出版社 2004 年出版）分所辖地区记录了不少案例，都是一线教师的现身说法，故而其中有城市中小学老师的经验，也有乡镇中小学老师的心得，很有特色，值得品读；管锡基老师的《教师科研有问有答》（教育科学出版社 2010 年出版）采用问答式体例，也颇便一线教师阅读。刘旭等老师的《一线教师教育青年科研指南》（四川教育出版社 2007 年出版）也有其特点。附带提一句，钱仓水老师的《教师职业文体写作及范式》（苏州大学出版社 2001 年出版）中，“教学文体”中也包括了“试卷分析报告”“听课记录”“教学总结”等实用内容。

欲了解海外同行的科研情况，台北心理出版社 2005 年出版的《教师动手做研究：十三位行动教育工作者的研究飨宴》一书值得一览；台湾师范大学教授贾馥茗老师的《教育学方法论》（江苏教育出版社 2008 年出版）一书也可一览，可了解人家的研究思路与大陆有何不同。译作方面，美国威廉·维尔斯曼的《教育研究方法导论》（中译本教育科学出版社 1997 年出版）享有盛名，国内所出中译本为其第 6 版的翻译，是作为研究生教材使用的。刘旭等老师的《一线教师教育青年科研指南》（四川教育出版社 2007 年出版）也有其特点。附带提一句，钱仓水老师的《教师职业写作及范式》（苏州大学出版社 2001 年出版）中，“教学文体”中也包括了“试卷分析报告”“听课记录”“教学总结”等实用内容。

池春燕老师的《切磋：教师如何做教研》（中国人民大学出版社 2008 年出版）一书，抓住了“教研”这一特点，讲述了“备课”“听课——评课”“公开课”及“网络教研”等，在众多有关中小学教师科研的书中显得别具一格；单鹰老师的《中小学教师如何做好课题研究》（北京师范大学出版社 2013 年出版），对于课题研究已成常态的中小学教师，会有很大帮助。河南省教育科学研究所高尚刚老师的《中小学课题研究指导》（中国轻工业出版社 2007 年出版）共分 8 章，着重点仍在课题与论文；王福强老师是教研员出身，也做过学校管理工作，他的《用心做教研》（吉林大学出版社 2010 年出版）也有其特点；贺慧老师的《老师这样做研究——来自一线的小专题个案剖析》（四川教育出版社 2008 年出版）也汇集了不少很好的案例；叶澜、李政涛老师的《“新基础教育”研究史》（教育科学出版社 2010 年出版）实际是若干结题报告的集子，虽然从中也能学到许多东西，但毕竟不是我们所期待的基础教育方面的研究史；吴为民老师的《教育叙事与案例撰写》（华东师范大学出版社 2007 年出版）是所有有意撰写教育叙事的老师应参考的一部书；胡兴宏老师的《怎样写课例》（上海科技教育出版社 2004 年出版）是课例方面较好的一本小册子；汪利兵老师的《教育行动研究：意义、制度与方法》（浙江大学出版社 2003 年出版）、谢广田老师的《小学综合实践活动课题研究与论文写作》（浙江大学出版社 2009 年出版），潘海燕和何晶老师的《教师如何写教育案例与论文》（北京师范大学出版社 2013 年出版），是不多见的专讲某一阶段科研方法的专著。吕洪波老师的《教师反思的方法》（教育科学出版社 2009 年出版）抓住“反思”二字做文章，抓住了问题的要害。美国查尔斯的《教育研究导论》（中译本中国轻工业出版社 2003 年出版）是国外在这一方面的名作。

浙江大学出版社 2009 年出版过一套“中小学各科课题研究与论文

写作指导丛书”，是以教师申报或参与集体课题及进修撰写相关论文为主旨的。以王秀玲、刘堤仿老师的《小学数学课题研究与论文写作》一册为例，共计 7 章，目录如下：

第一章　小学数学课题研究概述
第一节　小学数学教育研究课题的选择与确定
第二节　小学数学课题研究方案的制订
第三节　小学数学教育研究课题的申报
第四节　小学数学教育教学课题研究的实施

第二章　小学数学论文写作概述
第一节　写作前的材料准备
第二节　论文的结构与形式
第三节　论文的内容与语言
第四节　论文的写作与修改

第三章　小学数学论文写作
第一节　小学数学课程研究论文的写作
第二节　小学数学教材研究论文的写作
第三节　小学数学教学研究论文的写作

第四章　小学数学教学研究报告的写作
第一节　教学调查报告的撰写
第二节　教学观察报告的撰写
第二节　教学经验总结报告的撰写
第四节　教育实验研究报告的撰写

第五章　小学数学案例研究论文的写作
第一节　教学叙事的写作
第二节　案例评析的写作
第三节　教学随笔的写作

第六章　小学数学教学评论的写作
第一节　教学短评的写作
第二节　教学综述的写作
第三节　教学书评的写作

第七章　小学数学教研论文的答辩
第一节　论文答辩的意义
第二节　论文答辩的准备
第三节　论文答辩的过程
第四节　论文答辩的策略

其中第一章、第六章，尤见新意。另外，钟建林老师的《写作并非难事——写给小学数学教师》（教育科学出版社 2011 年出版），也可视为小学数学教师科研入门书。

最后附有："教研论文参考选题""全国小学语文学科教学主要核心期刊""全国小学语文学科教学主要网站"等。

其中第四章谈及"教学调查报告""教学观察报告"的写作；第五章谈及"教学随笔""教学短评"和"教学综述"的写作，尤见新意。

具体到小学，严开宏老师编著的《小学教育研究方法》（华东师范大学出版社 2010 年出版），虽说属于教材，但仍值得推荐。原因之一就在此书的第一条编写原则就在"规范性的操作知识与原理性的理论知识相结合"（见《前言》），比较务实。《中小学教育科学研究：原理、方法与表达》，徐丽华老师主编，浙江大学出版社 2013 年出版。下分 4 编：第一编，小学教育科学研究基本原理；第二编，小学教育科学研究的基本方法；第三编，小学教育科学研究资料分析；第四编，小学教育科学研究成果的呈现。每编下设若干章，每章下列若干节。其中以第二、第三编特色更为突出。如第二编，下设第三章至第七章计 5 章：

第三章　课堂观察研究
第四章　教育调查研究
第五章　教育实验研究
第六章　教育叙事研究

第七章　教育行动研究

每一章下，基本设三节，分述相关研究概述，研究设计和案例与评析。

较早一些的相关著述有：杨小微老师的《小学教育科学研究》（北京师范大学出版社 1999 年出版）、谢广田老师的《小学教育科学研究及其方法》（浙江教育出版社 2001 年出版）、徐丽华与黄燕老师的《小学教育科学研究新论》（天津人民出版社 2004 年出版）、薛根生老师的《小学教师科研论文导写》（湖南师范大学出版社 2000 年出版）等。特别推荐北京师范大学出版社 2012 年推出的《中小学教师如何成长为名师》一书，其中有不少现身说法，十分实用。

事实上，一线教师不妨读一些教育以外讲方法的书。如于光远先生的《导师与研究生的对话》（苏州大学出版社 2001 年出版），此书主体是于光远先生写给研究生的 50 封信、研究生们对导师上述信件的反应及于光远先生对这些反应的反应，涉及做学问、做人、做事等多个方面。此书初版于 1989 年，此次再版，未作改动。附带说一句，前两年有一部名为《十九札：一个北大教授给学生的 19 封信》的书颇为风行，涉及面比于光远先生的书窄一些，但比较薄，读起来或许更轻松一些。

如果学有余力，一定要看一看丁钢老师的《中国教育：研究与评论》，自 2003 年由教育科学出版社推出第 1 辑后，已出了十几本，这本书正如书名所提示的，包括专家的"研究"专文与书评两大部分内容，有助于了解教育科学的"前沿"动态。中央教育科学研究所的《2001 年中国基础教育发展研究报告》（教育科学出版社 2002 年出版，已出 5 册），含有丰富的学术信息。郑金洲等老师主编的《中国教育研究新进展》，实际上是一本研究综述的综录，所收十几个专题，实际可视为十几篇大综述，内容不仅限于基础教育。但其中"教科书问题分析""课程改革的实践困惑与理论反思""高考改革研究"等显然均属基础教育。此书为系列出版物，所出第一本为《教育基本理论之研究（1978 ～ 1995）》（福建教育出版社 1996 年出版），从 2000 年起改为现书名，一年一册，现已出到 2008 年（2010 年出版），一般要滞后两三年，这是本书的一个缺点。

郑金洲先生叙述了该书的编纂方法：

> 每年我国出版的教育类著作成千，发表的教育研究论文上万，如何甄别材料，再将这些材料加以整合？纂辑的过程就是我们学习的过程。在经过集思广益、粗定课题“总目”初稿的前提下，我们采用了如下工作步骤：①查检索引和收集其他有关的论、著目录；②按图索骥，悉心查找相应的报刊和书籍；③分门别类摘要记录论、著的主要观点；④在进一步确定各个课题框架结构的同时，把摘要加以汇总分析，整合进框架结构之中，这样一个过程，实际上也是纂辑者较全面地了解与掌握该课题的过程；⑤确定各个课题序列，形成“总目”；⑥各个课题纂辑的初稿，在统稿中都作了少则二三次、甚至更多次的修改与调整。(《中国教育研究新进展·2007·前言》，华东师范大学出版社 2008 年出版)

这一编纂方法本身不就是值得我们效仿的工作方法吗？附带指出，此书虽说查检的是“论、著目录”，但介绍的成果，还是以论文为主，著作有限。

另外，美国哈佛大学博士后哈里斯·库珀的《如何做综述性研究》（中译本重庆大学出版社 2010 年出版）一书，虽说稍为专业了一些，但对于初涉科研的教师，还是值得一读的。因为对于初学入门者而言，从撰写综述入门，或许是一个切实可行的选择。而关心在基础教育科研中常用的调查研究方法的老师，不妨看看程方平老师的《新中国教育调查回顾》（天津教育出版社 2010 年出版）。教育科学出版社 2006 年始推出的“哈佛教育名著译丛”中，也包括了好几种教育科研方法方面的书，如美国埃伦·康德利夫奥·拉格曼的《一门捉摸不定的科学：困扰不断的教育研究的历史》、美国凯瑟琳·莫塞斯的《教育管理的案例研究》、美国理查德·沙沃森·丽萨·汤的《教育的科学研究》等。美国威廉·维尔斯马等的《教育研究的方法导论》，教育科学出版社 2010 年据第 9 版译出，是权威之作。

方法论与研究史密不可分，这方面就推荐郑金洲、瞿葆奎老师的《中国教育学百年》（教育科学出版社 2005 年出版），《教育研究》杂志社的《中国教育科学 30 年》（教育科学出版社 2010 年出版）亦可参考。

综上所述，教育理论、教育哲学和教育科研方法都是与教育这门学科的宏观有关的。我们读一些中外大家的集子，读一些担任过教育领导工作的专家的集子，读一些担任过中小学校长工作的专家的集子、读一些一线教师的集子，读一些新闻界、文学界的朋友的集子，读一些科研院所教授们的集子，就已经广泛地接触了教育理论的经典和课题，初步了解了教育理论的术语和内容。再读一点教育哲学和教育科研方法，熟悉了教育科学的思维模式和科研方法，就为我们下一步真正从事科研，打下了一个虽说是初级的但却很坚实的基础。

大家或许注意到了，我们很少推荐教育理论的学术专著。这是因为对处于入门阶段的一线教师，不论是从时间还是从知识储备来说，一上来就去硬啃学术专著，效果未必好。倒是一些所谓“教育随笔”，因浅显易懂，篇幅不长，反倒比较适合一线教师阅读。而这些“教育随笔”，因不够“专业”，似乎很少有人向一线教师推荐，或许是因为推荐的书越叫人看不懂，越透出推荐者有“学问”吧。

华东师范大学教授陈桂生老师在所著《教育实话》（华东师范大学出版社 2003 年出版）一书序中，是这样评说教育随笔的：

> 首先声明的是，这本小册子算不上什么“教育研究成果”，登不上大雅之堂。因为“教育研究”自有不少讲究，有公认的研究规范和检验成果的学术标准。我在研究过程中虽少不了动动笔，而动笔写出来、抄出来、编出来的东西，未必都堪称什么“研究成果”。此理，信不信由你，至少本人是相信的。
>
> 说它算不上“教育研究成果”，它算是什么呢？可称其为“教育随笔”，这是由于其中多数短作或有那么一点意思，也就是那么一点意思而已。

实际上，一线教师还是先通过这些“登不上大雅之堂”的教育随笔，把“那么一点意思”弄明白再说。这或许是我们主推教育随笔集的理由吧。这就好比给刚入道的学生，不能一上来就布置难题、怪题，而是应先做一些普通题练练手的道理是一样的。

教育随笔的作者，包括科研院校的教授、一线教学的老师、名校的校长、报刊的记者甚至民间学者等。但不管作者是什么人，一般都是可读性较强，文章也不长。

或许正是因为教育随笔这种形式雅俗共赏，销路不错，近几年多家出版社都出版过自己的教育随笔性质的丛书。其中比较著名的有华东师范大学出版社近年推出的“大夏书系”系列，包括张文质老师的《幻想之眼——一个教育者的内在冲突》《教育的十字路口》，吴非老师的《前方是什么》《不跪着教书》，李希贵老师的《学生第二》，朱永新老师的《写在新教育的边上》，陈桂生老师的《教育实话》《师道实话》，李镇西老师的《教有所思》，刘铁芳老师的《守望教育》，郑金洲老师的《教育碎思》，郑杰老师的《给教师的一百条新建议》，商友敬老师的《坚守讲台》，窦桂梅老师的《玫瑰与教育》，高万祥老师的《我的教育苦旅》，程红兵老师的《做一个书生校长》，薛瑞萍老师的《给我一个班，我就心满意足了》等。张文质老师主编的《中国最佳教育随笔》第一、第二辑，《生活在痴迷之中——20位教师的生命探索》《永怀生命的初恋——99个温润的课堂》《迷恋人的成长——20位教师的课堂发现》《轻风掠过心灵——99个感人的教育故事》等，也均由华东师范大学出版社近年出版，尤其适合一线教师阅读。张文质老师还与人合作，出版了《一节好课需要的教育智慧》《今天我们怎样进行教学反思》《今天我们应怎样评课》等书，均由西南师范大学出版社2011年出版。

四川教育出版社2003年起陆续推出李镇西老师主编的“教育随笔系列”，包括李吉林老师的《如诗如画》、朱永新老师的《享受教育》和《行走新教育》、袁卫星老师的《细数阳光》、李镇西老师的《E网情深》和《呵护生命》、陈明华老师的《微笑如花》、陈晓华老师的《追求教育的诗意》、王丽老师的《人世间最美丽的》、程红兵老师的《心听校园》、于春祥老师的《用脚做梦》等。

高等教育出版社2004年起推出“中国当代教育家丛书”，其实也大多是教育随笔性质的文章结集。已出的有康岫岩老师的《生命因教育而精彩》、杨一青老师的《搭建飞翔的舞台》、李镇西老师的《与青春同行》、刘永胜老师的《教育造就成功人生》、张建平老师的《风雨彩虹求实路》、王桂儒老师的《托起明天的太阳》、蔡福全老师的《志远行近》、赵福庆老师的《教育每天从零开始》、任勇老师的《为发展而教育》、李金初老师的《平生只想办好一所学校》、刘畅老师的《教人幸福地生活》、李烈老师的《给生命涂上爱的底色》、张思明老师的《用心做教育》、唐盛昌老师的《终生的准备与超越》、李吉林老师的《情境教育的诗篇》、杨瑞清老师的《走在行知路上》、刘彭芝老师的《人生为一大事来》、张化万老师的《我的语文人生》、李希贵老师的《为了自由呼吸的教育》、郑佳珍老师的《立美人生》等。

福建教育出版社2005年以来推出的"新教育文库"系列也很不错。该书系由朱永新老师主编，下面又分"我的教育随笔""我的教育故事""我的教育实验"等几个小系列。其实都是文章结集，随笔性质。"我的教育随笔"包括袁卫星老师的《教育有梦》、高万祥老师的《教育有乐》、李镇西老师的《教育有道》、韩军老师的《教育有悟》、薛农基、冯卫东老师的《教育有悔》等。"我的教育故事"包括《魔法作文营》《守望高三的日子》《走在教育的路上》《发生在教育在线的故事》《麻辣学生酷老师》等。"我的教育实验"包括章敬平老师的《新希望工程：媒体眼中的"新教育实验"》、周建华老师的《行动与收获：昆山玉峰实验学校"新教育实验"纪实》、卜延中老师的《与崇高对话："新教育实验"与书香校园建设》和《与理想同行："新教育实验"指导手册》、袁卫星老师的《窗外的声音：新教育实验学校报告选》等。

教育科学出版社近年也出版过不少教育随笔，如徐建敏、管锡基老师的《穿越生命的流光——教师阅读随笔获奖作品精选》、李镇西老师的《李镇西教育讲演》《我的教育心》，孟繁华老师的《赏识你的学生：最贴心的教育艺术》，严育洪老师的《这样教书不累人》，徐洁老师的《教师的心灵温度》，吴非老师的《致青年教师》，居桂珍老师的《爱，然后教》等等。

山东教育出版社也推出了由张志勇、齐健老师主编的一线教师的教育随笔。已出版的计有《每一棵树都想开花》《永不停滞的追问》《向真教育靠近》《叩问教育的真谛》《读懂每个儿童》《别忘了自己也曾是个孩子》《喧嚣与超越》等。

北京师范大学出版社近年也推出过"京师教育随笔"系列，如曹洪敏老师的《教而思教》、任勇老师的《师者回眸》等，主要收录北京教师的教育随笔。

首都师范大学出版社近年来也出版了一些港、澳、台或海外教育随笔，广受欢迎，如美国艾斯特·莱特的《教室里的心灵鸡汤》，美国约翰·霍特的《孩子为何失败》，美国艾尔菲·科恩的《家庭作业的迷思》，美国威廉·格拉瑟的《没有失败的学校》，美国理查德·派克的《走了一位老师之后》，台湾黄武雄老师的《童年与解放》，《学校在窗外》，台湾林文虎老师的《好老师在这里》《好老师在这里Ⅱ》，台湾李崇建老师的《移动的学校》《没有围墙的学校》，台湾李雅卿老师的《乖孩子的伤，最重》等。

西南师范大学出版社近年推出的“名师工程系列丛书”实际上是将一些“名师”的文章按不同主题重新编排，也不妨视为教育随笔集。如《教师心灵读本：教师，做反思的实践者》《教师心灵读本：成为有思想的教师》《教师成长读本：给新教师的建议》《名师最受欢迎的特色教学艺术》《拿什么打开思路：名师最吸引学生的课堂切入点》《名师讲述：如何提升学生自主学习能力》等数十种。

事实上，仅从数量而言，我们在此开列的书单已经够长的了。曾有老师提出这样的意见：

> 对中小学教师来说，阅读大量的经典名著几乎不太可能，但至少应该选择两到三本教育经典名著，比如杜威的《民主主义与教育》、罗素的《论教育》、联合国教科文组织编写的《学会生存》等来作为重点阅读的文本。当然，也可以阅读时下流行的比较有影响的某个当代研究者的著作。（刘良华著《教育研究方法：专题与案例》，第 2 页，华东师范大学出版社 2007 年出版）

刘良华老师指出：“对中小学教师而言，日常阅读一直面临一个基本难题：书太多而无法选择。”（同前引刘书 32）。故而仅暂时推荐“适合教师阅读的九本书”（实际上是“九组书”）。实际上，不管是“两到三本”，还是“九本书”，都远远不够。《普通高中语文课程标准（实验）》明确要求“教师要努力适应课程改革的需要，继续学习，更新观念，丰富知识，提高自身文化素养：要认真读书，精心钻研教科书”。但教师们课外阅读的情况，很不理想。这方面媒体多有报道，说是不少老师“不看书不读报”，“读书不如老板”。然而一线教师要想在科研方面有所突破，必须放眼看书。一些一线教师写的“科研”文章显得轻飘飘没有分量，很大一个原因就在于阅读面没有打开，阅读量没有上去。

（二）教育与其他各门科学交叉的书

教育与其他各门科学相交叉，便产生了诸多教育学下的二级学科。比如教育学与心理学“联姻”，便产生了教育心理学；教育学与历史学结合，便产生了教育史。其他诸如教育经济学、教育社会学、教育管理学、教育未来学等，不一而足。但与一线教师关系最为密切的，还是教育心理学、教育史和教育管理学等几个分支。下面就重点介绍一下这几个分支的书籍。

1. 教育心理学方面的书

教育心理学方面的书非常多，而且是雅的学术专著和俗的通俗读物这两类都非常多，但令人遗憾的是，适合一线教师阅读的既轻松愉快又雅俗共赏的书，似乎并不多。我们只能挑选以下几类书，推荐给广大一线教师：

第一类书是关于教育心理学的普及读物。这方面可以向大家推荐的有美国比格和谢米斯合著的《写给教师的学习心理学》(中译本中国轻工业出版社 2005 年出版)，此书以问答的形式叙述了教育心理学方面的一些常识。再有就是石国兴、白晋荣老师主编的《每天学点教育心理学》(西南师范大学出版社 2009 年出版)，此书以一个个经典的小故事、小案例为切入点，加以简明而深刻的心理学分析，传授如何在教育中运用教育心理学的知识。西南师范大学出版社 1995 年出过一本张庆林老师的《当代认知心理学在教学中的应用——如何教学生学会学习和思维》，也不错。张梅玲老师的《心理致胜：一位心理学家的教育发现》(中国石化出版社 2007 年出版)是一部文集，涉及面颇广。何东涛老师的《学习问道——中学生高效学习的心理学视角》(浙江大学出版社 2009 年出版)，虽说是一本专业书，但文字比较流畅，也可作为入门书来阅读。刘儒德老师的《教育中的心理效应》(华东师范大学出版社 2013 年出版)，是名家之作。

第二类书是有关的实际案例。即可以从中看到前人是如何具体运用教育心理学知识，来解决教育中所遇到的各种问题的。这方面值得一读的书有丛培翔、王贵福老师主编的《鸡西市小学素质教育的理论与实践》(哈尔滨工程大学出版社 1995 年出版)、张海钟老师的《来自河西走廊的报告:心理卫生与心理教育的理论与实践》(甘肃教育出版社 2001 年出版)、上海市虹口区第三中心小学特级教师毛蓓蕾老师的《小学生心理辅导札记》(上海教育出版社 1996 年出版)、北京市朝阳区小学生心理咨询中心编著的《学贵有方》(新时代出版社 1997 年出版)、陈晖等老师所著《小学生心理热线》(中年级版、高年级版各一册,新世纪出版社 1996 年出版)、沈家鲜和崔合美老师的《中学生心理热线》(高中版、初中版各一册,新世纪出版社 1996 年出版)、《心理访谈:高考心理》(中国轻工业出版社 2008 年出版)是中央电视台 12 频道同名栏目组所做节目的结集,中国社会科学院研究所王极盛老师的《王老师高考心理热线:高考心理调节实用指南》(中国社会科学出版社 2004 年出版)也可参看。孙义农老师的《消融着的冻土带:学校个别心理辅导案例评析》(浙江大学出版社 2005 年出版)则汇集了 50 多个真实案例。马志国老师的《做学生的心灵导师——学生心理辅导的 60 个典型案例》(教育科学出版社 2011 年出版),也属此类。

第三类书是有关学困生转变的书。这是一线教师普遍关注的一个问题。这方面的学术专著有沈烈敏老师的《学业不良心理学研究》(上海教育出版社 2008 年出版)、钟启泉老师的《差生心理与教育》(上海教育出版社 1994 年出版)。比较通俗一些的书籍有王树华、陈彩凤老师的《差生教育转化方法》(中国人事出版社 1998 年出版)、黄金权老师的《教育后进学生的艺术》(江西高校出版社 1999 年出版)、高妙根老师的《教海拾贝:问题学生教育方法漫谈》(上海教育出版社 2004 年出版)、侯一波老师的《一个都不能落:名师提升学困生的针对教学》(西南师范大学出版社 2008 年出版)等。清澈小舟的《没有孩子是差生》(人民文学出版社 2004 年出版)虽说不是严格的教育心理学书籍,但同样会给予我们诸多启迪。鞠文灿、陈善卿老师的《“差生”教育启示录》(江苏教育出版社 2005 年出版),以对 100 名学生的问卷调查为基础,介绍了这些同学的状况,书中收录有相关的个案访谈、学生习作和书信等。考虑到不少同学学习不好的原因就在于缺乏正确持久的学习动机,麻凤军老师的《中小学教师谈学生学习动机:素质教育微探》(东北大学出版社 1999 年出版)当可一览。另外,不少一线教师反映与学困生沟通相当困难，故而不妨看看李秀萍老师的《读懂老师：中学生眼中的老师》（中国青年出版社 2003 年出版），书中收录了“我是差生我怕谁”等师生之间的小故事。关文信老师的《问题学生教育指南》，分“小学班主任版”和“中学班主任版”两册，由首都师范大学出版社 2010 年出版，是将差生转变与班主任工作相结合的专著。不少差生迷恋上网，可参看《青少年网络心理解析》（开明出版社 2012 年出版）。此外，美国凯·伯克的《与问题学生“过招”》（中译本中国轻工业出版社 2008 年出版）、美国凯利的《如何教育叛逆学生：教师与家长的指导手册》（中译本中国轻工业出版社 2006 年出版）和美国科特勒的《轻松搞定使你“发疯”的问题学生》（中译本中国轻工业出版社 2009 年出版），虽然说的是美国学生，但其与中国“问题学生”仍有其共性的一面，可以一读。

第四类书是一些译作。这些外国作者写的书一个突出的优点是可读性较强，例如日本佐藤忠男的《为何而学》（广西教育出版社 1999 年出版）、日本山内光哉的《学习与教学心理学》（教育科学出版社 1986 年出版）、日本高野清纯等著的《小学生心理》（山西教育出版社 1992 年出版）按年级进行分析研究，日本小林利宣的《中学教育心理学》（四川辞书出版社 1991 年出版）也是叙述了从初中到高中各个年龄段的生理心理特点。教育科学出版社近年推出的《儿童的秘密——秘密、隐私和自我的重新认识》（马克思·范梅南著，中译本教育科学出版社 2007 年出版）、《儿童与情绪：心理认知的发展》（美国保罗·哈里斯著，中译本教育科学出版社 2012 年出版）、《情绪教育法：将情商应用于学习》（加拿大沙博著，中译本教育科学出版社 2009 年出版）等，值得从事小学尤其是低幼年级教育的教师注意。另外，郑金洲老师的《教学方法应用指导》（华东师范大学出版社 2006 年出版）其实是很重要的一部书，学有余力的话应该一读。

2. 教育史方面的书

教育与历史学结合，便产生了教育史。

教育史方面，首先应了解本校、本地区的教育历史。不少学校均已出版校史，不少地区也已出版本地区的教育史。最好备上一部，时时翻览，熟知本地、本校的教育史，会让人有诸多方面的收获。

除了本校、本地区的教育史，还应了解本省市自治区的教育史。经济稍发达的省市自治区，几乎都有《广东教育改革发展30年纪事》（广东高等教育出版社2008年出版）、《山东教育改革发展三十年（1978—2008）》（教育科学出版社2008年出版）一类的书，可找来翻阅。

人民教育出版社1999年推出过一套“中国名校丛书”，一校一册。就以学校名为书名，包括了《北京师大附中》《北京四中》《北京第一实验小学》《天津市南开中学》《上海市大同中学》《江苏省扬州中学》《南京师大附中》《南京市金陵中学》《苏州市实验小学》《浙江省春晖中学》《厦门市集美中学》《湖南省长沙一中》《广东省广雅中学》《成都市石室中学》等数十种。肖川、周颖老师的《新中国基础教育典型学校》（天津教育出版社2010年出版）介绍了26所学校。至于引起争议的湖北黄冈中学，可参阅李金奇、袁小鹏老师的《黄冈中学“教育神话”解读》（湖北人民出版社2008年出版）、杨优秀老师的《教育盛会在黄冈：全国基础教育·黄冈论坛集锦》（湖北人民出版社2008年出版）等。一些特色校也大多出过“经验集”。如肖明华老师的《开发潜能的教育策略》（四川教育出版社2004年出版），集中展示了成都实验外国语学校的教改成果。李金初、曲艳霞老师的《学校国有民办制——北京市十一学校八年办学体制改革总结报告》（中央民族大学出版社2003年出版），介绍了国有民办试点校北京市十一学校的经验。高亚军老师的《学案导学法：教学改革的一个创新性实验》（中国科学技术出版社2002年出版），实际是对浙江省金华一中教改经验的全面介绍，而非仅仅介绍一种具体学法。袁卫星老师的《窗外的声音：新教育实验学校报告选》（福建教育出版社2007年出版）则描述了试点教改校14位老师的喜怒哀乐。《我眼中的人大附中》（中国人民大学出版社2002年出版）、《在附中的日子》（京华出版社2001年出版），是以学生的眼光看母校。后一本分上下册，是讲北京师范大学附中的事情。

对本校、本地乃至本省市自治区的教育史有所了解后，当然对全国的教育史也应有所了解。这方面最重要的著述当属石鸥老师的《中国基础教育60年》（湖南师范大学出版社2009年出版）；叶澜老师的《中国基础教育改革发展研究》（中国人民大学出版社2009年出版），没有史之名，但有史之实。其他也可以参看北京师范大学出版社2009年推出的《中国教育改革30年》，该书下分课程与教学卷、基础教育卷、关键数据及国际比较卷、教师教育卷、学前教育卷、政策与法律卷、高等教育卷等。华东师范大学出版社 2008 年出版的《改革开放 30 年教育经典》，是专家、学者的相关对话，也可一览。杜成宪老师的《共和国教育 60 年》（广东教育出版社 2009 年出版）共 4 册，对了解新中国成立以来的教育史很有帮助。教育科学出版社 2008 年出版过一套丛书，计有《教育大国的崛起（1978—2008）》《改革开放 30 年中国教育重大理论成果》《改革开放 30 年中国教育重大历史事件》，对于了解改革开放 30 年来的教育史有一定帮助。储朝晖老师的《中国教育六十年纪事与启思（1949—2009）》（山西教育出版社 2013 年出版）也不错。至于几千年来的中国教育史，可借助两套书进行了解。一套是山东教育出版社 2000 年推出的 8 卷本《中国教育通史》，这是按时代顺序编的，从古代一直到新中国成立后；一套是顾明远老师主编的《中国教育大系》（湖北教育出版社 1994 年出版），这是按专题编的，下分马克思主义与中国教育、历代教育制度考、历代教育名人志、历代教育论著选评、现代教育理论丛编等分册。教育科学出版社 2010 年出版的《全国教育工作会议文件汇编》是重要的历史文献集。

外国教育史方面，当代外国教育请参看下面的章节。如果没有特别的兴趣，仅仅一般了解，可利用几部工具书。一部是顾明远先生的《世界教育大事典》（江苏教育出版社 2000 年出版），收集条目近 4000 条，从人类有记载开始一直到 1999 年，按亚洲、非洲、欧洲等地域排列；吉林教育出版社 1990 年出版的《中外教育史大事对照年表》、上海教育出版社 2001 年出版的《中外教育大事年表：公元前—公元 2000 年》和职工教育出版社 1990 年出版的《世界教育史大事记》等；中国近现代一段，有刘英杰老师的《中国教育大事典（1840—1949）》（浙江教育出版社 2001 年出版），中央教育科学研究所编《中国现代教育大事记》（1919—1949），中央教育科学研究所编辑，教育科学出版社 1983 年出版的《中华人民共和国教育大事记》（1949—1982），查阅起来都很方便。单中惠老师的《外国中小学教育问题史》（山东教育出版社 2005 年出版）也颇有特色。

至于一些专门史的书，如教会学校史、女子教育史、课程设置史、教育管理史等，也几乎应有尽有，有兴趣的老师可以选看山西教育出版社出版的“中国教育史专题研究丛书。”如无特别兴趣，则只有蒋超老师的《中国高考史》（中国言实出版社 2008 年出版）不妨一阅。该书共4卷：创立卷、动荡卷、改革卷和展望卷。杨学为老师的《中国高考史述论（1949—1999）》（湖北人民出版社2007年出版）仅一册，但内容也很丰富。当然东北师范大学出版社的《中国师范教育十五年》，老师们也许会更有兴趣。小学老师，可参看吴洪成老师的《中国小学教育史》（山西教育出版社2006年出版），以及吴洪成老师的《历史的轨迹——中国小学教育发展史》（西南师范大学出版社2003年出版）。

再就是一些从教育史角度谈教育的集子了，如谢泳老师的《教育在清华》（百花文艺出版社1999年出版），文章浅白有趣，当可一读。熊承涤老师的《中国古代学校教材研究》（人民教育出版社1996年出版）虽说是一本专门史，但读一读，也会扩展我们的思维空间。王丽老师的《追寻失落的中国教育传统》（教育科学出版社2010年出版），论及“开笔礼”“成人礼”“游学”等诸多已“失落”的传统，颇值一读。刘铁芳老师的《重温古典教育传统》（华东师范大学出版社2008年出版）可读性也不错。

3. 教育管理学方面的书

教育和管理学的交叉，就产生了教育管理学。

这方面除了一些通行教材外，稍早出版的，有江铭老师的《中国教育督导史》（人民教育出版社1994年出版）、成有信老师的《教育政治学》（江苏教育出版社1993年出版）和孙绵涛老师的《教育政策学》（武汉工业大学出版社1997年出版）和《教育行政学》（华中师范大学出版社1998年出版）等，尽管这几本书都有待修订，但却把我们带入从国家政治和国家政策层面如何来理解教育管理的境界。

管理学是从国外引进的洋味扑鼻的学科，故而一些译作也当翻阅。如中国轻工业出版社2003年出版的《教育管理学：理论与实践》、江苏教育出版社2009年出版的《教育管理：基于问题的方法》等。也可翻阅冯大鸣老师的《美、英、澳教育管理前沿图景》（教育科学出版社2004年出版），对欧美教育管理取得一个面上的了解。教育科学出版社2009年推出的“教育管理新概念丛书”包含有彭虹斌老师的《教育管理学的文化路向》等书，汇集了国内有关教育管理的“新题”“新作”“新人”，也有启迪。李希贵老师的《图片里的学校管理》（教育科学出版社2011年出版）图文并茂，饶有兴趣。

如果想了解国内教育，尤其是民办教育的管理经验，有两本书值得一读：一本是王宇老师的《俞敏洪新东方管理日记》（中国铁道出版社2010年出版），一本是张永琪等老师的《高者无疆：环球雅思的连锁传奇》（机械工业出版社2009年出版）。

（三）与教学论、课程论、考试学有关的书

作为一线教师，当然更关心与自己任教学科有关的教学论、课程论、考试学方面的信息。这方面的内容。我们放在“适合一线教师阅读的教育书籍（下）”中来介绍，但对不涉及具体学科的教学论、课程论、考试学方面的书，也应有一个基本了解，不一定本本都去细读，但至少应该翻过。

1. 与教学论有关的书

和以往相同，教学论方面，我们也不准备推荐什么专著、大作了。偏理论的书，我们准备推荐有限的几本书。著名教育家张楚廷老师的《教学细则一百讲》（湖南师范大学出版社1999年出版）是一部经典之作；于永昌老师的《教学其实很简单》（岳麓书社2009年出版），涉及何为教学、为何教学、如何教学等等教学论的基本问题，也可当作教学论的入门书来读；严育洪老师的《这样教书不累人》（教育科学出版社2010年出版）、周成平老师的《新课程名师教学100条建议》（中国科学技术出版社2008年出版）、郝志军老师的《当代国外教学理论》（教育科学出版社2012年出版）、郭永贤老师的《课堂学习研究概论》（安徽教育出版社2011年出版）等也可参考。此外，李定仁、徐继存老师主编的《教学论研究二十年：1979～1999》（人民教育出版社2001年出版）虽说有待补充，但仍是每位对教学论有兴趣的老师必读必备的书；董远骞老师的《中国教学论史》（人民教育出版社1998年出版）、美国尼克·帕卡德的《美国中小学教学技巧2000则》（中译本首都师范大学出版社2003年出版）等均可当成一部工具书备用。小学语文老师看一看白金声老师的《小学语文教学新体系》（教育科学出版社2012年出版），也可增进自己的理论修养。

美国著名教育心理学家奥苏伯尔的《教育心理学：认知观点》（人民教育出版社1994年出版）中译本厚达760多页，但还不像国内某些煌煌大作那样板着面孔，面目可憎。

第五类书是备查的书，可参览高学贵老师主编的《学校心理的十万个为什么》（教育科学出版社 1998 年出版）一套 8 册，涉及面颇广，缺点是出版时间稍早了些；刘晓明老师主编的《学校心理咨询百科全书》（吉林人民出版社 2000 年出版），下分理论卷、方法卷、案例分析卷、团体训练卷等，也很不错，但也是 10 年前出版的书了。

王子木、李淑玉老师的《小学教师课堂引导技巧与方式》（白山出版社 2012 年出版），计分 6 章，分别是：

第一章　课堂的趣味引导艺术
第二章　课堂的组织引导艺术
第三章　课堂的情境引导艺术
第四章　课堂的情绪引导艺术
第五章　课堂的思维引导艺术
第六章　课堂的记忆引导艺术

这是一部十分实用的书。

教学论领域有大量的论文集，汇集了老师们的教学心得。我们首先关心的，当然应该是本地甚至本校的论文集，这就无法一一举例了。下面只是列举一些质量不错的论文集，仅供参考。北大附小的《在路上——北大附小教学获奖案例解析》（北京大学出版社 2010 年出版），是分学科出版的。丁建强老师的《学程导航 · 活力课堂：海门的小学课堂教学改革》（南京师范大学出版社 2012 年出版）也不错。山东省教学研究室编的《山东省教学能手经验选编》（山东教育出版社 1992 年出版）、广西教学研究部编的《教改之花：广西“中小学各科教学目标管理实验”获奖论文选集》（广西教育出版社 1993 年出版）、李波老师主编的《教法与学法：骨干教师优秀教学论文集》（辽宁大学出版社 1997 年出版）、邵晓东老师主编的《全国教师教育教学论文集：〈教育报〉第五届全国教师征文大赛获奖作品选》（中国文联出版社 2003 年出版）、《金钥匙：全国中小幼教学改革“金钥匙奖”获奖论文集》（人民教育出版社 1989 年出版），下分“中学”和“小学幼版”两册。《上海市青年教师教育教学研究课题获奖成果汇编：2004 ～ 2005》（上海科技教育出版社 2006 年出版）、程勇智老师主编的《优秀论文暨试题汇集》（山西人民出版社 2001 年出版），收录太原市师资培训“双五”工程成果，下分“小学幼版”“中学文科”“中学理科”三册。山东教育出版社 1992 年出版，2003 年重印的《全国特级与优秀教师教学艺术集萃丛书》共 5 册，每位老师下列“课堂教学经验总结”“课堂教学实录片断”和“课堂教学片断评介”等栏目。人民教育出版社 2004 年推出的《中小学探究教学 200 例》文、理科各一册，实际也是老师们教学结晶的汇集，不妨当资料集使用。注意文科分册仅包括语、英、政三门学科。

张玉彬老师的《理想课堂的构建与实施：一个教研员眼中的理想课堂》（西南师范大学出版社 2010 年出版），从教研员角度看教学，不多见。连瑞庆老师的《形象思维与中学语文教学》（北京科学技术出版社 2006 年出版），是从思维学看教学，也很珍贵。对此感兴趣的话还应看看郅庭瑾老师的《为思维而教》（教育科学出版社 2007 年出版）、温寒江老师主编的“脑科学 · 思维 · 教育丛书”（教育科学出版社 2010 年出版）包括《学习与思维》《教学改革的回归与创新——“学习与思维”课题研究 20 年》等。

谈到老师们的教学经验，近期有几套书值得关注。张化万老师主编的《名师成长之路丛书》（浙江教育出版社 2009 年出版），下有《走进作文：专题研讨》《走进心灵：全景式生活化名师培养》《走进殿堂：浙派名师青年讲坛》《走进经典：青年名师的阅读人生》《走进理想：高端学科带头人培养的实践与研究》《走进课堂：磨课幸福》等书。再一套书是朱永新老师主编的《新教育文章 · 新生代名师课堂探索》（福建教育出版社 2006 年出版），下有《走进徐斌》《走进钱守旺》《走进王文丽》等书。教育科学出版社 2012 年出版的《这样教语文——余映潮创新教学设计 40 篇》，集中了一位名师的语文教学案例。北京师范大学出版社近期推出的“中小学教师教学策略书系”，有按主题分的如《网络教学策略》《学会学习教学策略》《多媒体教学策略》《差异教学策略》《创新教学策略》等，也有按学科分的计几十种。其实，早在 2000 年，人民教育出版社就已出版了陈心武老师的《一块亟待开发的处女地：中小学课堂教学策略》。广西教育出版社近年推的“中国数学教育研究丛书”已十分细化了，其中如《数学开放题研究》等或可一读。

教育科学出版社 2011 年推出的“小学数学名师名课”丛书，也很不错。已经出版的有徐文武老师的《小学数学名师名课·成名篇》、吴正宪老师的《小学数学名师名课·经典篇》、钟建林老师的《小学数学名师名课·异构篇》和夏青峰老师的《小学数学名师名课·珍珠篇》等。

除了上述偏理论和偏实践这两类书外，涉及实际教学技能的书，也应引起一线教师的关注。这方面的书也不少，我们着重介绍两套书。一套是郑金鹏老师主编的《课堂新技巧丛书》（教育科学出版社 2006 年出版），下有《课堂掌控艺术》等书；再一套就是中国人事出版社 1999 年推出的《优化课堂教学方法丛书》，下有《课堂有效提问方法》《讲解概念与板书设计方法》《课堂引入技巧》《课堂学习方法指导策略》《课堂演示与教学结课方法》等书。刘显同老师的《课堂提问的艺术》（天津人民出版社 1997 年出版）、杜素槐老师的《教师板书入门》（河北美术出版社 1993 年出版）等，也当归类于此。另外，有些专著讨论的是相当细化的问题，如叶澜老师的《新基础教育探索性研究报告 1999 集》（上海三联书店 1999 年出版）、《新基础教育论：关于当代中国学校变革的探究与认识》（教育科学出版社 2006 年出版）涉及如何在课堂上创设学生自由支配的时间和空间等问题，一线教师不妨先抛开其理论部分，关注其可操作部分；东北师范大学出版社邢秀凤老师的《语文课堂对话艺术》，用“对话”而不用“提问”，书名中就透出平等交流的理念。李振村老师的《教育的体态语言》（教育科学出版社 2011 年出版）、徐丽华老师的《小学课堂观察》（教育科学出版社 2012 年出版）、钟建林老师的《教育学 110：小学数学疑难问题、主流话题透析》（教育科学出版社 2011 年出版）等也颇受好评。说到课堂观察，更为细化的书有余文森、林高明、叶建云老师的《名师怎样观察课堂（小学数学卷）》和余文森、林高明、许玉兰老师的《名师怎样观察课堂（小学语文卷）》，两书均由华东师范大学出版社 2009 年出版。

译作方面，美国沃姆利的《50 种教与学的总结技巧》（中译本中国轻工业出版社 2006 年出版）、美国丹东尼奥的《课堂提问的艺术：发展教师的有效提问技能》（中译本中国轻工业出版社 2006 年出版）、美国麦格恩的《提问吧》（中译本中国商业出版社 2010 年出版）、日本内山辰美的《专家指点提问的技巧》（中译本科学出版社 2006 年出版）、美国斯特宾的《实用讨论式教学法》（第二版中译本中国轻工业出版社

2011年出版）等，也均不错。英国苏·考利的《教会学生思考》《教会学生创造》（中译本均由教育科学出版社2010年出版）、美国沃思等的《教会学生阅读：方法篇》、美国坦柯斯莉的《教会学生阅读：策略篇》、美国厄克特等的《教会学生写作》、美国珂斯普伦格的《教会学生记忆》、英国斯蒂芬·鲍凯特的《这样一想就明白：100招教会思考》《让学生突然变聪明》，中译本均由教育科学出版社2009年至2010年出版。

倡导自主学习的"剑桥教育学习性评价丛书"，中译本也由教育科学出版社2010年出版，包括《分享学习目标（小学版）》《提更好的问题（小学版）》《让反馈更有效（小学版）》《促进学生的自我评价（小学版）》等。

广东教育出版社，2013年推出了一套有效教学译丛，计有美国克瑞的《有效讲解和提问的技巧》、美国克里亚科的《有效教学基本技能》、美国费舍的《教会孩子学习》、美国贾维斯的《有效教学心理学》和美国佩第的《循环教学：一种有效的教学法》。

说到实用技能，与电化教学、网络教学方面相关的书，也附带在此做一介绍。对这一领域有兴趣的教师可以参看詹青龙老师的《网络教育学》（江西教育出版社2007年出版）、黎军老师的《网络学习概论》（上海人民出版社2006年出版）、刘清堂等老师的《网络教育资源设计与开发》（北京大学出版社2009年出版）和许晓艺老师的《网络学习方法：教你做成功的网络学习者》（清华大学出版社2008年出版）、黄伟老师的《教师网络学习》（首都师范大学出版社2009年出版）等；张菊荣等老师的《发生在教育在线上的故事》（福建教育出版社2005年出版），讲的是各地各科的老师们与一个教育网站一起成长的真实故事；上海市北虹初级中学的《初中"电子学案"的设计与教学实践》（百家出版社2007年出版）对想了解目前正方兴未艾的"电子学案"学习的人，会有所帮助；王陆、刘菁老师的《信息化教育科研方法：发挥技术工具的威力》（教育科学出版社2008年出版），介绍了一些教师常用的软件和工具；武法提老师的《国外网络教育的研究与发展》（北京师范大学出版社2003年出版），对我们了解国外相关情况也很有帮助。

网络环境对教与学的影响，可参览北京师范大学出版社近年推出的"全国现代教育技术实验学校教改成果丛书"，如王岚、高雅萍老师的《信息技术文化视野下的小学课程改革》，讲的是北京灯市口小学的事情。还有孟毅、祝建群老师的《信息化环境下的小学成长教育》，李先启、张鹏老师的《信息技术环境下小学语文教学改革的探索》，沈建山老师的《信息化环境下的小学德育》，以及唐盛昌老师的《直面数字化挑战的中学教育改革》，陈国明、张挥老师的《信息化环境下中学课程资源的共建共享》，林慧敏、万代红老师的《信息化环境下的有效学习》、任奕奕、陈晓明老师的《中学数字化校园的建设与应用》等。

相关的教学经验，书本式和电子版的都很多。有一些论文集虽稍老了一点，但能从中看出前人是如何摸索的，颇有启迪。如《求索：山西省现代教育技术优秀论文集》（山西科学技术出版社 2001 年出版）、《探索者的足迹：上海电教文集》（上海科学普及出版社 1999 年出版）、《茂名市优秀教育论文选（电化教学卷）》（广东高等教育出版社 1999 年出版）等，还有天津市滨江中学、天津市教育科学研究院编的《滨中创新之路：多媒体教育》（天津科学技术出版社 2000 年出版）、李佟慧等老师的《网学天下：小学教育创新在网上》（人民教育出版社 2007 年出版）记载了一线教师对信息化教学的亲身感受。将优秀教学案例集中出版的丛书也不少。如科学出版社 2002 年推出的《多媒体教学设计方案选》，下分初中数理化、初中语文、英语、小学语文、小学数学、小学自然等分册。至于技术方面的书，因相关技术日新月异，就不多介绍了。海洋出版社 2002 年推出过一套《多媒体课件制作一例通》，下面依物理、化学、数学、语文、英语、美术等学科分册，较切实用，但也应修订了。

令人遗憾的是，至今还没有一部理想的网上教学资源及音像制品、课件的检索工具书。中共吉林省委宣传部编写过一部《多彩的电影世界：中小学电影系列化教育指导》（北方妇女儿童出版社 1991 年出版），介绍了 244 部电影；蒋鸣和老师的《新课程学习主题网络资源索引》（上海科技教育出版社 2003 年出版），按学科介绍了不少线索，但还远远不够，其他线索，只能自己在网络上查找了。

除了上述各书外，如果学有余力，有些译著也是不错的。如美国理查德·I 阿兰兹的《学会教学》（中译本华东师范大学出版社 2007 年出版），此书在海外已出到第七版，中译本是据第六版译的；美国麦克罗斯基的《课堂交流指南：交流在教学和培训中的作用》（中译本中国轻工业出版社 2006 年出版)、美国麦克劳德的《课堂管理要素》(中译本中国轻工业出版社 2006 年出版)、澳大利亚弗雷格汉的《活跃课堂思维的教学策略》(第六版中译本中国轻工业出版社 2011 年出版)、美国佩奇的《让学生都爱听你讲——课堂有效管理 6 步法》(中译本中国轻工业出版社 2010 年出版)、美国希尔伯曼的《积极学习: 101 种有效教学策略》(中译本华东师范大学出版社 2005 年出版)、美国巴恩斯的《新教师如何有效控制课堂》(中译本四川教育出版社 2009 年出版)、美国鲍里奇的《有效教学方法》(中译本江苏教育出版社 2009 年出版)、美国达克沃斯的《精彩观念的诞生: 达克沃斯教学论文集》(中译本高等教育出版社 2005 年出版)和《多多益善——倾听学习者解释》(中译本高等教育出版社 2004 年出版),后者记述了 7 位一线教师对在各自学科中进行研究性教学的故事。美国詹姆斯・贝兰卡等的《多元智能与多元评价——运用评价促进学生发展》(中译本中国轻工业出版社 2004 年出版)、美国戴维・贝兰卡等的《智慧的课程——利用多元智力发掘学生的全部潜力》(中译本教育科学出版社 2003 年出版)、美国沃特金的《100 个常用教学技巧》(中译本教育科学出版社 2009 年出版)等,均为我们带来域外新的教学理念和教学经验。美国帕丁的《教师课堂实用手册: 新老师教学与管理策略》(第二版,中译本中国轻工业出版社 2006 年出版)是针对新入职年轻教师的课堂小百科;美国凯利的《你必须去学校,因为你是教师》(中译本中国轻工业出版社 2007 年出版),用诙谐幽默的语言,介绍了 250 条课堂管理策略;美国奥林奇的《避免课堂失误的 44 招》(中译本中国轻工业出版社 2008 年出版)、美国布鲁肖的《改善学生课堂表现的 50 个方法: 小技巧获得大改变》(中译本中国青年出版社 2010 年出版)等都比较有可操作性。

至于教材,有两本"研究"不错: 一是陈月茹老师的《中小学教科书改革研究》(教育科学出版社 2009 年出版);二是王建军老师的《中国近代教科书发展研究》(广东教育出版社 1996 年出版)。

2. 与课程论有关的书

课程论方面,主要介绍几本译作,如英国麦克・杨的《未来的课程》(中译本华东师范大学出版社 2003 年出版)、日本佐藤学的《课程与教师》(中译本教育科学出版社 2003 年出版)、美国小威廉姆・多尔和澳大利亚诺尔・高夫主编的《课程愿景》(中译本教育科学出版社

2004 年出版)、美国丹尼尔·坦纳等的《学校课程史》(中译本教育科学出版社 2006 年出版)、美国威廉·F 派纳的《课程：走向新的身份》(中译本教育科学出版社 2008 年出版)、澳大利亚科林·马什的《理解课程的关键概念(第 3 版)》(中译本教育科学出版社 2009 年出版)、美国埃利斯的《课程理论及其实践范例》(中译本教育科学出版社 2005 年出版)、日本水原克敏的《现代日本教育课程改革》(中译本教育科学出版社 2005 年出版)等。朱永新老师主编的《域外课程故事》、许新海老师的《澳洲课程故事——一位中国著名校长的域外教育经验》(福建教育出版社 2006 年出版),分国介绍了课程设置和课程改革的故事。

至于国内的相关著述，有些专著是下了功夫的，如教育科学出版社 2007 年推出过一套“变革”丛书：郑金洲老师的《说课的变革》、刘家访老师的《上课的变革》、林存华老师的《听课的变革》、吴亚萍和王芳老师的《备课的变革》等，名家名作，力透纸背；杜成宪老师和日本添田晴雄合著的《城市中小学校课程开发的实践与课题》(华东师范大学出版社 2005 年出版)也是一本不错的中外比较专著。但真正适合一线教师阅读的，实在是乏善可陈。这或许是因为国内的课程改革，不是流于形式，就是变味走样吧。只有王荣生老师的《语文科课程论基础》(上海教育出版社 2003 年出版)等不多的几本专著，受到一线教师的欢迎。另外，李定仁、徐继存老师的《课程论研究二十年(1979—1999)》(人民教育出版社 2004 年出版)可作为基本工具书使用。陈时见、杨茂生老师的《高中课程改革的国际比较——侧重 2000 年以来的经验、问题与趋势》(云南师范大学出版社 2006 年出版)是同类书中比较扎实的一本。郑金洲老师的《课改新课型》(教育科学出版社 2010 年出版),是新近出版的一部专著。金海涛老师主编的《课型集萃(小学卷)》(江苏教育出版社 2012 年出版),下分语文篇、数学篇、英语篇、品德篇和科学篇计 5 篇，每篇下列相关课型。如数学篇下列：

新授课基本课型
练习课基本课型
复习课基本课型
实践活动课基本课型

每一“基本课型”下，大体有“基本模型”“操作说明”“典型案例”“简要点评”等几个版块。

至于各地课改的经验教训，大多有专书。如北京，有《北京市普通高中课程改革·2008》（首都师范大学出版社2009年出版）、《守正创新第三年：北京高中新课程首轮实验纪实与思考》（首都师范大学出版社2010年出版）。上海有《上海二期课程教材改革的探索与实践——来自课改研究基地学校的报告》（上海科技教育出版社2006年出版），下分幼儿园至高中共4册。江西有《走过五年：江西省基础教育课程改革经验汇编》（人民教育出版社2006年出版）等等。罗玲玲老师的《让创意破壳而出》（教育科学出版社2008年出版），是讲沈阳东北育才外国语学校开设“创造课”六年来的事情。

3. 与考试学有关的书

如果对考试学确有兴趣，那么当然应该阅读甚至购买陈明庆等老师主编的《考试研究方法导论》（北京大学出版社2009年出版）；如果仅是为出题或建库需要了解一些相关知识，可参阅王晶华等老师的《考试命题与试题库》（大连理工大学出版社1993年出版）一书，顾明远、申杲华老师主编的《考试与命题管理运作全书》（开明出版社1995年出版）也可备查。

至于考试技巧方面的书，内容比较翔实的有陈祥星老师的《考无不胜：考试高手坦言学习应试方法与策略》（华文出版社2002年出版）、许斌老师的《追寻考试成功》（云南人民出版社2005年出版）、王秋虎等老师编著的《学会考试：轻松通过考试的必备的77种技能》（中国对外翻译出版公司2005年出版）、林可行老师的《考试高手》（大众文艺出版社2007年出版）等。

考试心态调整方面的书也不少，可操作性较好的有周梅华老师的《考试让你增加50分：谈考生的心理调节方法》（东北大学出版社1997年出版），刁志萍老师的《考你一份好心态：考试心境》（华文出版社2003年出版），申燕萍老师的《考试心理训练60法》（上海大学出版社2003年出版），王寅、杜金川老师的《考试心灵鸡汤100味》（书海出版社2004年出版）等；任勇老师推荐的叶一舵著、开明出版社出版的《高考心动力》也不错。王常春老师的《中国传统文化教你应对考试焦虑：考出最好的自己》（教育科学出版社2012年出版）一书颇有特色。

另有几本相关的译作也可一读，如英国迈克·伊万斯的《B-2 考试法：决胜考场得高分的技巧与方法》（中译本金城出版社 2003 年出版）、英国艾琳·特雷西的《我是考场高手：怎样成功通过考试》（中译本湖南教育出版社 2008 年出版）等。

（四）教师与学生

教师不仅仅是教学，还要做人的工作，这也许恰恰是做一名教师的难点与魅力所在。语文老师对学生的影响，或许更加直接。作家马原曾谈到他上小学时的一件事：

> 我刚才讲到的《早上八九点钟》这篇小说，就是写一次作业没完成，然后老师家访。我心里的恐惧，我要如何面对父母……因为我们家崇尚皮肉教育，孩子有过错就得挨揍。今天我也继承了这个传统，我儿子虽然不像我小时候挨打那么频繁，但是偶尔也免不了挨打，我们是实行体罚的。那次家访之后，老师看出了我们家这种情况，老师跟我父亲说，这样吧，让马原到我家里去坐一坐。老师要带学生去自己家里，家长肯定很高兴，肯定不反对。我跟老师回家，本来以为老师还是会一直板着脸训我，可我到老师家以后，她把我放到一个房间里就不来管我了。那个房间里有一书橱的书，那是在我脑子里第一次有这样的概念，一个家庭里居然可以有整整一书橱的书，而且全都是——我当时不管它们叫小说，我叫它们故事书——一书橱都是故事书，因为这位老师是语文老师。老师平时很威严，也不很年轻，当时和我母亲年龄差不多，我从来没见这老师笑过。但我去她家里，我发现她和家人和丈夫、孩子在一起的时候是非常快乐的一个人，这个给我印象特别深。她叫我自己随便翻翻书橱，我后来在书橱前面一呆呆了三个小时，一动都没动。临走时，我问老师借了三本书，一本叫《第四高度》，苏联小说，是那种很有积极教育意义的小说；一本叫《普通一兵》，写一个苏联英雄的故事；还有一本是凡尔纳的《地心游记》。应该说，从那个年

龄开始，我养成了读小说的这种习惯。后来我把这篇小说完成之后，把它题献给我的那个老师——关老师。(《小说密码：一位作家的文学课》，第 42 ～ 43 页，作家出版社 2009 年出版）

毫不夸张地说没有这位关老师，就没有作家马原。

在这方面首先值得读的是优秀一线教师的先进经验，如中共山东省高校工委编的《我的学生我的爱：山东优秀教师演讲比赛获奖作品》（山东教育出版社 2000 年出版）；中共湖北省委高校工委编的《奉献者之歌》（新华出版社 1991 年出版）；蒋笃运主编的《师为范：河南师德风范录》（河南大学出版社 2007 年出版）；松江县人民教育基金会编的《红烛之光》（学林出版社 1991 年出版）；介绍了松江县工作优秀教师的先进事迹，文可义等主编的《爱的奉献》（广西人民出版社 1989 年出版），介绍了红水河畔王遐方老师的事迹及部分一线教师的感想。中国教科文卫体工会编的《捧一颗心来：第一届全国青年教师师德演讲比赛文集》（中国工人出版社 2008 年出版）；中国教育工会编的《“树、创、献”活动经验荟萃》（天津科学技术出版社 1997 年出版）等。也有按学校编的，如关承华老师的《凭什么让学生服你》（中国青年出版社 2007 年出版）、辽宁教育出版社 1991 年出版的《桃李春晖》。还有教师个人做学生工作的例子，如王晓春老师的《育病树为良材》（光明日报出版社 1989 年出版）、常作印老师的《不做庸师》（湖南教育出版社 2010 年出版）、李兆德老师的《魏书生教育方法 100 例》（辽宁教育出版社 1985 年出版）等。

殷楠老师主编的《心在这里相遇——我和学生的故事》（中国劳动社会保障出版社 2013 年出版），等于收集了几十个师生交往的鲜活案例。范晓兰老师的《点化“悟空”》（陕西人民教育出版社 2012 年出版），结合自身 20 年班主任工作的体会，讲述了如何点化学生尤其是大闹天宫的“悟空”型学生的心得。辽宁省凤城市东方红小学鄂秀春老师的《用幸福感点燃教育激情》（辽宁民族出版社 2011 年出版），是一本一线小学班主任自撰的书，内容很充实。北京史家胡同语文老师万平老师的《教育是温暖的——一位班主任的 18 个教育故事》（北京出版社 2010 年出版），可读性也不错。

班主任工作方面，熊华生老师的《班级管理智慧案例精选》（华东师范大学出版社 2011 年出版）集中了不少相关案例，同一书系还有《班主任专业成长——100 个千字妙招》《中小学班级主题活动 40 例》等，都是《班主任之友》杂志文章的结集。刘坚新、郑学志老师的《班主任工作的 55 个“鬼点子”》、万玮老师的《遭遇问题学生——问题学生的教育与转化技巧》、杨兵老师的《魅力班会是怎样炼成的》《与学生家长“过招”——班主任的家长工作艺术和技巧》等书，均为中国轻工业出版社 2010 年推出的“班主任工作助手丛书”中的一种，颇受好评。齐学红老师的《精神家园共营造：班主任与每个班级》（教育科学出版社 2009 年出版），分别论述了班主任与差乱班、优秀班、新接班、寄宿班、外来子女班等各类班集体的关系，也兼及班主任与科任老师的关系。王宝祥老师的《阳光心态每一天：班主任的每一天》（教育科学出版社 2009 年出版）依照时间顺序讲述了班主任每一天的工作，类似的还有李玲惠老师的《日升日落：老师的一天》（广西教育出版社 1999 年出版）、李威熊老师的《春去秋来：老师的一年》（广西教育出版社 1999 年出版），吴增强老师的《学生心声细聆听：班主任与每一个学生》（教育科学出版社 2009 年出版）也阐述了班主任与学生沟通的实际经验。韩东才老师的《班主任叙事——讲述你的教育故事》（暨南大学出版社 2008 年出版）、江兴代老师的《天使的翅膀：一百个精彩的班主任工作案例》（安徽教育出版社 2007 年出版）和《阳光的吟唱——一百个震撼心灵的教育故事》（安徽教育出版社 2007 年出版）、《魅力班会课》（高中类）（华东师范大学出版社 2009 年出版）等，严育洪老师的《“事”说师生关系》（首都师范大学出版社 2007 年出版），以具体案例来阐述师生关系，均为鲜活的案例。

关于班主任主题活动的书不少，比较值得推荐的有赵力乾老师主编的《华彩五云：主题活动指导参考设计》（西泠印社 2012 年出版），是按年级编的，以表格形式呈现。

如果是初任班主任，有几本书不妨当入门书看：张万祥老师的《致青年班主任》（教育科学出版社 2012 年出版），丁如许老师的《给班主任的建议》（教育科学出版社 2010 年出版），陈宇老师的《你能做最好的班主任》（教育科学出版社 2011 年出版），郑英老师的《班主任，可以做得这么有滋味》（教育科学出版社 2012 年出版）。这几本书中都包含有大量鲜活案例，而王晓春老师的《今天怎样做班主任——点评100个典型案例》（教育科学出版社2010年出版），更是以案例为主。

有几本书值得特别注意：一是吴晓芳老师的《我们的导师制》（江苏教育出版社2007年出版），实际是南京一中相关经验的结集；二是李玉芳老师的《多彩的学生评价》（教育科学出版社2010年出版），论及目前流行的新式评价，值得参考；三是胡庆芳老师的《让孩子灵性成长：青少年野外活动教育创新》（教育科学出版社2010年出版）。

专家的著述方面，魏书生老师的《班主任工作漫谈》（漓江出版社2005年出版），尹建国老师的《当个好老师》（四川教育出版社2005年出版），吕洪波老师的《教师反思的方法》（教育科学出版社2006年出版），芮彭年老师的《班主任要做的15件事》（上海教育出版社2009年出版），黄燕老师的《中国老师缺什么：新课程热衷教师角色的冷思考》（浙江大学出版社2005年出版），陈桂生老师的《聚焦班主任——“班主任制”透视》（教育科学出版社2012年版）和《聚焦学生角色——现今学生价值倾向问题》（教育科学出版社2011年版）等，均值得一读。

国外的译著，有不少好书，如美国克东莱因的《教师能力标准：面对面、在线及混合情境》（中译本华北师范大学出版社2007年出版）介绍了信息化环境下对教师能力的新的要求；美国麦金太尔·D.J和奥黑尔·M.J合著的《教师角色》（中译本中国轻工业出版社2002年出版）认为教师是组织者、交流者、激发者，介绍了教师在扮演这些角色时的一些实用策略；日本上寺久雄的《教师的心灵与风貌》（中译本春秋出版社1989年出版）阐述了“教师应具备什么样的素质”“教师成长的动力是什么”这样一些严肃而又实际的问题；美国凯利的《新任教师完全手册》（中译本中国轻工业出版社2007年出版）是针对初为人师者的培训教材，在国外享有盛誉；美国科特勒等著的《怎样成为一名优秀教师》（中译本华东师范大学出版社2009年出版）；英国狄龙等著的《如何成为一名出色的教师》（中译本人民教育出版社2010年出版），论述的领域相同但侧重有所不同，均会予人启迪；美国基诺特的《师生沟通技巧》（中译本广东世界图书出版公司2003年出版）不仅介绍了国外相关的技巧，也反映了国外相关的理念；而赵国忠老师主编的《外国教师的奇迹》（江苏人民出版社2010年出版）仿佛是外国“优秀教师”的“先进事迹”介绍。有这样一些题目:“美国最好的教师”“一个心怀理想的教育奇人”“他就是奇迹……”美国伯登的《成功地经营你的班级》(第三版,中译本中国轻工业出版社 2006 年出版),收录了大量美国中小学的案例。美国吉尔的《你必须面对的 10 种学生:中学教师课堂管理技巧》(中译本中国轻工业出版社 2009 年出版)叙述了如何面对好学生、叛逆生、孤僻生、贵族学生等 10 种学生。

教育科学出版社近年集中出版过一批班主任工作方面的书籍。如丁如许老师的《给班主任的建议》、王晓春老师的《今天怎样做班主任:点评 100 个典型案例》、万玮老师的《班主任兵法:震撼教育 36 计》、闫学老师的《跟苏霍姆林斯基学当班主任》、刘守旗老师的《班主任教育艺术》、林岩老师的《班主任工作的策略与艺术》、屠荣生老师的《师生沟通的艺术》、王宝祥老师的《班主任必读——全国著名班主任论工作艺术》(教育科学出版社 2011 年版)等;教育科学出版社 2009 年还出过一套“中小学班主任案例式教程”,其中张万祥老师的《专业发展梦之旅:做一个专业的班主任》等尤其精彩。

美国著名教师培训专家帕克·帕尔默先生的《教学勇气——漫步教师心灵》(中译本华东师范大学出版社 2005 年出版)是给那些“热爱学生、热爱学习、热爱教学生涯”却又“不愿意自己心肠变硬”的教师写的,相信也会引起老师们的共鸣;美国威廉·格拉瑟先生的《了解你的学生:选择理论下的师生共赢》(中译本首都师范大学出版社 2011 年出版)是从心理学角度谈师生关系的新作。另外还有一些书简直可以当成教师尤其是新教师的励志书看。如《在与众不同的教室里:8 位美国当代名师的精神档案》(华东师范大学出版社 2007 年出版),其中两位名师另有专著:即艾斯奎斯的《第 56 号教室的奇迹:让孩子变成学习的天使》(中译本中国城市出版社 2009 年出版)、罗恩·克拉克的《优秀是教出来的:创造教育奇迹的 55 个细节》(中译本电子工业出版社 2005 年出版);美国汤普森的《从教第一年:新教师职场攻略》(中译本中国轻工业出版社 2007 年出版)虽说是针对美国教师说的,有些“攻略”未必符合中国国情,但那种激情与创新仍是值得我们学习的;茅卫东老师的《重寻教师尊严》(首都师范大学出版社 2011 年出版)、杨茂秀老师的《好老师是自己找的》(首都师范大学出版社 2011 年出版),均是台湾学者从新的视角探寻师生关系的随笔集。从台赴美的唐菲力老师的

《全美优秀教师的快乐学习课》(中译本龙门书局 2010 年出版)值得推荐,作者在美国加州担任小学教师 25 年,其心得会让我们感叹:我们也想这样当教师。

(五)学校管理

有关学校管理方面的书相当多,其中相当一部分是相互重复,了无新意的,反正是以各种名目卖给学校领导的,这些书不看也罢。

我们首先推荐的仍为一线学校管理者的自述类书。这在前面校长所著文集中介绍了一部分,这里再列举一些叙述一线校长体会的书:李金初老师的《一个校长的教育创新思考:北京十一学校改革发展 20 年(1987—2007)》(教育科学出版社 2012 年出版)、程红兵老师的《书生校长》(教育科学出版社 2012 年出版)、刘可钦老师的《教育其实很美》(教育科学出版社 2012 年出版)、高峰老师的《重新发现学校》(教育科学出版社 2012 年出版)、韩珍德老师的《教育是实践的艺术》(教育科学出版社 2011 年出版)、吴子健老师的《教育在哪里:一个校长的 365 天》(上海教育出版社 2010 年出版)、刘国华老师的《校长领导力:引领特色学校建设》(上海教育出版社 2009 年出版)、王珺老师的《校长叙事》(开明出版社 2005 年出版)、熊晓武老师的《校长叙事》(江西人民出版社 2006 年出版)、马春元老师的《校长手记》(河南人民出版社 2001 年出版)、王仲翰老师的《校长手记》(兰州大学出版社 1994 年出版)、卢元锴老师的《学校管理创新:来自一线校长的创新理念与实践》(中国轻工业出版社 2007 年出版)、广州市白云区望岗小学校长胡庆生老师的《平凡的教育不平凡:一位校长的工作手记》(暨南大学出版社 2009 年出版)、赵艳然老师的《成为有思想的校长》(西南师范大学出版社 2011 年出版)等。当然也有别人代笔的,如肖斌臣老师的《教育唯真——黄敏与武汉外小的“真教育”》(教育科学出版社 2011 年出版)。另有几本台湾出版的书,不太好找,但颇值一读。一本是杨雪真老师的《迈向主任校长之路》(台北驿站文化事业公司 2001 年出版),一本是施坤鉴老师的《和校长聊天:15 位校长畅谈教育理念》(高雄派色文化出版社 1999 年出版)。林文律老师的《中学校长的心情故事》《小学校长的心情故事》均为台湾中小学长谈校务经营的事，由心理出版社 2010 年出版。

当然还有一类，就是将若干校长的心得汇为一书的。例如徐云知老师的《原来他们这样做校长——北京西城智慧校长访谈录》、高洪老师的《名师名校长教育讲演录》，两书均由教育科学出版社 2011 年出版。陶继新老师的《治校之道——20 位名校长的智慧档案》（华东师范大学出版社 2007 年出版）、刘洪涛老师的《名优校长谈治校》（哈尔滨工业大学出版社 2005 年出版）、朱永新老师的《中国著名校长办学思想录》（江苏教育出版社 2006 年出版）、陈玉琨和杨永博老师的《中华名校管理集萃》（华东师范大学出版社 2000 年出版）等。西南师范大学出版社 2009 年出版的《大师谈教育激励》《大师谈教育管理》，将相关文章集中起来，也便于阅读。至于华东师范大学出版社 2009 年出版的《学校管理的 50 个典型案例》和北京工业大学出版社 2010 年出版的《新编学校内部管理制度范本大全》，吴霓老师的《学校教育质量体系文件范本》（教育科学出版社 2005 年出版），可当工具书查览。褚宏启老师的《中国教育管理评论》，已出 7 卷，由教育科学出版社出版，是从事教育管理研究的老师必须关注的一个连续出版物。同一作者另有《教育管理与领导》，已出 3 卷，教育科学出版社 2008 年到 2012 年推出。

教育科学出版社 2010 年推出了一套“守望者的凝思：读懂学校读懂校长”书系，实际是将校长的创新实践汇为一集。如《小学校，大雅堂——成都市实验小学教育创新研究》《敢为人先，面向明天——北京市人大附中教育创新研究》《志向高远，自强不息——清华大学附中教育创新研究》《追寻绿色教育生态梦想——北京市万泉小学教育创新研究》《做最好的“我”——北京市中关村第一小学教育创新研究》《绽放和谐快乐之光——北京大学附属小学教育创新研究》《构筑生命之基——深圳市大新小学教育创新研究》等计十几种。

近年来兴起的所谓“校园文化”，似也可纳入学校管理的范畴。如北京市丰台区右安门第一小学，以“和”文化引领学校实践跨越式发展，其成果汇集为《跬步致和》（金城出版社 2012 年出版）一书。河北省石家庄市机场路小学张立新校长的《翔——不断放宽的思想和行为》（河北人民出版社 2012 年出版），讲述了该校“飞行文化”的理念与实践。王欢等老师的《和谐教育：史家小学的教育理念》（中国发展出版社 2012 年出版)，讲述了北京市名校史家小学的和谐教育校园文化。青岛嘉峪关学校校长徐学红老师的《善的教育》(青岛出版社 2010 年出版)，讲述了该校问善、寻善、行善的善文化特色教育的实践。宁波市江东区中心小学胡震珍老师主编的《小学智慧教育的实践探索》(浙江大学出版社 2013 年出版)，是该校从事“智慧教育”实践的结晶。所举实例涉及语、数等多个学科。

在中国目前体制下，教改只能由管理者为主来实施，故有关教改的书也一并在此介绍。李韶、虞志浩老师的《筑礳：从个性教育到选择教育的实践》(宁波出版社 2013 年出版)，分为上、下两篇，上篇主要探讨小班化“个性教育”；下篇主要探讨“选择教育”，认为这是由“食堂”向“超市”的转变。俞吉祥老师的《细说小班化教育——一项基于个别化教学的新探索》(上海教育出版社 2011 年出版)，是上海市小班教育先行校虹口区幸福四平实验小学的实践总结。相关图书还有《走进小班化教育——一所从小班教育走向成功的学校》《解读小班化教育——一位基层校长潜心研究的新论著》《指点小班化教育——一群一线教师改革实践的新经验》等，出版社同前。汪笑梅老师的《小班化教学应用性研究》(江苏教育出版社 2012 年出版)，偏学术一些。除了大中城市小班、分层教学，广大基层学校的教改也是有声有色。单付辉、王健生、王羽老师主编的《守望花开的幸福——一个教育团队的探索足迹》(中国矿业大学出版社 2012 年出版)。朱永新先生为该书作序称：“在新教育的版图上，安徽有两个闪闪发光的亮点：一个是霍邱县新教育实验区，一个就是五沙县第二实验小学。”此书就是五河实验二小教师从事新教育实验所写下的教育叙事、读书笔记、感悟随笔的结集。朱永新先生说：“严格地说，这还不是一本真正意义上的新教育著作，而是一份尚属稚嫩的行动记录。”

专家们的著述，首先推荐陈桂生老师的《学校管理实话》(华东师范大学出版社 2004 年出版)，其他如李希贵老师的《新学校十讲》(教育科学出版社 2013 年出版)、严华银老师的《今天如何做校长》(华东师范大学出版社 2010 年出版)、王永和老师的《教研组建设简论》(华东师范大学出版社 2008 年出版)、方中雄和陈丽等老师的《学校品牌策划》(重庆大学出版社 2009 年出版)、韩延伦老师的《学校管理问题、理论及模式》(中国海洋大学出版社 2008 年出版)、瞿梅福老师的《校本教研：薄弱学校改造的策略》（百家出版社 2007 年出版）、赵中建老师的《学校经营》（华东师范大学出版社 2006 年出版）、徐建华老师的《优势集成：学校管理的真谛》（上海三联书店 2007 年出版）以及云南教育出版社 2005 年推出的《校长讲坛》丛书中的《学校量化管理技术》等书，均各具特色，言之有物。程红兵老师近年来致力于校长学研究，陆续推出了《给校长一生的建议》（南京大学出版社 2010 年出版）、《优秀校长 99 个成功的管理细节》（华东师范大学出版社 2010 年出版）、《如何做一名好校长》（中国轻工业出版社 2010 年出版）、《名校成长之路》（出版社不详）等。辜伟节老师的《特色学校与校长个性》（南京师范大学出版社 2004 年出版）相信会引起一定阅读兴趣。徐汝信老师主编的《外国中小学教育管理发展史论》（红旗出版社 2000 年出版）从史的角度对外国中小学教育管理的历史及其现状，进行了详尽的论述。郑杰老师的《给校长的建议》（教育科学出版社 2010 年出版）、《学校的秘密》（教育科学出版社 2011 年出版），是他关于校长与教育的最新思考。时晓玲老师的《用心做校长》《优秀校长的管理智慧》（教育科学出版社 2010 年出版），也属用心之作。另外，教育科学出版社所出“学校管理自我诊断丛书”，包括《学校管理诊断》等书，也颇有特色。

国外著作的译著，有不少颇值一读。如挪威达林的《理论与战略：国际视野中的学校发展》（中译本教育科学出版社 2002 年出版）、美国德雷克等的《校长学》（中译本江苏教育出版社 2009 年出版）、美国麦克依万的《卓越校长的 7 个习惯：如何应对教师的愤怒、苦恼、倦怠和困惑》（中译本华东师范大学出版社 2007 年出版）、美国萨乔万尼的《校长学：一种反思性实践观》（中译本上海教育出版社 2004 年出版）、美国巴尔奇等著的《捕捉管理的智慧：教育管理者专业发展档案袋》（中译本中国轻工业出版社 2007 年出版）、美国罗宾斯的《新校长成功策略》（中译本中国轻工业出版社 2006 年出版）、英国霍普金斯的《让每一所学校成为杰出的学校：实现系统领导的潜力》（中译本华东师范大学出版社 2010 年出版）等。美国诺兰的《教学督导与评价：理论与实践的结合》（中译本中国轻工业出版社 2007 年出版），是专给督导看的。重庆大学出版社自 2003 年推出的《学校管理新趋向译丛》，下含美国厄本恩的《校长论：有效学校的创新型领导》、美国雷 · J.R 的《学校经营管理：一种规划的趋向》、美国瑞布的《教育人力资源管理：一种管理的趋向》、美国麦克依万的《高绩效校长的十大特质：从优秀走向卓越》、美国布劳维特的《学校安全工作指南》、美国韦勒的《副校长：有效学校领导的关键要素》、英国埃弗拉德的《有效学校管理》等。教育科学出版社出版的美国韦思·K. 霍伊等的《教育管理学：理论·研究·实践（第 7 版）》（中译本教育科学出版社 2007 年出版），是一本享誉世界的经典之作。

学校管理离不开听课，这里也推荐两本书：一本是中国的、偏实践的。陈大伟老师的《怎样观课议课》（四川教育出版社 2006 年出版）；一本是国外的、偏理论的。美国安德森等编著的《学习、教学和评估的分类学》（中译本华东师范大学出版社 2007 年出版）。语文课方面，特别推荐王小庆老师的《带着思想去评课》（凤凰传媒 2013 年出版）。

学校管理也离不开教师培训，这里也仅推荐两本书：徐碧美老师的《追求卓越：教师专业发展案例研究》（人民教育出版社 2003 年出版），讲的虽说是英语教师的事情，但道理是相通的，各科老师均可通用；美国塔格特的《提高教师反思力 50 策略》（中译本中国轻工业出版社 2008 年出版），阐述了对教师专业成长至关重要的反思能力。“反思力”也可视为对自己的工作进行总结归纳的一种能力。冉乃彦老师曾深有感触地说：“经常总结自己工作经验的教师往往进步比较快；经常组织教师之间交流经验的学校，教师队伍的水平也提高得比较快。”（《中小学教师如何做研究》第 67 页，人民教育出版社，2006 年出版）。用美国心理学家波斯纳的话说，就是：“教师成长公式：成长 = 经验 + 反思。”其他如《骨干教师成长的秘诀》（中国轻工业出版社 2007 年出版）、美国布洛克的《校长如何指导新教师》（中译本中国轻工业出版社 2007 年出版）、美国布洛克的《重燃火焰：校长如何帮助教师摆脱职业倦怠》（中译本中国轻工业出版社 2008 年出版）等也均具可操作性。

管理离不开校园网建设和科研管理。北京市名校史家小学的《阳光 e 家：史家小学的数字校园》和《智慧探究：史家小学的教育科研》（均为中国发展出版社 2012 年出版），或许会有所启迪。至于学校规章制度的建立，可参见管国贤老师《学校如何建章立制》（凤凰传媒 2013 年出版）一书。另外，这两年所谓“教育集团”越来越多，可参见邵志勇老师的《小学教育集团这 7 年》（华东师范大学出版社 2012 年出版）。管理学方面另一本很有特色的书，是郑杰老师的《忠告中层：给学校中层管理者的47封信》（华东师范大学出版社2013年出版）。至于各级教研员，徐世贵、秦辉老师的《教研员工作方法与技能》（吉林大学出版社2007年出版）一书可供参考。

研究管理眼界一定要开阔，袁振国老师的《中国教育政策评论》自2005年由教育科学出版社推出，一年一本，已出到2010年。类似的还有朱小蔓老师的《对策与建议：2003—2004年度教育热点、难点问题分析》，目前已出到2006—2007年度。谢维和老师的《教育政策分析》，目前已出到2008年。丁钢老师的《中国教育：研究与评论》、褚宏启老师的《教育发展评论》《教育管理与领导》、金生鈜老师的《教育：思想与对话》，均为连续出版物。国家教育发展研究中心的《中国教育绿皮书》，目前已出到2008年。以上各书均由教育科学出版社出版。同一出版社还出版了教育部新闻办公室的《对话教育热点2009》《对话教育热点2010》，中央教育科学研究所的《中国基础教育发展研究报告》，看来也会陆续出下去。杨润勇老师的《国家中长期教育改革和发展规划纲要（2010—2020年）学习读本》（吉林大学出版社2010年出版），也不妨一阅。北京师范大学出版社的《中国基础教育学科年鉴》，是按年度分学科出版的，如“语文2009年”，是不错的工具书。

（六）外国教育、社会教育与家庭教育方面的书

至于学校以外的教育，可以分为外国教育、社会教育与家庭教育来介绍。

1. 外国教育

如今网络发达，想了解外国教育用网络更直观、更便捷。当然还是有些书是值得一读的。比如加拿大富兰的《突破》（中译本教育科学出版社2009年出版），阐述了教育变革的革命性方向，富兰的另一本书《教育变革的新意义》（中译本华东师范大学出版社2010年出版）讲述了地方层面、地区和国家层面的教育变革，对于我们理解当下席卷全球的教育变革很有帮助；英国托勒的《全球教育产业：发展中国家私立教育的经验教训》（中译本上海人民出版社2004年出版），对于感兴趣的读者也会很有用处；加拿大李宁玉的《梦想跨越太平洋：我在中国做外

教》（中译本五洲传播出版社 2008 年出版），是不可多得的外国人看中国教育的书。

至于中国人写的书，有黄全愈老师的《素质教育在美国：留美博士眼里的中美教育》（广东教育出版社 1999 年出版），此书近期中国人民大学出版社已推出修订本。他的近作《动一动中国基础教育的基础：中国素质教育之辩》（中国人民大学出版社 2010 年出版），是作者近年来相关文章的结集。同时推出的还有《美式教育——素质教育在美国》《望子成龙——家庭教育在美国》《孩子就是孩子——玩的教育在美国》《培养智慧的孩子——天赋教育在美国》等。龙柒老师的《都说美国教育好》（中国画报出版社 2011 年出版），罗慰年老师的《留学美国的个人见证：多元化美国教育聚焦》（黑龙江教育出版社 2013 年出版）陶继新、黄思路老师的《说“长”论“短”中美教育》（湖北教育出版社 2009 年出版）也属这一类书。事实上，这一类观感类的书近年出了不少。如李希贵老师的《36 天，我的美国教育之旅》（华东师范大学出版社 2006 年出版）、唐劲松和王秋英老师的《走进美国课堂：美国中小学教育观感》（中国轻工业出版社 2006 年出版）、魏嘉琪老师的《美国中学生报告》（作家出版社 2002 年出版）、张蓉老师的《走近外国中小学教育》（天津教育出版社 2006 年出版）、胡庆芳老师的《美国教育 360 度》（教育科学出版社 2007 年出版）等等。这里特别值得推荐的是《体验新加坡：27 位留学生眼中的中新教育差异》（华东师范大学出版社 2006 年出版），正如钟启泉老师在该书《序》中所提出的：“摆在读者面前的这本书别具一格，相信可以引发读者的思考。这是因为 27 位作者都是留学新加坡的高中生，由于小学和初中都是在国内念的，两相对照，他们笔下记录的中新教育差异就更具真实性和可信度。”类似的书还有李逸超老师的《加州校园迷迭香——上海少年美国游学日记》（语文出版社 2009 年出版）、蔡四伟老师的《美国桑叶中国蚕——新华裔美国公民子女教育小故事》（云南美术出版社 2005 年出版）、长沙雅礼中学陶湄同学的《美式教育——我在美国留学的日子》（湖南人民出版社 2008 年出版），在报刊上连载时即已引起轰动。张悦同学的《外面的世界：一个中国女孩环球游学的心灵感悟》（哈尔滨出版社 2008 年出版），北京五中杨莫非同学的《我的留学故事》（三联书店 2013 年出版），以及《我在美国做交换生》（中国文联出版社 2011 年出版）、《空降美国中学》（新世界出版社 2012 年出版）等，均为小留学生们所著。别敦荣、周明星老师的《国外学生实践能力培养借鉴全书》（华龄出版社 2000 年出版）中收集了大量国外学生实践能力培养方面的素材。顾明远老师的《世界教育发展的启示》（四川教育出版社 1989 年出版）虽出版时间稍早，但仍有不少启示。较新的专著有陈霞老师的《标准驱动——基于标准的美国基础教育改革》（安徽教育出版社 2010 年出版）。另外，如果写文章需要查找相关文献，可参览吕达、周满生老师的《当代外国教育改革著名文献》（人民教育出版社 2004 年出版），分别收录各国相关文献；李希贵、沙建华老师的《美国中学教育：管、教、学案例》（山东大学出版社 2004 年出版）、胡庆芳老师的《美国学生课外作业集锦》（教育科学出版社 2008 年出版）也提供了一些原汁原味的资料；人民教育出版社 1994 年出版的《日本中小学教育和课程》，是国家教委赴日考察团的考察报告，也汇集了不少一手材料；徐小洲老师的《国外中学创业教育》（浙江教育出版社 2010 年出版），美国爱德华・休姆斯的《美国最好的中学是怎样的：惠尼中学成长纪实》（中译本中国青年出版社 2009 年出版），都有助于我们了解国外中学更具体的某一方面。

教育科学出版社出版了一批关于外国教育尤其是当代外国教育的书。如《21 世纪的日本教育改革：中日学者的视点》《当代俄罗斯教育理论思潮》《20—21 世纪之交中俄教育改革比较》《西方怎样培养博士：法、英、德、美的模式与经验》《关于美国教育改革的演讲》《奥巴马的教育蓝图》等。王晓辉主编的《全球教育改革文献汇编》（教育科学出版社 2008 年出版）也是不错的资料集。

如要了解国外，尤其是一些非热点国家的基础教育情况。广东教育出版社 2004 年推出的“新世纪国家基础教育丛书”可资参考，其中不仅包括了英国、美国等热点国家，还有泰国、新加坡、瑞典、马来西亚、俄罗斯、印度等非热点国家，一国一册；孙河川等老师的《从薄弱走向优质——欧盟国家薄弱学校改进之路》（高等教育出版社 2006 年出版），介绍了英国、荷兰、西班牙、葡萄牙、芬兰和希腊等国家相关情况。

具体到小学数学，李兰瑛老师的《“草根教师”眼中的美国小学数学教育》（北京师范大学出版社 2013 年出版）应是必读书，值得一读。

2. 社会教育

社会教育方面，先可以看一些经验介绍和案例精选。如黄建明老师的《社会育人育社会人：校外教育论文与活动案例精选》（浙江科学技术出版社 2008 年出版），康景波老师的《播洒阳光：全国青少年校外教育论文集》（辽宁教育出版社 2008 年出版），崔向红、陈子芸老师的《北京校外教育理论与实践研究优秀论文集》（学苑出版社 2009 年出版），张民生、朱怡华老师的《现代学校发展创意设计》（上海远东出版社 2006 年出版）下有“教育教学”“学生自主活动”“教师专业发展”“课程建设”等方面的创意，实际是如何利用各种资源的案例选等。李敏老师的《游戏与学习：以游戏提升学生的生活质量》（教育科学出版社 2010 年出版）也很不错。偏理论的书，可参考日本小林文人的《当代社区教育新视野》（中译本上海教育出版社 2003 年出版）。

谈到社会教育，不能不涉及奥数和网瘾。在这方面还没有特别好的书可以推荐，有几部书可以帮助我们了解相关信息，如咏鹏老师的《奥数是个替死鬼：别让一代更比一代累》（三联书店 2010 年出版）、马雷军老师的《告诉孩子“网”向何方：戒网不如正确上网》（中国经济出版社 2005 年出版）、张春良老师的《网络游戏忧思录》（中央民族大学出版社 2005 年出版）等。

中国各地区差异很大，也有专门研究某一地或某两地相互比较的论著。如罗洁老师的《从教育责任到教育行动》（教育科学出版社 2010 年出版），专门研究北京的基础教育；任运昌老师的《他们输在起跑线上：中国西部农村基础教育问题与对策》（重庆出版社 2005 年出版）是关于西部农村基础教育的专著；而高明山老师的《辉煌与困惑》（陕西人民出版社 2009 年出版）侧重于东西部基础教育对比研究。

3. 家庭教育

有关家庭教育，如果确有兴趣，请看专门研究家庭教育的北京师范大学赵忠心老师的有关专著；如果仅是一般了解，那么无妨看看一些家长现身说法的书。例如金培奇老师的《一个全国十佳少年的家庭教育故事》（上海教育出版社 1993 年出版），张云的《教子日记》（中国少年儿童出版社 1989 年出版），楼旨君老师的《中国的勃朗特三姐妹：妈妈帮女儿成功手记》（中国城市出版社 2002 年出版），于德北老师的《父爱：一个年轻父亲和儿子的成长经历》（知识出版社 2001 年出版），陈克正老师的《玩学习：三个博士姐妹的家庭教育》（湖北教育出版社 2001 年出版），郑春华老师的《做你的妈妈真幸福：生活中的“大头儿子"》（二十一世纪出版社 2001 年出版），胡玉华、何侃老师的《我和你一起长大：家庭教育》（世界图书出版公司 1999 年出版），李振霞老师的《我家走出四个博士》（中国文史出版社 2001 年出版），赵锁仙老师等的《姐姐北大，妹妹清华：与孩子一起成长》（中国广播电视出版社 2005 年出版），谢伟平老师的《北大女孩谢舒敏：素质教育纪实报告》（时代文艺出版社 2001 年出版），章建华、许小莉老师的《清华男孩章启轩：素质教育纪实报告》（时代文艺出版社 2001 年出版），唐成军、张金阑老师的《走进清华不是梦：一个家庭成功的教育范例》（中国社会出版社 2000 年出版），李德生老师的《教子走进清华园》（天津教育出版社 2001 年出版），巫德凤老师的《欣慰——四个女儿成才的故事》（贵州人民出版社 2002 年出版），王开敏老师的《架个天梯给孩子》（湖北教育出版社 2003 年出版），号称"中国狼爸"的萧百佑著《所以，北大兄妹》（上海三联书店 2011 的出版）等，均为教子成龙、教女成凤的现身说法。蓝水怡老师的《儿在高三——让孩子赢在冲刺时刻》（东方出版中心 2006 年出版），丁立梅老师的《等待绽放：一位高考母亲的陪考笔训》（金城出版社 2011 年出版），孟宪青、任军高老师的《我的孩子要高考》（中国统计出版社 2002 年出版）等对"家有考生"的父母一定会有帮助。王伯庆、施雨老师的《我家有个小鬼子：中国孩子在美国》（四川人民出版社 2000 年出版）和张鸣山、杜鹃英老师的《我家笨笨上剑桥：张驰父母的教子手记》（中国社会出版社 2001 年出版）对于想让孩子出国的家庭一定会有启发。

曹治国老师的《我帮外孙成长》（知识出版社 2002 年出版）和于光远老师的《非非，我的观赏动物》（中国工人出版社 2001 年出版）均为隔代人写的家教心得。孙时进老师的《你是一匹脱缰的马：心理专家说女儿》（学林出版社 2000 年出版），是以心理学家兼家长双重身份谈家庭教育；韩国母亲李又淑女士的《只懂 ABC 的妈妈培养出了英语天才》（吉林摄影出版社 2003 年出版）让我们感到韩、日等东亚国家的家长与我们很相似。

还有一类书，不是父母自己写的，而是专家、学者访谈、编著的。如王极盛老师的《状元培养实录：高考状元父母访谈与点评》（北京出版社 2001 年出版），分为父亲篇和母亲篇两册；黄力夫老师的《1990 年中学生国际奥林匹克现代信息学竞赛中国获奖者家庭教育透视》（人民日报出版社 1992 年出版)，收集了 19 位获奖者的家教经验。光明日报出版社 1999 年出版过一本《全国最优考生家长访谈录》；于韵嫣老师的《一百个父亲的自述：我怎样当爸爸》(中国妇女出版社 1989 年出版)收集了 100 位爸爸的见解与反思。

还有一些书是比较有特色的：如台湾家长江秀雪女士《美国小学是这样教孩子的》(湖北人民出版社 2010 年出版)，对于欲了解美国小学教学情况的读者，是很适合的。美籍华人蔡美儿《我在美国做妈妈》(中译本中信出版社 2011 年出版)则是中国传统“虎妈教育”的自述。武春华老师的《让你的孩子超过日本人：中国留学生对日本家庭教育的实地考察手记》和《让你的孩子超过美国人：中国留学生对美国家庭教育的实地考察手记》(均为北京工业大学出版社 2001 年出版)对于我们了解国外家庭教育有所帮助；《请你这样教育我：清华、北大、人大十省高考状元向家长老师呼吁》(人民文学出版社 2002 年出版)、《老爸，我有话说》(广西教育出版社 2000 年出版)、《学生实话实说：学生自述内心深处的压抑困惑渴望》(中国人事出版社 1998 年出版)、《两代人的对话》(上海教育出版社 2000 年出版)、《回首高中——大学生的高中记忆及教育评点》(天津教育出版社 2006 年出版)、《假如又回到高中》(清华大学出版社 2000 年出版)，希望出版社几年前出过一套书：《中国 100 个孩子的理想报告》《中国 100 个孩子的烦恼报告》《中国 100 个孩子的闲暇报告》《中国 100 个孩子的成功报告》《中国 100 个孩子的家庭报告》。也汇集了不少材料，这些书都有助于我们了解孩子们的真实想法。矿矿著《我的七个美国老师——我在美国的中学课堂》《我和我的美国同学——我在美国读高中》(均由中国人民大学出版社 2010 年出版)是从一个孩子眼中看美国基础教育；冯林老师的《中国家长批判：家庭教育焦点问题访谈录》(中国商业出版社 2001 年出版)采访了近 50 位社会各界人士，展示了中国家庭教育的方向，读一读也很有帮助；陆先文先生的《别让教育打败我们：家长要为孩子维权》(知识产权出版社 2006 年出版)从家长角度提出了一些批评和改进意见；英国伯克等的《我喜欢的学校：通过孩子们的心声反思当今教育》(中译本中国轻工业出版社 2006 年出版)，是依据中小学生的绘画和征文，描述孩子们心中的理想学校；董广生老师的《问题的背后——中国“特殊”家庭青少年成长经历述实》、赵春梅老师的《窗边的孩子——青少年电子游戏成瘾的家庭因素研究》均由浙江大学出版社 2010 年出版，均是研究家庭的负面影响的。

译作方面，推荐美国玛丽·安·斯密亚莱克女士的两部书：一本叫《家长驾校——学会驾驶孩子那辆车》，书中有不少实用方法，如“无泪管教法”“家校合作法”等。另一本叫《教师和家长同上的几堂课》，两书均由黑龙江教育出版社 2013 年出版。

再有一类书，实际上是推荐给家长看的。这类书相当多，鱼龙混杂，相互抄袭严重。比较具有原创性的有赵忠心老师的《家教成功 100 法》（农村读物出版社 2000 年出版）、成墨初老师的《让孩子主动学习 60 招》（重庆出版社 2010 年出版）、卢勤老师的《知心姐姐告诉你做人与做事》（中国少年儿童出版社 2005 年出版）、日本中谷彰宏的《家长再教育的 62 种方法》（中译本当代中国出版社 2005 年出版）、美国克莱门特·赵的《培养出你的“比尔·盖茨”》（中译本海天出版社 2008 年出版）、日本铃木健二的《男子汉成功之路：青春之火照亮整个人生》（中译本重庆出版社 1989 年出版）、美国皮特·L. 本生的《我家孩子顶呱呱：塑造青少年的未来》（中译本知识产权出版社 2002 年出版）等等。

（七）学习方法方面的书

学习法，是基础教育三大热点（课程论、考试学和学习法）之一，故而也是近年来出版热点之一，北京西单图书大厦常年备货的学习法类书，约有二百种。考虑到目前“教法”与“学法”的界限已是越来越不清——这么教好学生就这么学，这么学好老师就这么教，学习法类书似应引起一线老师的重视。下面试分成几类进行介绍：

第一类书是所谓“原创型”，即高分考生的学习经验。这类书非常多，又可细分为打大学牌的，如《等你在北大》（内蒙古文化出版社 2002 年出版）、《相约在清华》（光明日报出版社 2000 年出版）、《清华状元谈高考》《北大状元谈高考》（新世界出版社 1998 年出版）、《高考奶酪和清华状元一起分享》《高考奶酪和北大状元一起分享》（新华出版社 2002 年出版）、《我们是这样考上北大的》《我们是这样考上清华的》（兵器工业出版社 2001 年出版）、《高三经验：来自北大状元的报告》《高三经验：来自高考现场的报告》（中国人口出版社 2004 年出版）等等。

还有就是打状元牌的，如《2002 年全国高考状元自述高分秘诀》（中国工商出版社 2002 年出版）、《状元之路：2004 年河南省 18 地市 55 位中考高考状元的培养细节和学习方法》（中央民族大学出版社 2004 年出版）、《2006 年新状元：22 位高考状元的成功之路》（现代出版社 2006 年出版）、《走进第一——高考状元采访实录》（外文出版社 1998 年出版）、《像状元一样高考——2009 年高考状元访谈》（漓江出版社 2010 年出版）等等。

再有就是打名校牌的，如《高分是怎样诞生的：北京四中学生谈学习方法》（中国发展出版社 2004 年出版）、《从北京四中到北大清华：打开高考“黑匣子”》（中国言实出版社 2004 年出版）、《百年名校北京四中的高考斑斓路》（中国言实出版社 2007 年出版）、《从黄冈中学走向北大清华》（新世界出版社 2005 年出版）、《从这里走向交大——上海交大附中 33 位学子的成功之路》（上海人民出版社 2006 年出版）等等。

当然还有就是打某个个人的牌的，如《刘亦婷的学习方法和培养细节》（作家出版社 2004 年出版）、北京二中刘玥君同学的《数学高考夺分笔记》（中国国际广播出版社 2004 年出版）、以重庆高考文科状元身份考入中国人民大学的李晓鹏同学的《学习改变命运》（新世界出版社 2005 年出版）、以高分考入中国政法大学的张义同学的《高三啦涨分啦》（人民文学出版社 2005 年出版）等。袁鸿林老师的《14 岁都能上大学》、何德耀老师的《十三岁考上中国科技大学的秘诀》对天才儿童成长提供宝贵经验，均由湖北教育出版社 2010 年出版。金一娜同学的《我同时考上了清华和伯克利》（新世界出版社 2011 年出版）、李容老师的《和我一起上剑桥》（东南大学出版社 2010 年出版）、廖江龙老师的《加拿大的邂逅——一个初一学生的 93 天加拿大修学纪实》（浙江大学出版社 2010 年出版）等一类小留学生的书随着中学生出国热的升温也开始出现。

第二类书是所谓“心得型”，即一线教师写的有关学习类的书。如《魏书生精讲学生高效学习法》（河海大学出版社 2005 年出版）、《王金战育才方案——学习哪有那么难》（北京大学出版社 2009 年出版）等。

事实上，一些并非从事基础教育的人写的有关学习方法的书，也属此类。如钟道隆老师的《学习成功的乐趣：从学会英语与电脑说起》（清华大学出版社 1998 年出版）、《学习贵在开窍》（清华大学出版社 2002 年出版），陈祥星老师的《考无不胜：考试高手坦言学习应考方法与策略》（华文出版社 2002 年出版）等等。

其实有些学者讲自己学习方法的书，教师读读，也会受益匪浅。如张世林老师的《家学与师承：著名学者谈治学门径》（广西师范大学出版社 2007 年出版），此书偏人文社会科学。而冶金工业出版社 2002 年推出的《院士治学体会谈》则为中国科学院、中国工程院两院院士学习理工科的学习体会。于光远老师的《导师与研究生的对话》（苏州大学出版社 2001 年出版）也十分值得一读。

第三类书是所谓“增值型”，即在一线师生学习经验的基础上，加以选择、点评、整理，使读者可用更少的时间与金钱，学习到更多的经验与绝招。首都师范大学丁晓山老师一直在做这方面的工作，1999 年他在新世界出版社出版的《中国孩子学习法》一书，汇集了 200 多种源自一线的学习方法，该书被评为全国畅销书，分年级、分学科的《中国学生学习法》系列，已出到第四版（电子工业出版社 2013 年出版），被誉为“学习方法的品牌图书”。丁晓山老师的“马列主义必须与中国实际相结合——学习方法必须适合中国这块土地”“学习方法也有一个与时俱进的问题”“学习方法也要‘四化’——学生经验系统化、教师心得理论化、古人方法现代化、洋人理论中国化”等观点，均得到广大读者的共鸣。

第四类书是译作。一般而言，欧美的书在观念上会有所启发，而同有“考试地狱”之称的日、韩等国或地区的书，则具体一些。

美国约翰·D. 布兰思福特的《人是如何学习的》（中译本华东师范大学出版社 2013 年出版）、美国戴维·拉齐尔的《学习之路：教给学生和家长多元智慧》（中译本教育科学出版社 2004 年出版）、丹麦克努兹·伊列雷斯的《我们如何学习》（中译本教育科学出版社 2013 年出版）、加拿大丹尼尔·沙特的《情绪教育法：将情商应用于学习》（中译本教育科学出版社 2009 年出版）、美国希拉·奥斯特兰德的《超级学习法》（中译本中国戏剧出版社 2001 年出版）、美国隆恩·弗莱的《如何学习》《掌握时间》（中译本新世纪出版社 2001 年出版）、法国米拉伊的《读书？我们才不乐意》（中译本湖北人民出版社 1999 年出版）、美国约翰·霍特的《学习像呼吸一样自然》（中译本电子工业出版社 2005 年出版）、美国汤白斯的《学习的密码：天才的学习模式引领孩子成功》（中译本江西人民出版社 2007 年出版）、美国纽坡特的《如何成为尖子生》（中译本中国青年出版社 2007 年出版）、美国约翰逊的《学习之道：50 种巧办法帮助你的孩子成为学习高手》（中译本经济科学出版社 2005 年出版）、德国克诺伯蒂等的《学习压力，拜拜！——33 个提高学习效率的实用策略》（中译本新华出版社 2004 年出版）、美国乔登的《学并快乐着》（中译本当代中国出版社 2004 年出版）、美国克莱恩·彼得的《天天·天才：重视你与孩子未来的学习乐趣》（中译本远方出版社 1998 年出版）、英国高温的《学习的艺术》（中译本河南教育出版社 1992 年出版）、澳大利亚奥尔的《怎样使你通过考试》（中译本吉林美术出版社 1987 年出版）、英国麦吉尔等的《行动学习法》（中译本华夏出版社 2002 年出版）、美国鲍凯特的《让学生突然变聪明》《这么一想就明白——100 招教会思考》（中译本均由教育科学出版社 2010 年出版）美国马修斯的《每个孩子都爱学——美国 KIPP 学校的奇迹》（中译本华东师范大学出版社 2011 年出版），讲述了近年十分流行的 KIPP 学习。

至于日、韩方面，比较充实的有日本石川勤的《小学生自学法》《中学生自学法》（中译本河北人民出版社 1985 年出版）、日本野口悠纪雄的《“超”学习法》（中译本中国友谊出版公司 1998 年出版）、日本山本光明的《快脑学习法》（中译本中国物资出版社 1998 年出版）、日本七田真的《七田式高速学习的秘密》（中译本科学技术文献出版社 2006 年出版）、日本古市幸雄的《每天坚持 30 分钟：人生取得成功的学习法》（中译本金城出版社 2009 年出版）、日本齐藤英治的《王者速读法》（中译本浙江教育出版社 2008 年出版）等。韩国方面的有韩国赵承延的《我能考第一：全彩漫画读本，轻松成为优等生的学习秘诀》（中译本海峡文艺出版社 2004 年出版）、韩国赵昇衍的《我是天才优等生：亚洲奇才无敌学习法》（中译本中国社会科学出版社 2003 年出版）等。另外，有些书是面向上班族的，其实就学习方法而言，中学生也完全可以参考。如日本胜间和代的《“白骨精”学习法：让你的年收入持续增长》（中译本中信出版社 2009 年出版）和日本中岛孝志的《20 几岁，痴迷于学习吧》（中译本南海出版公司 2008 年出版）、日本石川秀树的《6

色荧光笔学习法》(中译本中国海关出版社 2005 年出版)等。

第五类书是专著，最近二三十年，学习理论发展迅猛，自我调控学习、学习风格和后认知学习等相关理论层出不穷。如对学习学确有兴趣，不妨读一些学习法的“概论”“导论”一类的书，如李辉、王钦平老师的《学习学导论》(浙江大学出版社 2000 年出版)，吴沁老师的《学习学概论》(东北师范大学出版社 2000 年出版)，蔡胜铁和郭震老师的《新学习学概论》(福建教育 2001 年出版)，龚裕德老师的《学习学概论》(团结出版社 1990 年出版)、许运南老师的《学习方法导引》(河海大学出版社 1992 年出版)，叶瑞祥老师的《学习学概论》(广东高等教育出版社 1997 年出版)，周瑛、胡玉平老师的《学习学导引》(陕西人民教育出版社 2003 年出版)，于云才、董业老师的《学习学导论》(山东人民出版社 2004 年出版)等等。这些书内容都差不太多，读一读，都会开卷有益。另外，有几本颇有特色的书：如周瑛老师的《学习指导学》(河北人民出版社 2004 年出版)，刘守立、唐春良老师的《学习管理学》(陕西师范大学出版社 2004 年出版)，熊川武老师的《学习策略学》(江西教育出版社 1997 年出版)，朱新秤老师的《心智无极限：心理大师的学习策略》(湖北教育出版社 2001 年出版)，黄荣怀老师的《移动学习：理论·现状·趋势》(科学出版社 2008 年出版)对移动学习的理论、技术和应用进行了全面的介绍。上海教育出版社的《学习论——学习活动的规律探索》，江苏教育出版社的《学习理论：教育的视角》等虽说出版时间稍早，但仍值得重视。崔相录老师的《研究中学习：写给中小学生的教师和家长》(教育科学出版社 2005 年出版)很不错，可惜似未引起大家的重视。周志毅老师的《网络学习与教育变革》(浙江大学出版社 2006 年出版)也当引起大家的重视。潘洪建老师的《有疚学习与教学——9种学习方式的变革》(北京师范大学出版社 2013 年出版)，是讲学习方法的变革对教学的影响的，也很重要。如对这一问题感兴趣，还可参看美国阿兰柯林斯的《技术时代重新思考教育》(中译本华东师范大学出版社 2013 年出版)。

苏成栋老师的《小学生的学习策略》(贵州民族出版社 2013 年出版)，下分“小学生的学习”“小学生学习动机的发展”“小学生的学习策略”“小学生言语的学习”“小学生陈述性知识的学习”“小学生程序性知识的学习”“小学生创造力的发展”“小学生的学习群体”等8章。

至于一线教师所编写的相关书，有几本值得注意：一是阎春红老师主编的《走向自主学习——小学生学会学习教学策略研究》（辽宁大学出版社2009年出版），这是大连市凌水小学老师们探索如何教会小学生学习的心得，有教学设计、教学论文、教学案例及“读书悟语”，内容相当充实。二是郭磊、尤靖希老师的《教学本色牧歌》（凤凰出版社2010年出版），这是二位老师长期从事小学语文教学时指导学生学习方法的感悟与小结。三是从事了一辈子小学教育工作，在三所小学当过校长的郑良国老师所著《有效助学的六个怎么做：别让书包迷茫又无助》（北京师范大学出版社2012年出版），不乏真知灼见。如识字，必须学会查字典，“从二年级开始学，养成使用工具书的主动学习习惯，孩子将终生受益。”（73页）数学学习要“护渠通流”（104页）等等。四是辽宁省大连市周水子小学校长兰秀玲老师的《乐学——小学生快乐学习教学策略》（吉林人民出版社2011年出版），快乐学习喊了很多年了，究竟如何与学习教学很好地结合，此书有些独到之处。五是江苏省江阴市实验小学校长徐健湖老师的《改造三年级》（现代教育出版社2011年出版），作者认为，“三年级，值得研究”。“三年级是学业成绩分化的年级。抓好了三年级，就是抓好了小学教育的一半，甚至是抓好了整个小学教育”。原先人们认为四年级是一个关键，看来随着课程难度的加大，三年级即已成为学习成绩和学习能力的分水岭。六是郭应曾老师的《用清单代替小结（小学版）》（凤凰传媒2014年出版），至少是为我们提供了一种实实在在的学习方法。七是崔允漷老师的《研究性学习在农村》（华东师范大学出版社2004年出版），以事实证明研究性学习，不是城市好学校的专利。

清华大学教育科学研究所、北京教育学院等联合实施的“学习与思维”课题研究坚持了20年，取得不少成果。如《教学改革的回归与创新——“学习与思维”课题研究20年》（教育科学出版社2010年出版），实际是一本论文集，涉及中小学多个学科。《走进现代教育——“发展形象思维的理论研究与教学实验”课题研究十五年》（北京科学技术出版社2006年出版），回顾了该课题的研究史。

第六类书是相关工具书，如姜庭晨老师的《学习方法小词典》

（中华工商联合出版社 2001 年出版），收录中学生适用的学习方法 880 条，以首字拼音为序。狄长庆等老师的《中学生学习方法大全》（陕西师范大学出版社 1995 年出版），是按学科编排的。王立美、张海军老师的《学生实用学习方法大全（初中卷）》（学苑出版社 1999 年出版）也是按学科编的。每一学科下又分“基本学法”和“具体学法”两部分。

三

适合一线教师阅读的教育书籍

（下）

（一）涉及小学数学教学全局的书

就如同我们常常教育学生不能“只见树木，不见森林”一样，我们首先也应对涉及小学数学教学全局的书，有一个最最基本的了解。

从一线教师的角度看，此种涉及小学数学教学全局的书，大致可分为四类：概说类、文献类、方法类和文集类。

1. 概说类

所谓“概说类”，实际又可分成两小类：一是所谓“数学教育学”方面的书，偏理论一些；二是所谓“入门”的书，偏实践一些。

先看“数学教育学”方面的书。比较早的有曹才翰、蔡金法老师的《数学教育学概论》（江苏教育出版社 1989 年出版）、张奠宙等老师的《数学教育学》（江西教育出版社 1991 年出版）、周学海老师的《数学教育学概论》（东北师范大学出版社 1996 年出版）、周春荔、张景斌老师的《数学学科教育学》（首都师范大学出版社 2001 年出版）、傅海伦老师的《数学教育发展概论》（科学出版社 2001 年出版）等。近年来的相关著作有涂荣豹老师的《数学教学认识论》（南京师范大学出版社 2003 年出版），分为数学教育的认识论、数学特征的认识论、数学学习的认识论、数学教学的认识论等共 4 编，从认识论教育来看数学学习与教学，独树一帜。王建磐老师的《中国数学教育：传统与现实》（江苏教育出版社 2009 年出版）更侧重从史的角度来阐述数学教育。共分 9 章，第一、二章对中国数学教育进行了回顾，第三至八章讲述了中国特色的数学教育，第九章是总结，指出了中国数学教育的基本特征和努力方向。康纪权、邓鹏、汤强老师的《初等数学研究概论》（科学出版社 2010 年出版），也很不错，论及初等数学研究中如何发现与捕捉问题、初等数学研究的步骤和方法等部分尤其精彩。

小数方面，首先推荐宋乃庆老师的《小学数学教育概论》（高等教育出版社 2008 年出版），张晓霞老师的《小学数学教学法》（中国财政经济出版社 2011 年出版）、叶亚平老师的《小学数学教学法》（浙江教育出版社 2000 年出版）、汪绳祖老师的《小学数学教育学》（高等教育出版社 1997 年出版）、梁镜清老师的《小学数学教育学》（浙江教育出版社 1992 年出版）等也各有千秋。孙国春老师的《小学数学理论透视》（苏州大学出版社 2012 年出版）当然难读一些，但也是涉及面颇广，不妨当概述书看。

译作方面，苏联斯托利亚尔的《数学教育学》（中译本人民教育出版社 1984 年出版）是一本有影响的旧作，荷兰弗赖登塔尔的《作为教育任务的数学》（中译本上海教育出版社 1999 年出版）颇值一读。

再看所谓“入门”的书。季素月老师的《给数学教师的 101 条建议》（南京师范大学出版社 2005 年出版）实际可视为一本短文集，下设专业发展、教学技能、教学设计、学法指导、情感态度、信息技术等 9 个板块，每一板块下列若干篇文章。翟立安老师的《今天怎样做数学教师》（凤凰传媒 2012 年出版），也很不错。任勇老师的《你能成为最好的数学教师》（华东师范大学出版社 2011 年出版）是原福建厦门市一中校长、数学特级教师任勇老师毕生心血的总结。共分 9 章，目录如下：

前言　研名师之征，悟优秀之道
第一章　走向优秀之名师篇
　第一节　名师成长的关键在“自我”
　第二节　学者化——名师的成功之路
　第三节　名师成长之道
　第四节　数学名师与精彩之解
第二章　走向优秀之教学篇
　第一节　新课改：课当如何备之
　第二节　走向按理念教学
　第三节　聚焦课堂，激活课堂
　第四节　数学教师的反思之道
第三章　走向优秀之课程篇
　第一节　数学教师的大课程观
　第二节　课改背景下数学教师的变革
　第三节　数学教师的课程领导
　第四节　“奥数”课程：何去何从
第四章　走向优秀之育人篇
　第一节　数学学科德育
　第二节　给学生一个活性的大脑
　第三节　数学实质上是艺术的一种

任勇老师的新作《任勇：追求数学教育的真谛》（首都师范大学出版社 2011 年出版）侧重中学数学学习指导，但最后一部分“从‘师者’到‘学者’——寄语青年教师”，与上书性质一致。任勇所著《你能成为最好的数学教师》（华东师范大学出版社 2011 年出版），尽管所举例子多为中学数学，但对小数教学仍有价值。

具体到小学数学，范存丽老师的《优秀小学数学教师一定要知道的 7 件事》（中国青年出版社 2007 年出版）、施勤老师的《小学数学课堂教学的 55 个词节》（四川教育出版社 2006 年出版）、王雷英老师的《上一节好课：小学数学卷》（宁波出版社 2011 年出版）、华应龙老师的《做一个优秀的小学数学教师》(教育科学出版社 2011 年出版)、李玲玲老师的《小学数学教师的 5 项修炼》(华东师范大学出版社 2012 年出版)、吴正宪老师的《吴正宪给小学数学教师的建议》(华东师范大学出版社 2012 年出版)。钱宇旺老师的《教好小学数学并不难》(北京大学出版社 2012 年出版),孙映柏老师的《怎样教好小学数学》(天津教育出版社 2012 年出版),林碧珍老师的《数学思维养成课——小学数学这样教》(福建教育出版社 2013 年出版)、詹明道老师的《名师课堂经典细节:小学数学卷》(江苏人民出版社 2007 年出版)、裘过沪老师的《小学数学爱好者专题讲座》(开明出版社 2009 年出版)等都不错。

更专业一些的入门书,有胡作玄老师的《数学是什么》(北京大学出版社 2008 年出版)、R. 柯朗等《数学是什么》(中译本复旦大学出版社 2006 年出版)等。吴正宪老师的《和吴正宪老师一起读数学新课标》(教育科学出版社 2013 年出版),是众多关于新课标的诠解书中较好的一本。

数学方面不少优秀的入门书是译作。如 R. 柯朗和 H. 罗宾的《什么是数学》(中译本复旦大学出版社 2005 年出版)、亚历山大洛夫的《数学——它的内容、方法和意义》(中译本科学普及出版社 1958 年出版)、阿诺德的《为什么我们要学习数学——关于这一点数学家是怎么想的》(中译文载《数学译林》21 卷第 1 期)只有刊物上的译文,不妨复印下来使用。克莱因的《现实世界中的数学》(上海教育出版社 2004 年出版)将抽象的数学与具体的生活结合起来,符合《课标》精神。至于波利亚的几部大作:《怎样解题》(中译本科学出版社 1982 年出版)、《数学的发现》(中译本内蒙古人民出版社 1979 年出版)、《数学与猜想》(中译本科学出版社 1984 年出版),应是大家都比较熟悉的了。

学有余力的话,不妨再读读法国雅克·阿达玛的《数学领域中的发明心理学》(中译本江苏教育出版社 2000 年出版)、日本米山国藏的《数学的精神、思想和方法》(四川教育出版社 2000 年出版),美国约翰·巴罗的《天空中的圆周率》(中译本中国对外翻译出版公司 2000 年出版),富有趣味地讲了 12 进制、16 进制、60 进制以及计算机在数学研究中的作用等。美国克莱因的《数学:确定性的丧失》(中译本湖南科学技术出版社 2007 年出版),叙述了 20 世纪数学逻辑结构的连贯性遇到的挑战,美国莫里兹的《数学的本性》(中译本大连理工大学出版社 2008 年出版)，共分 18 章，涉及数学的定义、数学的本性、数学的评价、数学的价值、数学的教学等等。美国约翰·塔巴克的《数：计算机、哲学家及对数的含义的探索》(中译本商务出版社 2008 年出版)，分为“用于计算的数”“数的思想的推广”“无穷的问题”等三个部分。这些书内容不是那么通俗易懂，但耐着性子读下来，会发现别有一番天地。

2. 文献类

在论及中学数学教育全局的书中，有些书算不上是多么宽泛的概说类书，也谈不上是多么通俗的入门类书，而是有关文献及文献检索的书。这类书同样是非常重要的。

这里首先应该谈到的是冯长河老师的《数学文献检索与利用》(天津大学出版社 1992 年出版)，告诉你到哪里去找你需要的文献，遗憾的是此书出版时间太早，亟待修订。文献检索当然离不开网络，但仅仅是用网络是远远不够的。张奠宙、李士琦老师的《数学教育研究前沿》(华东师范大学出版社 2003 年出版)是一个系列出版物，可找到大量信息，已出到第 2 册。

文献汇编方面，《20 世纪中国中小学课程标准·教学大纲汇编(数学卷)》(人民教育出版社 2001 年出版)、《美国学校数学教育的原则与标准》(中译本人民教育出版社 2004 年出版)、《美国学校数学课程与评价标准》(中译本人民教育出版社 1994 年出版)等都是写作时需要不时翻览的。《数学算术——英国学校数学教育调查委员会报告》(中译本人民教育出版社 1994 年出版)实际也可当文献汇编使用。

备课时可查阅的百科全书，也一并在此介绍。美国马丁·戈尔德温的《最有趣的为什么：全球中学生提得最多的问题》(中译本中央编译出版社 2006 年出版)，收录了数百个关于科学和自然知识的小问题。同样是自国外引进的《科学方法》(中译本湖南教育出版社 2010 年出版)是一本按年级编的百科全书，侧重科学方法在生活中的具体应用。

3. 方法类

所谓的“方法类”，实际上也可分成两小类：一类是有关数学科研的方法的书，再一类，是有关数学的方法类书。

先看第一类。稍早的有张国杰、王光明老师的《数学教育与写作析评》(华东师范大学出版社 2003 年出版)，对主要的研究方法做出了评述及建议。张奠宙老师的《数学教育研究导论》(江苏教育出版社 1994 年出版)就更早了，但张老师本人就是数学教育方面的高产作者。邓国显老师的《初中数学新课程校本教研问题与指导》(陕西师范大学出版社 2005 年出版)，下分“数学课程的设计”“数学课程的实施”和“数学课程的评价”三个部分，实际是讲教师在教学中如何结合实际进行“校本教研”。李兴贵老师的《数学教育课题研究与论文撰写指导》(华东师范大学出版社 2009 年出版)分成两部分，第一部分主要围绕课题来谈，第二部分主要围绕论文来谈。王光明老师的《数学教育研究方法与论文写作》(北京师范大学出版社 2010 年出版)共分 14 章，分别讲述了现象学方法、专题研究、综述研究、评论研究、教育调查法、质的研究方法、比较法、开题报告的撰写、论文的撰写、英文论文的结构等方面的内容。

小学数学方面的书，何如栋老师的《小学数学教育科研》(浙江教育出版社 2001 年出版)、张红波老师的《小学数学教学论文撰写与例举》(宁波出版社 2005 年出版)都不错，缺点是都有待修订。再专业一些的书，有金成梁老师的《小学数学教学案例研究与基本训练》(南京大学出版社 2005 年出版)、陈亚明老师的《小学数学教例研究》(宁波出版社 2003 年出版)和《新课程小学数学教学叙事研究》(宁波出版社 2007 年出版)、李士锜老师的《小学数学教学案例研究》(高等教育出版社 2010 年出版)北京出版社 2013 年出过一本《小学数学教师作为研究者》，也可一并参考等。

更专业一些的书，谢祥、周北川、赵刊老师的《数学方法论在数学教育中的应用》(西南交通大学出版社 2009 年出版)涉及面较宽，信息量大。李再湘老师的《哲学的思维与智慧的策略——数学解题策略与技法导读》(教育科学出版社 2007 年出版)也值得推荐。

回顾数学史，也是一个重要的方法。李文林老师的《文明之光——图说数学史》(山东教育出版社 2005 年出版)、张顺燕老师的《数学的源与流》(高等教育出版社 2000 年出版)、《数学的美与理》(北京大学出版社 2004 年出版)均可一读。克莱因的《古今数学思想》(中译本上海科学技术出版社 1979 年出版)，美国李维的《数学沉思录：古今数学思想的发展与演变》(中译本人民邮电出版社 2010 年出版)可读性强，原版曾荣获《华盛顿邮报》2009 年最佳图书奖。美国迈克尔·J. 布拉德利的《数学的诞生（古代—1300）》《天才的时代（1300—1800）》《数学的奠基（1800—1900）》《现代数学（1900—1950）》《数学前沿（1950—现在）》（中译本上海科学技术出版社 2008 年出版）文笔不错，翻译得也很流畅。

有些具体的数学史也一并在此介绍。这里首先要提到人民教育出版社近期推出的“新中国中小学教材建设史（1949—2001）”，共 18 卷，与数学有关的有“总论”卷、“数学”卷等。

张金谷老师的《数学史与数学教育》（浙江大学出版社 2006 年出版）是这一领域的一本经典之作，不可不读。徐斌、欧阳宇老师的《知识·思维·课堂：数学教学的历史与现状》（黑龙江教育出版社 2006 年出版），从数学史和数学思维的培养这两个角度切入，值得一读。

有一本书是需要郑重推荐的，那就是一位普通一线小数教师蒋秀华老师的《在阅读中前行：一位数学教师的读书心得与教学实践》（广东教育出版社 2012 年出版），涉及《数学的发现》《怎样解题》《一个数学家的辩白》等书。不论如何，读书，应是最基本的学习方法之一。

4. 文集类

近年来，不少一线数学教师出版了自己的文集，尽管这些作者有的名气大些，有的名气不大甚至没有什么名气，但他们的作品均是大半生从事小学数学教学心血的结晶，讲真话的比例较高，值得我们认真学习。这些书印数一般都不太多，故而甚至都有收藏的价值。

山东教育出版社 2000 年左右推出过一套“全国著名特级教师教学艺术与研究丛书”，与数学有关的有《马芯兰小学数学能力的培养与实践》《刘显国小学数学反馈教学研究》《邱学华小学数学教学法探究》《纪晓村小学数学兴趣教学》等。俞正强老师的《种子课——一个数学特级教师的思与行》、林良富老师的《超越模式的小学数学课堂教学》，均由教育科学出版社 2013 年出版。应建军老师的《行动中的反思：创意初中数学教学》（浙江科学技术出版社 2010 年出版），涉及转困生、自主探究学习、“作业超市”、数学思维等话题，尽管是讲初中的，但仍应推荐。曹才翰老师的《曹才翰数学教育文选》（人民教育出版社 2005 年出版）收录了作者“论数学教育及其研究”“数学意义学习初探”“中学数学教育发展中的几个问题”等三十余篇文章。任勇老师的《任勇与数学学习指导》（北京师范大学出版社 2006 年出版）汇集了作者的成长之路、教育理念、教学成果及社会反响等。张思明老师的《张思明与数学课题学习》（北京师范大学出版社 2011 年出版）是个人教学经验的结集。张乃达、过伯祥老师的《张乃达数学教育》（山东教育出版社 2007 年出版），分为探索篇、研究篇，下面分列作者的相关论述。彭光明老师的《数学教学方法思考与探究》（北京大学出版社 2008 年出版）是作者毕生心血的总结。华东师范大学数学教授张奠宙老师的《我亲历的数学教育（1938—2008）》（江苏教育出版社 2009 年出版）、华应龙老师的《我就是数学——华应龙教育随笔》（华东师范大学出版社 2009 年出版），请一定要看。林光来老师的《梦在数学里》（宁夏人民出版社 2010 年出版），是浙江省苍南县一位年轻的一线教师的文集。赵静老师的《小学数学教学的理论和方法》（华东师范大学出版社 2008 年出版）。孙家芳老师的《读懂学生——探索适合学生发展的小学数学教育》（北京科学技术出版社 2012 年出版）等，也同样对一线小学数学教师很有帮助。北京师范大学数学系的教授严士健老师的《严士健谈数学教育》（大连理工大学出版社 2010 年出版），视野开阔，理应一读。湖南师范大学数学家沈文选老师的《走进教育数学》（科学出版社 2009 年出版），是对新课改实施以来数学教育的反思。张奠宙等老师的《情真意切话数学》（科学出版社 2011 年出版）是作者关于“数学人文”的思考，张景中院士称之为是“一本别有风味的谈数学与数学教育的力作，作者跳出数学看数学，以全新的视角，阐述中学数学和微积分中蕴涵的人文意境；将中国古诗词等文学艺术和数学思想加以连接，既有数学的科学内涵，又有丰富的人文素养，把数学与文艺沟通，帮助读者更好地理解和亲近数学”（见该书序）。不是文理贯通之人，写不出来，也不会欣赏。同一作者的《中国数学双基教学》一书也当研读。董大方老师的《我这样教数学》（大连理工大学出版社 2009 年出版），分为上下两篇，上篇是作者的回忆录，下篇是教学经验的总结。郑瑄老师的《数学课》（华东师范大学出版社 2009 年出版），是作者从教 24 年的反思和总结。张淼老师的《躬行足迹》（宁波出版社 2009 年出版），下分三个部分：数学教育研究、数学教学研究和解题教学研究。汪兴代老师的《探寻成功的教学》（北京师范大学出版社 2010 年出版），从教学思想、课程与教材改革、教法与学法、命题与评价等四个方面，汇集了作者的论述。孙维刚老师的《孙维刚初中数学》（北京大学出版社 2005 年出版）讲得十分细致，值得细读。

小学数学方面，还应阅读邱学华老师的《邱学华怎样教小学数学》（中国林业出版社 2007 年出版）、李烈老师的《我教小学数学》（人民教育出版社 2003 年出版），《儿童学习数学的奥秘》（福建教育出版社 2013 年出版），张奠宙老师的《小学数学研究》（高等教育出版社 2009 年出版）、曹裕添老师的《曹裕添小学数学教育研究文集》（文津出版社 1996 年出版）、吴正宪老师的《吴正宪与小学数学》（北京师范大学出版社 2013 年出版）、《钱守旺老师的小学数学教学主张》（中国轻工业出版社 2012 年出版）等。当然也有将众人心得汇为一书的，如叶建云老师的《可以这样教数学——16 个小学数学名师的教学智慧》（华东师范大学出版社 2012 年出版），唐彩斌老师的《怎样教好数学：小学数学名家访谈录》（教育科学出版社 2013 年出版）。

王栋昌老师的《三思而后教》（北京师范大学出版社 2012 年出版），是不多见的小学数学教师的文集。诚如王老师在该书《后记》中所言："小学数学教师出书，谈何容易，别说写，就是抄一本也是很难的事。"何况王老师阅历丰富，在单人校读过小学，在农村完小、中心小学、县实验小学任过教师，担任过教研组长、教导主任、副校长、教研员。经历的丰富决定此书内容的丰富、涉及教学、管理、科研、读书等多个话题。很有特色的是王老师还将自己平时思考的片言只语，编为附录，其中不乏真知灼见。如"如果一个名教师不善于写作，他就可能飞不高，走不远"（202 页）；"面对学生：好教师发现他的优点，一般教师发现他的缺点；针对犯错误的学生：好教师关注期许，一般教师关注如何惩罚"。（203 页）

山东省潍坊市夏贞琴老师的《幸福回望》（泰山出版社 2013 年出版），讲述了她独创的"问—想—做—赏"小学数学教学模式。台湾凌拂老师的《山童岁月——通向孩子心灵的 15 条小径》（首都师范大学出版社 2012 年出版），是一本很不错的散文体小书，但其中也涉及专业内容，如"不是我变笨了——谈建构数学"。一线小数教师的集子，还有王聿松老师的《迈向数学有效教学新境界》（河海大学出版社 2013 年出版），孙艳琴老师的《小学数学教育教学实践及思考》（黑龙江教育出版社 2013 年出版），杨慧英老师的《童真数趣：我的小学数学教学之路》（中国时代经济出版社 2013 年出版），戴曙光老师的《简单教数学》（华东师范大学出版社2012年出版），葛秀兰老师的《砥砺前行——小学数学课堂教学实践和思考》（二十一世纪出版社2013年出版），汪国祥老师的《十年磨一“剑”：读懂学生》（宁波出版社2013年出版），李梅先老师的《背影》（湖北人民出版社2013年出版），董文华老师的《让小学生恋上数学》（中国轻工业出版社2013年出版），陈凤伟老师的《和学生一起“学”数学：小学数学课堂实践与研究》（中国发展出版社2013年出版），魏芳老师的《快乐的数学思想者》（江苏人民出版社2011年出版），倪军健老师的《小学数学教学与探索》（延边人民出版社2010年出版）等，多多少少都是有自己的真知灼见的。

还有一些老师的文集，要更专业一些。如冯跃峰老师的《奥林匹克数学教育的理论和实践》（上海教育出版社2006年出版）全面论述了奥林匹克数学的概念、内容、方法、命题等，实际上是一本专著。裘宗沪老师的《数学奥林匹克之路：我愿意做的事》（开明出版社2008年出版），共分五个部分：涉及初次实践、小学数学奥林匹克、进入国际群体、奥校叫停、中国数学奥林匹克协作体等，书后附中国数学竞赛大事记。汪杰良老师的《通往国际科学“奥赛”金牌之路：数学“研究型教学的成功实践”》（复旦大学出版社2010年出版），是复旦大学附属中学“大视野”教育书系中的一科，讲述了作者带领学生多次获得国际、国内数学大奖的成功经验。朱华伟老师的《从数学竞赛到竞赛数学》（科学出版社2010年出版），是这一领域的一部重量级之作。王永老师的《数学化的视界——小学“数学代数”的教与学》（北京师范大学出版社2013年出版），是十分细化的研究。

张瑾老师的《数学基础教育研究：新课程改革中的观察与思考》（科学普及出版社2008年出版），实际是一部关于新课改的文集，涉及国外基础教育改革的观察、数学实验教材的比较及教学、文化视角下的数学基础教育等多方面内容。师教民老师的《两地书中论科学》（河北科学技术出版社2007年出版），以往返书信的形式，汇集了作者与一些学者关于数学理论的思考，倒也新颖可读。申炜、林艺茹老师的《丁益祥：用研究编织数学教育的经纬》（教育科学出版社2010年出版），是对数学特级教师丁益祥老师教学思想的研究。

一些数学大家的集子，有不少也应找来读读。如王元先生的《王元谈求学之路》（大连理工大学出版社2010年出版），论及自身经历、师长、数学普及等，并不是数学专业的论文集。又如萧文强先生的《心中有数——萧文强谈数学的传承》（大连理工大学出版社 2010 年出版），丁石孙先生的《数学与教育》（湖南教育出版社 1989 年出版）等，也属此类。浙江大学出版社近年推出的“数学与数学人”丛书，也包含了不少大家之作。如丘成桐老师的《透视·数学家之旅——丘成桐的数学人生》《数学与数学同行》《印象·走进数学人——与数学大师面对面》《丘镇英教授文集》、黄志镗老师的《王葆仁先生百年诞辰纪念文集》、张奠宙、王善平老师的《陈省身传》（南开大学出版社 2004 年出版）等等，也均属此类。

海外学者的集子，有一套书不错，那就是大连理工大学出版社 2009 年出版的“数学家思想文库”，已出的有英国哈代的《一个数学家的辩白》、法国布尔巴基的《数学的建筑》、美国冯·诺依曼的《数学在科学和社会中的作用》、德国希尔伯特的《数学问题》、英国阿蒂亚的《数学的统一性》等，文章均短小精悍，在海外流传颇广。

天津教育出版社近年推出的几本海外数学教学方面的集子也不错，如《爱上数学》《与孩子共处的 8 年》《重新学习做教师》等。

（二）涉及小学数学教学局部的书

涉及小学数学教学某一局部的书，分为三类来介绍。

2004 年以来，讨论小学数学新教材、新课标的书相当多，故而将此类书专设为一类，集中介绍。是为第一类：教材与教改。

讨论具体的教学方法和学习方法的书，放在一起介绍。是为第二类：教法与学法。

课程论、考试论在小学数学中的体现，归纳为第三类书：课程与考试。

下面试分而介绍：

1. 教材与教改

先看教材。李润泉老师的《中小学数学教材五十年：1950—2000》（人民教育出版社 2008 年出版），主要是介绍人民教育出版社 50 年间编写的 9 套全国通用中小学数学教材，很不错，但非常希望能早日修订，将 2000 年以后的中小学数学教材也收入。亚伶老师的《读数学书，行智慧路：小学数学读讲指导策略研究》（花山文艺出版社 2012 年出版）是讲如何指导学生读数学教材的，很好。上海三联书店 2011 年推出了《美国小学数学》课本的中译本，也很有用。杨谭念君老师的《小学数学教材处理的智慧》（湖南师范大学出版社 2011 年出版），是一部有心之作。

唐金生老师的《数学与生活整合教学设计：用好用活小学数学教材的途径与方法》（华北师范大学出版社 2011 年出版），是一部很有特色的小数教材研究著作。

在中国目前体制下，教改只能由管理者为主来实施，故有关教改的书也一并在此介绍。李韶、虞志浩老师的《筑碶：从个性教育到选择教育的实践》（宁波出版社 2013 年出版），分为上、下两篇，上篇主要探讨小班化“个性教育”；下篇主要探讨“选择教育”，认为这是由“食堂”向“超市”的转变。俞吉祥老师的《细说小班化教育——一项基于个别化教学的新探索》（上海教育出版社 2011 年出版），是上海市小班教育先行校虹口区幸福四平实验小学的实践总结。相关图书还有《走进小班化教育——一所从小班教育走向成功的学校》《解读小班化教育——一位基层校长潜心研究的新论著》《指点小班化教育——一群一线教师改革实践的新经验》等，出版社同前。汪笑梅老师的《小班化教学应用性研究》（江苏教育出版社 2012 年出版），偏学术一些。除了大中城市小班、分层教学，广大基层学校的教改也是有声有色。单付辉、王健生、王羽老师主编的《守望花开的幸福——一个教育团队的探索足迹》（中国矿业大学出版社 2012 年出版）。朱永新先生为该书作序称：“在新教育的版图上，安徽有两个闪闪发光的亮点：一个是霍邱县新教育实验区，一个就是五沙县第二实验小学。”此书就是五河实验二小教师从事新教育实验所写下的教育叙事、读书笔记、感悟随笔的结集。朱永新先生说：“严格地说。这还不是一本真正意义上的新教育著作，而是一份尚属稚嫩的行动记录。”

校本教材是近年来一大热点，这里首先应提到东北师范大学附属小学校长熊梅老师的《校本课程开发的行动研究：来自一所小学的课程创新》（教育科学出版社 2009 年出版），下分“学校篇”和“学科篇”，“学校篇”下列五章：

第一章　校本课程开发的情境分析

第二章　校本课程开发的愿景目标

第三章　校本课程开发的方案的设计
第四章　校本课程开发的组织实施
第五章　校本课程开发的效果评价
"学科篇"下列 12 章：
第一章　语文学校校本课程开发的实践探索
第二章　数学学校校本课程开发的实践探索
第三章　英语学校校本课程开发的实践探索
第四章　音乐学校校本课程开发的实践探索
第五章　体育学科校本教材开发的实践探索
第六章　美术学科校本教材开发的实践探索
第七章　科学学科校本教材开发的实践探索
第八章　生活学科校本教材开发的实践探索
第九章　社会学科校本教材开发的实践探索
第十章　首先学科校本教材开发的实践探索
第十一章　信息技术学科校本教材开发的实践探索
第十二章　综合实践活动校本课程开发的实验探索

作者本人是教育学博士，又担任过多年小学校长。此书是理论与实践结合较好的一部专著。而徐梅芳老师的《爱在心中快乐成长》（上海文化出版社 2012 年出版），是上海市普陀区中山北路第一小学"爱在心中"校本课程开发与运用的结集。上海市卢湾区海华小学所出《为了学生的学——"海华特色"校本误程新路径探索》（华东师范大学出版社 2010 年出版），则是该校校本课程成果的结集。

还有一些书，所论更专一些，集中谈新课改的某一方面。有统讲新课程下的教法改进的。如张显元老师的《新课程小学数学实用教学 90 法》（广东教育出版社 2004 年出版），李亚男老师的《小学数学教学攻略大全》（东北师范大学出版社 2010 年出版），王明浩老师的《小学数学教法指南》（甘肃少年儿童出版社 2002 年出版），实际均可视为小型数据库。有讲具体的某一教学方法或教学手段的。如李兴贵、陈出老师的《新课标数学教材"课题学习"教学设计》（华东师范大学出版社 2009 年出版），介绍了一线教师对华东师大版、北师大版和人教版三科新课标教材"课题学习"这一环节的教学设计。李兴贵老师的《新课程数学阅读教学新论》（四川大学出版社 2006 年出版）专论数学阅读这一环节，对其缘起、理论、能力培养、教学策略等均有阐述。至于《探索者的足迹：新课程理念下数学课堂教学改革的理论探索与实践研究》（上海科学普及出版社 2009 年出版）一类的论文集，近年来出版的太多了，就不一一介绍了。

国外数学教改方面，书也不少。如聂必凯老师的《美国现代数学教育改革》（人民教育出版社 2010 年出版），共计 10 章。前三章是历史回顾，后七章介绍了美国“基于标准”的小学、初中、高中数学教材。

2. 教法与学法

先看教法方面：首先是要重点推荐的几部书：一是曾大洋老师的《如何上好一堂数学课》（华东师范大学出版社 2009 年出版），论及如何指导学生学会阅读数学课本，如何进行数学问题情境教学等一线数学教师必须面对的课堂教学实际问题。二是陈永明老师的《陈永明评议数学课》（上海科技教育出版社 2008 年出版），共分 7 部分，总计评议了 49 节课，包括概念课、定理公式法则课、习题课、复习课、作业设计课、试卷讲评课，内容细化而又充实。读后会知道什么样的课应怎么去上，什么样的课才算是一节好的课。此书甚至有必要购置一部，放诸案头，不时翻阅，定有收获。三是赵红婷老师的《用什么提高课堂效率——有效数学课必须关注的 10 大要素》（西南师范大学出版社 2011 年出版），不错。

不少讲小学数学教与学的书，是很接地气的。如张尽孝老师的《小学数学口算与速算技巧》（河南教育出版社 1990 年出版），李青老师的《小学数学应用题图解》（湖北人民出版社 1981 年出版），黄善词老师的《小学数学线段图画法与应用》（人民出版社 1989 年出版），朱良才老师的《小学数学歌谣轻松教与学》（中国林业出版社 2008 年出版），王金发老师的《小学数学学习病理学》（广东高等教育出版社 2010 年出版），林凡红老师的《如何培养孩子的数学创新思维》（经济科学出版社 2013 年出版）等。时下提倡的减负与快乐教学，有王丽娜老师的《快乐减负·小学数学》（团结出版社 2013 年出版），韩玉娟老师的《快乐课堂·小学数学》（华东师范大学出版社 2013 年出版），这都是论文集。

稍显专业一些的书，有吴正宪老师的《小学数学课堂教学策略》（北京师范大学出版社 2010 年出版），刘娟娟老师的《小学数学教学中的问题与对策》（东北师范大学出版社 2005 年出版），张玉英老师的

《小学数学教学论要旨》(中国商业出版社2002年出版),金成梁老师的《小学数学课程与教学论》(南京大学出版社2005年出版),王建军老师的《小学数学教学导论》(中国科学技术出版社2006年出版),刘晓玫老师的《小学数学教学研究》(首都师范大学出版社2005年出版),邹煊享老师的《小学数学教学建模》(文本教育出版社2003年出版),梁秋莲老师的《小学数学教学探索》(人民教育出版社2007年出版),金成梁老师的《小学数学教学与逻辑思维能力培养》(江苏教育出版社1986年出版),马芯兰老师的《应用题教学中能力的培养》(光明日报出版社1988年出版),以及《小学数学教学改革尝试》(福建教育出版社1988年出版),以"教学论"名目出版的,有吴宏梅老师的《小学数学教学论》(西南地图出版社2004年出版),范文贵老师的《小学数学教学论》(华东师范大学出版社2011年出版),曹艳荣老师的《小学数学课程与教学论》(郑州大学出版社2009年出版),周玉仁老师的《小学数学教学论》(光明日报1990年出版),李光树、马云鹏老师的同名书,均由人民教育出版社于2003年出版。杨庆余老师的《小学数学教学研究》(中央广播电视大学出版社2004年出版),蒋康华老师的《小学数学教学改革探讨》(江苏教育出版社2001年出版),盛大启老师的《小学数学课堂教学实践与研究》(江苏教育出版社2001年出版),马富有老师的《小学数学复式教学指南》(兰州大学出版社2011年出版),金李会老师的《基于数学思维方法的小学数学教学》(浙江大学出版社2012年出版),任宏新、王培德老师的《小学数学单元整体课程实施与评价》(江苏教育出版社2012年出版),向青山老师的《回归生活的数学教学探究与实践》(海南出版社2011年出版),方学法老师的《小学数学讨论式教学的实践智慧》(江苏教育出版社2011年出版),李宁老师的《陪学生一起做研究:小学数学综合实践活动探索》(北京大学出版社2012年出版),李大纲、林毅云老师的《小学数学探究性教学实践与研究》(吉林大学出版社2011年出版),徐健湖、何红亚老师的《数学本真教学的思考与实践》(现代教育出版社2011年出版),赵光华老师的《小学数学课堂教学细节处理艺术》(福建教育出版社2013年出版),史宁中老师的《基本概念与运算法则:小学数学教学中的核心问题》(高等教育出版社2013年出版),庄锦荣老师的《逻辑思维与小学数学教学》(上海教育出版社1994年出版),项元乃老师的《小学数学发展性教学研究》（华东师范大学出版社 2007 年出版），张玺恩老师的《小学数学教学漫谈》（江西人民出版社 1984 年出版）等，均有自己独到的见解。

有几本书是需要特别推荐的：一是卢专文老师的《卢专文农村小学数学教学实践与研究》（山东教育出版社 2002 年出版），二是刘朝晖老师的《现代小学数学课程教学的基本原理》（清华大学出版社 2011 年出版），三是郑毓信老师的《国际视角下的小学数学教育》（人民教育出版社 2004 年出版），都是很不错的研究著述。四是龚德辉、苏晨杰老师的《数学双语教学手册（小学）》（上海教育出版社 2011 年出版），对于了解小学数学英语专业词汇，很有帮助。

专论小学数学教学的书，大致可分为两类：一是专著，如黄士力老师的《融合与发展——对“解决问题和估算”有效教学的策略研究》（浙江教育出版社 2012 年出版），张丹老师的《小学数学教学策略》（北京师范大学出版社 2010 年出版），管建福老师的《小学数学教学艺术》（华南理工大学出版社 1998 年出版），朱欣欣老师的《小学数学案例教学论》（浙江大学出版社 2011 年出版），温寒江老师的《小学数学教学与创新能力培养》（北京科学技术出版社 2006 年出版），二是结集，如徐志铁等老师的《新课标实用小学学科课堂教学模式》（山东教育出版社 2009 年出版）汇集了山东龙江众多教师的心得，老师们的实践分列于不同学科之下。张仁贤老师的《课堂教学问题诊断与解决：小学版·小学数学》（天津教育出版社 2009 年出版）是一本颇为扎实的小书，下列“小学阶段如何进行概率教学”等 13 个问题，每一问题下分“现场写真”“问题诊断”“理论点拨”“解决策略”“成功案例”“资源拓展”等板块，比较适合一线教师阅读。

教学离不开备课。说到备课，首先应看看王建军老师的《如何备好一堂数学课》（华东师范大学出版社 2009 年出版），此书不厚，不到 200 页，共计 3 章：数学课堂教学设计的一般理论、数学课堂教学设计的一般步骤、数学课堂教学设计的案例。肖川老师的《名师备课经验·数学卷》（教育科学出版社 2006 年出版），汇集了十几位名师在多年实践中总结出的备课智慧，指出不能总是“教师很辛苦，学生很痛苦”。谭志俐老师的《区域性学科建设的研究与实践——小学数学领域的探索》（湖南人民出版社 2010 年出版），涉及“网络教研”等新的备课方式。

华应龙老师的《个性化备课经验》(教育科学出版社 2007 年出版)，精彩就精彩在“个性”二字上。夏正红老师的《一个模子不适合所有的学生》(华东师范大学出版社 2008 年出版)，也是谈教学的个性的。至于课件，可参考吴中才老师的《多媒体数学课件制作》(华东师范大学出版社 2009 年出版)和杠娟老师的《现代教育技术与小学数学教学》(高等教育出版社 2011 年出版)。

数学各分支的教学方面，曹培英老师的《小学数学空间图形教学研究》(华东大学出版社 2004 年出版)，虽说略显陈旧，但讨论的都是小数教学的基本问题。钱宏佇老师的《智慧之路——小学数学练习复习的研究》(凤凰出版社 2011 年出版)，有“优化小学数学练习和复习的二七条新建议”等内容。陈兆基老师的《不懈追求，凝炼特色》(内蒙古人民出版社 2011 年出版)，是讲小学低年级珠心算校本课程的好书，可惜只印了 500 本。

如果想在备课时多加进一些小故事、小典故，以增加教学的趣味性，可参考的书很多。如徐品方、张红老师的《数学符号史》(科学出版社 2006 年出版)，下分算术篇、代数篇、几何三角篇、高等数学篇和符号学篇等，解说了上百个数学符号，饶有趣味。刘春树老师的《小学数学说课百例》(中国林业出版社 2003 年出版)、田国生老师的《小学数学活动课教学百例》(中国林业出版社 2005 年出版)，可操作性都很强。日本远山启的《数学与生活》(中译本人民邮电出版社 2010 年出版)，是较新的一部译著。类似的还有罗浩源老师的《生活的数学》(上海远东出版社 1997 年出版)、美国保罗斯的《数学家读报》(中译本湖南科技出版社 2009 年出版)。日本仲田纪夫的《天才趣味数学》(中译本中国民族摄影艺术出版社 2005 年出版)，共 4 册，生动而活泼，值得国内科普书学习。附带说说另一位日本人小室直树的《给讨厌数学的人》(中译本哈尔滨出版社 2003 年出版)，也不错。罗晓芬老师的《数学在你身边》(科学出版社 2007 年出版)，不厚，但内容丰富。英国罗勃·伊斯特威的《多少只袜子是一双：生活中最鲜活的数学谜题》(中译本中国青年出版社 2009 年出版)、韩国朴京美的《数学维生素》(中译本中信出版社 2006 年出版)、《数学思维树》(中译本中信出版社 2006 年出版)、以色列马奥尔的《勾股定理：悠悠 4000 年的故事》《三角之美：边边角角的趣事》(中译本均由人民邮电出版社 2010 年出版)，均可参考。美国西奥妮·帕帕斯的《数学丑闻：光环底下的旧影》（中译本上海科技出版社 2008 年出版）说明数学家也是活生生的人，也会犯错误，也有爱恨、癖好。高治源老师等的《趣味数学》（陕西师范大学出版社 2009 年出版），汇集了不少小故事、小事例，可供备课时参考。美国克莱因的《古今数学思想》（中译本上海科学技术出版社 1979 年出版）、美国斯蒂恩的《今日数学》（中译本上海科学技术出版社 1982 年出版）都是很好的书，不知为何没有重印，郑毓信老师的《数学思维与小学数家》（江苏教育出版社 2008 年出版）尤其应该引起小数老师的重视。小数中的思想方法，还有《隐形的翅膀：小学数学教学中的思想方法》（北京出版社 2012 年出版）上下两册，这是一部论文集。韩国金希俊等是首尔科学高中的舍友，他们写的《躺着，也能学好数学》（中译本中国青年出版社 2009 年出版）也很受欢迎。日本人也有不少好书，如日本畑村洋太郎的《我的第一本数学书》（中译本南海出版公司 2007 年出版）和《图解数学学习法：让抽象的数学直观起来》（中译本南海出版公司 2008 年出版）、日本野口哲典的《天哪！数学原来可以这样子》（中译本陕西师范大学出版社 2009 年出版）。范良火老师的《华人如何学习数学》（江苏教育出版社 2005 年出版），是从海内外角度来解说为何华人数学成绩如此突出的。以漫画形式解说数学的有日本冈部恒治的《漫画几何入门，开开心心锻炼大脑》（中译本科学出版社 2000 年出版）、《图解数学小百科》（中译本科学出版社 2001 年出版）等。数学家传记方面，有孙剑老师的《数学家的故事》（四川大学出版社 2009 年出版）、徐品方老师的《女数学家传奇》（科学出版社 2005 年出版）等。

科普作品中中国原创的好的不多，但也不尽然。著名科普作家、数学家谈祥柏老师的《数学不了情》（科学出版社 2010 年出版）就十分优秀，一定要读！数学家张景中院士在序中标“无论读者偏文偏理，均会有所收益”实非过誉之辞。

李文林老师的《文明之光——图说数学史》（山东教育出版社 2005 年出版），收入图片 230 余幅，可供制作课件时选用。

至于课堂诊断与课堂评价方面，可参考彭钢老师的《小学数学课堂诊断》（教育科学出版社 2006 年出版），陈亚明老师的《新课程小学数学评课的理论与数学测量与评价》（华东师范大学出版社 2010 年出版）等。

解题与作业方面，朱华值老师和钱展望老师的《数学解题策略》（科学出版社 2009 年出版）是这一领域的一部力作。小数方面，应参考杨国华老师的《小学数学练习活动设计的探究与实践》（广西师范大学出版社 2011 年出版）。

数学有由高等数学看初等数学的书，当然，也有反过来，由“低”往“高”看的书。张景中老师的《一线串通的初等数学》（科学出版社 2009 年出版）“讲的是如何在小学数学知识的基础上建立三角，以三角的发展引出代数工具并探索几何，把三者串在一起的思路”（见该书序），作者说：

> 基于对数学教育的兴趣，笔者从 1974 年以来，在 30 多年间持续地探讨面积解题的规律，想把几何变容易一些。后来发现，国内外的中学数学教材里，已经把几何证明删得差不多了。于是“迷途知返”，把三角作为研究的重点。数学教材无论如何改革，三角总是删不掉的吧。（见该书序）

此书没有提到向量。因为作者认为用向量解题，有时“反而不如传统的几何方法简捷优美”。

当然，不是说向量就烦琐。张景中、彭翕成老师的《绕来绕去的向量法》（科学出版社 2010 年出版），就是讲怎样才能利用向量比纯几何方法或坐标方法更简捷、更漂亮。

学习数学，离不开做题。陈永明名师工作室编著的《数学习题教学研究》（上海教育出版社 2010 年出版），汇集了优秀数学教师的教学经验，提出了习题教学“4 个原则”，解题的“6 个步骤”等等。任升录老师的《数学作业的设计与评价》（华东师范大学出版社 2009 年出版），共分 4 章：数学作业概论、数学作业的设计、数学作业的批改、数学作业的讲评。沈康身老师的《历史数学名题赏析》（上海教育出版社 2002 年出版）可供命题时参考。戴再平老师的《数学习题理论》（上海教育出版社 1991 年出版）是这一领域的一本经典专著。至于作业，可参看肖川老师的《名师作业设计经验》和华应龙老师的《个性化作业设计经验》，均为教育科学出版社 2007 年出版。刘显国老师的《小学数学练习设计艺术》(中国林业出版社 2003 年出版),是这一领域的经典之作。

至于习题集，就太多了，这时只推荐一些编写较有特色的。河南教育出版社 90 年代出过一套书，有顾荣老师的《古今难题解答 100 例》、韩世珍老师的《趣味讲解 100 例》、陈任科老师的《中外名题赏析 100 例》、王芳老师的《计算技巧 200 例》等，后继者沿用颇多。宋章豪老师的《小学数学趣题 PK》(浙江大学出版社 2007 年出版),也不错，小学数学，概念要打牢，陈桂隆老师的《小学数学名词解释》(广东人民出版社 1983 年出版)一并在此介绍，相应的习题集有蒙元嗣老师的《小学数学概念 1000 题》(广西民族出版社 1991 年出版)、洪国镛老师的《小学数学概念辨析 100 例》(浙江教育出版社 1990 年出版)。难一些的题，可看刘勇老师的《小学数学著名杯赛拉分题赏析》(湖北出版社 2010 年出版)。

数学竞赛，当可视为数学活动中的一种，书相当多。比较严肃的专著有刘凯年老师的《竞赛数学解题思想研究》(西南师范大学出版社 1998 年出版)。朱华伟老师的《从数学竞赛到竞赛数学》(科学出版社 2009 年出版),归纳出竞赛数学的基本特征，把竞赛数学涉及的内容归为数列、不等式、多项式、函数方程、平面几何、数论、组合数学、组合几何 8 节，每节包括背景分析、基本问题、方法技巧、概念定理、经典赛题。厚厚的一大本，可当竞赛题的工具书使用。

在论及学困生与天才生方面，有杜玉祥老师的《数学差生问题研究》(华东师范大学出版社 2003 年出版),是以对学生的调研为基础展开论述的。谢明初、苏式冬、徐勇老师的《数学学困生的转变》(华东师范大学出版社 2009 年出版),共分 5 章，对数学学困生的研究现状、原因分析、诊断干预等进行了论述。傅学顺、王屏山老师的《数学才能的培养》(暨南大学出版社 1991 年出版),但所举例子多为高中三角。或许张春莉老师的《小学数学能力培养》《小学数学互动式教学》更适合小数教师阅读。以上两书均由北京师范大学出版社 2014 年出版。

一些名校的经验结集，或许更受老师们的关注。如北京市史家小学所出版的《品语识文：史家小学的英语教育》《数学聚能：史家小学的数学教育》《世界之窗：史家小学的英语教育》《灵韵流转：史家小学的艺术教育》《造梦空间：史家小学的科技教育》《奠基健康：史家小学的体育教育》(以上各书均为中国发展出版社 2012 年出版)等。上海市徐汇区东二小学，原为华东局子弟小学，也是一所名校，所出《在生活中教与学》（上海教育出版社 2008 年出版）一书，汇集了该校教师的教学心得。《表达使语文更灵动》《登攀的见证——小学语文教学改进实践探索》则是上海市名校长名师培养工程的成果汇编，均由上海三联书店 2011 年出版。一些地方名校也推出了自己的丛书，如河南省安阳市殷都区所出《殷都样板：小学低年级导学案点评》《殷都样板：小学语文导学案点评（3—6 年级）》等，均由山东文艺出版社 2011 年出版。

也有以教案或案例形式呈现的教法书。如北京市《海淀区深度教研案例精选》（小学卷，北京师范大学出版社 2012 年出版），汇集了小学语文、小学数学、小学英语、小学综合方面的案例。张纯富老师主编的《新时期课堂教学实践研究》（黑龙江教育出版社 2012 年出版），实际上是佳木斯市小学第六届“百家讲堂”课堂教学竞赛得奖论文的结集。《小学高效教学实践活动》（天津教育出版社 2011 年出版），是天津市参加全国性小学学科教学比赛成果汇集。李莉莉老师的《小学语文口语交际教案选粹》（语文出版社 2008 年出版），则集中了某一类型的教案。李云桥老师的《小学语文课堂游戏 100 例》（浙江教育出版社 2006 年出版）更适合低幼年级。

还有一类书，是以地区为主题编写的，如广东省小语会编《广东省小学语文教学改革 30 年》（语文出版社 2010 年出版）等，《新蕊集：河南省小学语文优质课评比优秀说课稿》（河南大学出版社 2010 年出版），《布衣者的耕耘：浦东新区小学语文骨干教师优秀论文选》（江苏科学技术出版社 2012 年出版），薛炳群老师的《小学语文教学名家地图》（青岛出版社 2012 年出版），介绍了山东潍坊市小学语文教学名家的心得。石学东老师的《语文教学在探索中创新》（海南出版社 2011 年出版），汇集了湖南省湘西地区小语教师的课改成果。语文出版社所出《北京小学百所名校优秀教学设计及论文集萃》，已出 6 卷。《上海市小学语文教学优秀论文选》也由上海社会科学院出版社一年出一本。名地“国培”项目成果结集也不少，如《覃思拾卉：四川省 2012 年“国培”置换项目内江师范学院小学语文班研修优秀成果荟萃》（四川大学出版社 2012 年出版）。获奖论文集也不少，如《甘肃省小学语文教学获奖论文集》（甘肃少年儿童出版社 2013 年出版）《拾得集：河南省小学语文优质评比优秀说课稿》（河南人民出版社 2013 年出版）等等。

以丛书形式出版的书不少，大多质量平平，创新不够。但也不可一概而论。凤凰传媒2014年推出的“课堂教学环节改进丛书（小学版）”就不错。包括王月萍老师的《备课——从分析学情到教学设计》，曹晏平老师的《上课——构建和谐的学习共同体》，赵掀老师的《作业——在课程标准下提供选择》，吴伟国老师的《辅导——尊重个性的关爱与指导》，赵掀老师的《评价——注重多元促进健康发展》等。

还有一类书，是近年兴起的名师工作的经验、心得结集。如周仁康老师的《周仁康名师工作室的教学实践与研究》（宁波出版社2012年出版）。

也有专论某一教法的书。如杨德伦老师的《小学语文读写教学实践》（北京出版社2013年出版），王玮老师的《小学语文板书导引教学法》（江西教育出版社1992年出版），郭琇老师的《小学教学与集邮》（四川大学出版社2010年出版），讲述重庆市沙坪坝区金沙小学利用集邮来进行教学的事情。邮票走进了语文、数学、历史等各个学科的课堂。刘宪华老师的《大单元教学法，教学设计》（现代教育出版社2011年出版），张立军老师的《小学语文学科主题教学案例研究》（首都师范大学出版社2009年出版），周一贯老师的《小学语文尝试教学设计》（教育科学出版社2000年出版），王同裕老师的《所以，这样教：课堂教学与管理60句》（浙江大学出版社2012年出版），具体回答了“如何扎实地掌握‘四会字’”“如何辅导英语后进生”等问题。卢箭老师的《高效教学策略研究——“三导五学六环节”教学模式》（济南出版社2012年出版），“三导”指导学、导释、导思；“五学”指自学、歹学、禾学、评学和拓学；“六环节”指导学预习→专项训练→预习展示→合作解疑→主题训练→评价提升。此书是山东济阳部分教师利用这一模式教学的案例与心得，黄波老师的《我的迷人“语”秘书——小学语文趣味教学12法》（中国轻工业出版社2010年出版），收录了相关谜语、故事、游戏、表演、歌曲、歇后语、绕口令、对联、方言、口诀等。薛炳群老师的《小学语文有效教学策略》（山东大学出版社2005年出版）、陈全席老师的《有效教学与“依标脱本”评价》（海峡文艺出版社2010年出版），李吉林等老师的《小学语文情景教学与情境教育》（山东教育出版社2000年出版），江苏省小语特级教师薛辉、蒋丽清老师的《为你打开一扇门：小学语文“综合性学习”理论与实践》（河北人民出版社

2010年出版），倪论川老师的《语文视野中的感恩教育》（浙江大学出版社2013年出版），李亚玲老师的《小学语文情趣课堂》（安徽师范大学出版社2013年出版），都是来自基层的小语教师的认真思考。上海市特级教师张秀丽老师的《想学能学的习作教学》（上海世界图书出版社公司2011年出版），收录了大量小语习作指导课堂案题。李光启、张鹏老师的《信息技术环境下小学语文教学改革的探索》（北京师范大学出版社2010年出版），立足深圳市南山实验学校的相关课改，阐述了大家所关注的热点问题。

周卓雄老师的《小学语文长文短教教学研究经典案例》（江西人民出版社2011年出版），包蕾等老师的《小学语文情趣课堂的研究》（世界图书出版广东有限公司2011年出版），刘须锦老师的《小学语文教学思维谈》（现代教育出版社2011年出版），李景升老师的《现代教师素养·课堂教学艺术》（西安地图出版社2011年出版）等等。向爱平老师的《学记语文：新课程背景下语文教学的新视界》（语文出版社2012年出版），孙建锋老师的《小学语文——享受对话教学》（西南师范大学出版社2009年出版），高永娟老师的《行思留踪：小学语文教学的研究与实践》（文汇出版社2012年出版），陈惠琴老师的《小学口语交际教学论》（陕西人民教育出版社2012年出版）、《词语教学——走向精彩与高效》（上海教育出版社2011年出版），李楠老师的《小学语文决定教学质量的关键策略》（西南师范大学出版社2010年出版），马骏祎老师的《小学语文教学理论与实践》（河北大学出版社2013年出版），汪智星老师的《过着语文的日子》（江西人民出版社2012年出版），魏星老师的《小学语文课堂教学的实践与反思》（东北师范大学出版社2007年出版），王志尚老师的《王志尚小学语文“线形”教学模式》（山东教育出版社1997年出版），小学教师的著述有一个特点，就是少有长篇大论的理论书，而多见实际案例。阅读时不看理论部分，看看实际案例，也多少可明白人家的高明之处了。当然，一线教师的著述中有些也是颇有特色的。如刘艳玲老师的《小学语文教学36策略——一位基层教研员的听课手记》（语文出版社2010年出版）。深圳市黄长泉老师的《框式图解法与中学语文教学》（广东教育出版社2012年出版）请一定要看，相信对小学语文教师会有所帮助。汪潮和方兰老师的《语文之道——“素课”是怎样炼成的》，白纯舵老师的《自然的语文》（均由北京师范大学出版社 2013 年出版)，都倾向语文回归语文本身。王益民老师的《语文好课真相》、倪江老师的《理想语文——自由阅读与教学》，何捷老师的《一线立场——快乐教学锦囊 80 篇》等，都是有思想的好书，均由凤凰传媒 2013 年出版。

再看学法方面。目前很热的“探究性学习”与“研究性学习”方面，出的书不少。如陈伟老师的《小学数学探究性学习的实施》(四川大学出版社 2006 年出版)，李传英老师的《小学数学“探究性学习”的理论与实践》(山东教育出版社 2006 年出版)，余应龙老师的《数学探究性学习导读》(上海教育出版社 2002 年出版)，是作者多年辅导奥赛的经验心得，共 20 个题目，每个题目下有“观察”“问题”“问题探究”和“回顾与思考”等栏目。宁连华老师的《数学探究学习论》(高等教育出版社 2008 年出版)，侧重数学探究学习的过程理论提示。广州市中学数学教学研究会编的《走进数学研究性学习》(新世纪出版社 2002 年出版)，是来自一线教师编写的，有数十个课题及相应的参考文献。再早些的著作，有邱学华老师的《尝试成功的学习：尝试教学实验研究 20 年》(教育科学出版社 2002 年出版)。郑君文、张思华老师的《数学学习论》(广西教育出版社 1991 年出版)共分 8 章：数学学习与数学认知结构、数学学习的认知过程、数学学习与数学认知结构、数学学习的认知过程、数学问题解决与创造性、思维发展与数学思维方式、数学能力、数学学习的非认知因素、数学学习的环境因素、数学学习观、数学学习的原则和方法等，显得专业了一些，好在仅有 180 多页，不厚。全自正老师的《数学就这么有趣》(浙江大学出版社 2010 年出版)是一本普及读物，已出到第二版。

陈克正老师的《玩学习——三个博士姐妹的家庭教育》以及配套的《玩学习——家庭数学游戏卡》《玩学习——读写算记学习训练光盘》(湖北教育出版社 2009 年出版)，将一个家庭的教育提升为一种教育方法。何德耀老师的《三年攻克小学数学》，适合对数学有悟性的同学使用。说到悟性，娄进与刘晓敏老师的《感受好玩的数学》《让学生发现数学的魅力》(均为北京师范大学出版社 2005 年出版)不错，徐文彬老师的《如何培养学生的数感》(北京师范大学出版社 2007 年出版)也颇可一读。

论及教学时，有一类书相当多，那就是教学实验的总结和教学案例的汇集。教学实验方面，有龚春燕老师的《顾冷沅与青浦实验》（国际文化出版公司 2003 年出版）、沈兰和郑润洲老师的《变革的见证：顾冷沅与青浦教学实验 30 年》（上海教育出版社 2008 年出版）、曾超益、袁德辉老师的《粤东数学教师教学研究》（华南理工大学出版社 2006 年出版）等等。教学案例方面，有鲍建生老师的《教学的窗口：中学数学教学案例集》（上海教育出版社 2001 年出版）、李士锜、李俊老师的《数学教育个案学习》（华东师范大学出版社 2001 年出版）等。周锡华、黄泽成老师的《数学精彩案例片断集粹》（海南出版社 2006 年出版），以人教社实验版教材为主线，兼顾北师大版和苏教版，大体依章节编排，每一章节下列经典教学片断、个案、感悟等等。方均斌老师的《数学教学个案研究》（四川大学出版社 2006 年出版）、方均斌老师的《数学教学案例反思与延伸》（四川大学出版社 2009 年出版）、收集了大量数学教学案例。也有不少打"教材牌"的教学案例，如《数学教学案例选编》（泰山出版社 2009 年出版）。在此就不一一详述了。

以某位教师为主的案例书不少，如周惠琴老师的《快乐追梦人：周惠琴教数学》（现代教育出版社 2011 年出版），田立莉老师的《田立莉"甜"式小学数学教学指导及评析》（中国林业出版社 2012 年出版）。

在众多案例中有一本书一定要提到，那就是李肖志老师的《数学的神韵》（科学出版社 2010 年出版），作者的指导思想，是抽象的数学一定要借助生动具体的故事和实例来解说。作者写道：

> 基于这一认识，本书引入了大量故事和实例，来体现数学的思想，显示数学的神韵。这些实例，有些是作者本人从多年的生活和工作经历中观察总结出来的，有些是大家熟悉的老故事。新故事固然给人以新鲜感受，老故事也从新的视角重新审视和处理，使读者得到新收获。百科百家、七十二行、生产生活、音乐美术、游山玩水甚至吃饭，都可以是数学的例子。诗歌、武侠、哲学，都可以是讲述数学故事和数学道理的语言。幽默的场景，诙谐的语言，让你在轻松愉快的神游中领略数学的神韵，接受数学的熏陶。精辟的数学思想"随风潜入夜"，不知不觉地流入读者的心灵。强大的数学方法"润物细无声"，让貌似困难的问题迎刃而解。

书中涉及的问题，表面上简单，看起来像是“山寨版”，实际上暗藏玄机，体现了最正宗的数学大道理。简单的方法最有威力，这是金庸的武侠小说《神雕侠侣》中的孤独求败留下的武功教材中阐述的道理，不妨称为“独孤求败基本定理”。将复杂转化为简单，困难转化为容易，也就是“打不赢就跑，跑到打得赢的地方再打”，仿佛是《天龙八部》中段誉的逃跑功夫“凌波微步”。既要转化，又要保持一些重要的性质不变，这就是著名数学家 F. 克莱茵关于几何学的著名讲演“爱尔兰根纲领”中的思想。几何太灵活，不容易计算，转化为代数来计算；代数太抽象，计算太繁琐，转化为形象生动的几何模型来帮助理解。凡此种种，都体现了数学的神韵。

几何好懂不好算，代数好算不好懂。向量既是几何图形，又能进行运算，兼有几何与代数的优点，在一定程度上克服了两者的缺点，是实现几何与代数两者相互转化的最好的桥梁。实现这种转化的基本路线是：将几何图形的性质用向量运算的语言来描述，通过向量的代数运算来解决。如果还不能解决，再将向量运算通过坐标转化为实数的代数运算来解决，这就是解析几何。现在有些“改革”教材，口头上也说向量是沟通几何与代数的桥梁，却迟迟不修这座桥梁，将向量放在第四册，几乎到了必修教材的最末尾，却将解析几何放在第二册，这就是铁了心拒绝通过向量这座桥梁通向解析几何，逼着学生遭受徒步涉水之苦，甚至承受淹死的危险。本书介绍了通过向量实现由几何到代数转化的一些具体实例，希望让一部分学生见识一下向量这座桥梁的威力。同时还在第四节介绍了另一方面的例子，说明几何观点也可以反过来出奇制胜地解决代数问题。

本书也讲了微积分，但不是将大学中的微积分教材照搬过来，而是用“凌波微步”的功夫重新处理，使它的形象更简明，非匀速运动用与之最接近的匀速运动来描述，曲线用与之最接近的直线来刻画，函数用与之最接近的一次函数来代替，这是微积分的主要思想，是莱布尼茨发明微积分时提出的观点。由这个观点出发，我们处理了中学物理和数学中已经提出但还不能解决的问题，或者只知其然而不知其所以然的几个问

> 题，例如：圆锥曲线的光学性质，变速运动的速度与路程，曲线围成的面积，等等。没有学过微积分的读者可以由此入门，已经学过微积分的可以从新的角度重新加以理解。（见该书序）

作者声称，“强调的是数学思想而不是具体算法，但同时也强调数学思想不是空的，所要讲的数学思想都通过具体实例（包括具体算法）来体现。因此，不必为你有多少知识不懂而颓丧，只要你有收获，就值得高兴。不同文化层次的读者都可以从本书中得到收获，对数学的思想有所体会。学过小学算术的读者，就可以读懂前两章的前几节的内容并从中有所收获。学过高中数学的读者已经具备足够的知识读懂本书的大部分内容。有些内容你学过，但本书中利用这些知识来解决问题的例子也可以让你耳目一新，而用你可能发现本书中的叙述与你所学的书本上的叙述不一样。叙述虽然不一样，只要都是对的，就应当相互不冲突，相信本书的叙述可以帮助你对以前学的东西加深理解，将以前令你讨厌的东西变得可爱，以前觉得无用的变得有用，你会更善于用它们来解决各种问题——包括实际生活中的问题和考试中遇到的问题。有些内容你以前没学过，或者没学好，或者以后才学，你可以通过本书先学一遍或者再学一遍，首先体会它的总体思想，在思想的指导下再去学它的具体操作和应用”。（见该书序）

这不正是一线师生梦寐以求的书吗？难怪张景中院士要推许此书“是有血有肉、丰满生动的教育数学”，说“作者的功力非同一般”。（见该书总序）

至于名师方面的书，在此仅推荐余文森老师主编的一套书，包括《小学数学：名师教学目标落实艺术》《小学数学：名师易错问题针对教学艺术》《小学数学：名师魅力课题激趣艺术》《小学数学：名师抽象课题教学艺术》等，由西南师范大学出版社 2010 年出版。此外，赖配根老师的《分享小学数学名师成长感悟》（首都师范大学出版社 2013 年出版）也不错。

比较研究方面，蔡金法老师的《中美学生数学学习的系列实证研究：它山之石，何以攻玉？》（教育科学出版社 2007 年出版），一线教师可能会有兴趣。

马立平老师的《小学数学的掌握和教学》（中译本华东师范大学出

版社 2011 年出版），虽说是用英文写的，但作者“文革”时期在江西插队并当过多年小学教师。对中美小数教育理解很深。

学法方面，学生现身说法的书很受欢迎。如韩国裴钟秀同学的《我的数学有生命》（中译本长春出版社 2005 年出版）。老师写的课外读物一类的书也很畅销，如赵振威老师的《怎样学好数学》（科学出版社 1986 年出版），别看出版时间早，但方法并不过时。同样情况的还有叶季明老师的《小学数学学习指导》（上海科学技术出版社 1988 年出版），李烈老师的《怎样学好小学数学》（龙门书局 1996 年出版）。韩国韩昌洙老师的《千万别恨数学》（中译本中信出版社 2008 年出版），多次再版，作者提出的“追根究底学习法”“骨架学习法”“表格学习法”“弱点追踪学习法”“习题集学习法”等，不分年级均适用。谈到数学的学习方法，任勇老师是一定要提到的。他说：

> 我有不少学术界的朋友，但最多的是研究“学习科学”的朋友；我曾应邀到各地讲学，讲得最多的是“学习科学”；我有许多教育科研成果，但最多的是与“学习科学”有关的成果。很多老师认识我，是从“学习科学”开始的；很多学生知道我，是从读我写的“学习指导”的著作或文章开始的；不少家长找我咨询教育问题，也多是“学习科学”方面的；一些专家赏识我，也缘于“学习科学”。如果说，我今天有些成就的话，那么更多地应该归功于研究了“学习科学”；如果问，你今后的研究方向是什么？我会毫不含糊地回答：“学习科学”。

上述引文引自《任勇与数学学习指导》（北京师范大学出版社 2006 年出版）一书第 8 页。这本书一看就是一线数学教师写的，侧重实践。比如该书第 56 页谈“按性别”指导学生学习，任勇老师将学生分成两类：

> ①男生和女性“男生”的数学学习指导
>
> 男生和少数具有男性特点的女生共同构成这一层次。这类学生的特点是性格外显，爱蹦爱跳，思维敏捷，灵活多变。但思维不严密，学习较粗心，多半“坐不住”。其学习指

导，一要培养浓厚的学习数学的兴趣；二是指导制订好学习计划，严格按计划学习；三是培养静下心来学习的习惯；四要进行学习的规范化训练，提高计算的准确性；五要帮助消除影响其智力发展的不良心理，如草率粗心、作业潦草、有错不纠等。

②女生和男性“女生”的数学学习指导

女生和少数具有女性特点的男生共同构成这一层次。这类学生的特点是“好静”，学习勤奋，守纪听话，作业认真，学习踏实。但应变能力差，思维不活跃，多胆怯畏缩。其学习指导，一要消除思想负担，树立女生也能学好数学的信心；二是多进行变式训练，提高应变能力；三要多方入手，激发学习数学的兴趣；四要多进行智力训练，开发其思维力、想象力和创造力；五要加强男女生数学活动的交往，促进智力互补。

这是很符合学生的实际情况的，只有对学生相当了解的一线教师，才说得出来。

任勇老师出版的相关著作还有：《初中学法指导教程》（湖南教育出版社 1995 年出版）、《中学数学学习法》（西北工业大学出版社 1995 年出版）、《初中学习方法指导》（福建少年儿童出版社 1996 年出版）、《你能学好高中数学》（人民日报出版社 2002 年出版）、《中学数学学习指导的研究与实践》（中国宇航出版社 2002 年出版）、《数学学习指导与教学艺术》（人民教育出版社 2004 年出版）、《高中新课程数学学习法》（鹭江出版社 2005 年出版）等。

华罗庚等著的《聪明在于勤奋天才在于积累：数学大师华罗庚谈怎样学好数学》（中国少年儿童出版社 2006 年出版）更应一读，张景中院士的《数学家的眼光》（中国少年儿童出版社 2002 年出版）、《数学与哲学——张景中院士献给数学爱好者的礼物》（中国少年儿童出版社 2003 年出版）、《数学杂谈》（中国少年儿童出版社 2005 年出版）等，均为大家之作，不可单纯以“科普”书视之，一线教师一样应读一读。其他如吕传汉老师的《数学学习方法》（高等教育出版社 1990 年出版）、孔企平老师的《小学儿童如何学数学》（华东师范大学出版社 2001 年出版）。

海外方面有卓宪宜、黄昱诚老师的《数学科赢的策略》(台湾新文京开发出版公司 2002 年出版)等一批书，表现出海外对方法的重视。日本和田秀树《数学专家最抢手：如何打造一个数学头脑》(中译本汕头大学出版社 2004 年出版)既强调了数学的重要性、又讲了学好数学的方法。

如果对数学学习方法确有兴趣，一些理论书自然是要通读的，如郑君文、张思华老师的《数学学习论》(广西教育出版社 1991 年出版)、李玉琪老师的《数学学习论》(南海出版公司 1992 年出版)、张国学老师的《数学学习论导引》(西南师范大学出版社 1995 年出版)，周小山、严先元老师的《怎样引导学生习得新的学习方式》(东北师范大学出版社 2004 年出版)更具体一些。宁连华老师的《数学探究学习论》(高等教育出版社 2008 年出版)，是在博士论文基础上写成的，资料和观点都较新。布兰思福特的《学和理如何学习的：课堂中的数学》(中译本广西师范大学出版社 2011 年出版)也值得推荐。

不论是教还是学，都是离不开人的心理活动的。如对这方面有兴趣，可参看张兴华老师的《儿童学习心理学与小学数学教学》(江苏教育出版社 2011 年出版)，毛鸿翔老师的《数学学习心理学》(广西师范大学出版社 1992 年出版)，孙庆燧老师的《数学学习心理学》(陕西科学技术出版社 1993 年出版)，郑敏信、梁贯成老师的《认知科学、建构主义与数学教育——数学学习心理学的现代研究》(上海教育出版社 1998 年出版)，蔡道法老师的《数学教育心理学》(上海科技教育出版社 1993 年出版)、苏联克鲁捷茨基的《中小学数学能力心理学》(中译本上海教育出版社 1988 年出版)、曹才翰、章建跃老师的《数学教育心理学》(北京师范大学出版社 2006 年出版)、鲍建生和周超老师的《数学学习的心理基础与过程》(上海教育出版社 2009 年出版)等。

工具书方面，美国格劳斯的《数学教与学研究手册》(中译本上海教育出版社 1999 年出版)，是国际流行的工具书，但已出版 10 年，期待新版的中译本早日问世。

3. 课程与考试

课程方面，首先应该提到王林会老师的《当代中小学数学课程发展》(广东教育出版社 2006 年出版)，介绍了古代数学课程回顾、近代数学课程发展、现代数学课程发展、美国数学课程发展、英国数学课程发展、数学课程发展的启示、数学课程发展的理论与方法、数学课程的开发等内容。虽出版时间稍早但也值得一读。更细化一些的专著，有李忠海、王家铧老师的《代数课程研究》，王家铧、沈文选老师的《几何课程研究》，以上两书均由科学出版社 2006 年出版。张四保老师的《小学数学课堂教学课型》（吉林大学出版社 2008 年出版），对新教师帮助尤其大。王一军、吕林海老师的《校本课程开发：小学案例》（华东师范大学出版社 2009 年出版）和上海市教委所编《我们的课程领导故事》（华东师范大学出版社 2013 年出版），共同的特点是具体。海外情况，有香港中文大学教育学院和香港教育研究所 2009 年出版的《两岸三地基础教育数学课程改革比较及对课程改革的启示》。译作中较经典的有英国豪森等的《数学课程发展》（中译本上海教育出版社 1992 年出版）。

考试学方面，姚硕、苏峻老师的《骇客数学》（台北鼎茂图书出版股份有限公司 2009 年出版），含有历届试题。董建功老师的《如何命数学题》（华东师范大学出版社 2009 年出版），结合新课标对初、高中数学命题的技术性问题做了阐述。许世红、胡中锋老师的《数学试卷分析方法》（华东师范大学出版社 2009 年出版），虽说是一本颇专业的书，但值得一线教师细读。任子朝、孔凡哲老师的《数学教育评价新论》（北京师范大学出版社 2010 年出版），除了介绍国内外数学教育评价的现状外，第 6 章“中小学数学考试设计的基本理论与典型案例分析”、第 7 章“中小学数学试题的命题技术”、第 8 章“中小学数学考试质量的分析与评价”等，都是一线教师急需了解的考试学知识。李善良老师的《课程标准与教学大纲对比研究·高中数学》是值得一线教师重视的一本专业书，由东北师范大学出版，应注意寻找最新版本。

本篇小结

晚清时求学者奉为《圣经》的目录学著作是《书目答问》，共介绍了经史子集丛等5部共约两千多种书。如今时代发展了，知识“爆炸”了，一部《书目答问》当然是远远不够了，开始设想得有一套《书目答问》，每个学科一本。但再一细想，这么做还是不够到位；每个学科的阅读人群实际上是差别很大的，针对专业人士、半专业人士、非专业人士，所推介的书不应该是一模一样的。

本篇谈不上是“辨章学术，考镜源流”，本不宜率尔付梓，但只是想为一线初中数学老师提供一部以约驭繁的专科“书目答问”做出一点努力吧，为进一步厘清事实提供一个可供讨论的基础。挂一漏万的错讹肯定会有，治丝益棼的指责也恐怕难免，请大家多多批评指正，以促使本篇日趋完善。

既然谈到目录学，有两个词不妨在此提一提：一个词是“知见”，如清莫友芝《邵亭知见传本书目》，所收除其所见存书外，“又采录邵位西年丈懿辰所见经籍笔记益之”，就是说，他所介绍的书籍，有些是他“见”过的，有些是他没见过，仅仅是“知”道相关信息。

再一个词是“目睹”。如清朱记荣《行素草堂目睹书录》，所收之书“均经目睹并及借抄成帙之书”。也就是说，他所介绍的书籍，本本都是他亲眼所见过的，“目睹”嘛。

从知道，到见到，再到一本本泛读，再到某些书精读，对知识的理解和掌握，是层层推进，步步深入的。具体到广大一线教师，还是从最基本的“知见”开始吧。看了这一篇，知道了不少书的信息，当然所说的不少书，也都见过、读过。

最后让我们引用山东大学教授牟世金先生的一句话来结束此篇：“在一定条件下，一个人学问的大小和他掌握的书籍的多少成正比。”

下篇

论文篇

本篇说明

说到论文，有学者曾提出一线教师要破除“论文至上”的观念。例如郑金洲老师就曾提出：

> 一讲到中小学老师做研究，就是要写长篇大论的论文。论文这种东西是属于专业研究者的，是属于大学教授、属于科研院所的。中小学教师做校本研究，并不见得都要去写长篇大论的论文。他一堂课上下来，写写教学反思，把自己一天的教学经历形成教学日志，对自己整个的教学活动进行系统化的整理，实际上都是研究，都是指向研究的行为，而不是只有论文这样的一种形式才是整个研究当中的唯一的取向。（《教育的思考与言说——一位教育学者的演讲录》，第 103 ～ 104 页，福建教育出版社，2007 年出版）

郑老师的意见当然是正确的，可现实情况是，正确的不一定行得通，行得通的不一定正确。绝大部分一线教师恐怕都会说：论文不是万能的，但没有论文，是万万不能的。

既然论文还得写，那么接下来的问题自然是：怎么写呀？其实，最简便、最直接的方法，就是模仿——先看看人家都写些什么，一般是怎么写的。

一

关于小学数学教学的研究

（一）思路一：谈对新“课标”的学习体会

谈教学离不开谈教改，谈教改又离不开“课标”。一线教师谈“课标”，不应写长篇大论的理论文章，而应结合自己教学，谈点实实在在的心得。浙江省杭州新世纪外国语学校章颖老师《浅谈“平移、旋转、轴对称的”课标“变化与启示”》（原载《小学数学教师》2013 年增刊）一文，就是一篇一线教师谈新“课标”的好文章。文章开篇指出：

> “平移、旋转、对称”这一内容是 2001 年出版的《数学课程标准（实验稿）》（以下简称“课标实验稿”）中新增的学习内容。经过 10 年课改，《数学课程标准（2011 年版）》（以下简称“课标 2011 年版”）对这一内容进行了微调（见下表）。其中，最显著的调整就是把“对称”改为“轴对称”，这使小学阶段对称这一内容的学习范围更为具体化了。

“课标”的具体要求对照表

第一学段	实验稿	结合实例，感知平移、旋转、对称现象。 能在方格纸上画出一个简单图形沿水平方向、竖直方向平移后的图形。
	2011 年版	结合实例，感受平移、旋转、轴对称现象。 能辨认简单图形平移后的图形。
第二学段	实验稿	通过观察实例，认识图形的平移与旋转，能在方格纸上将简单图形平移或旋转 90°。 欣赏生活中的图案，灵活运用平移、对称和旋转在方格纸上设计图案。
	2011 年版	通过观察、操作等，在方格纸上认识图形的平移与旋转，能在方格纸上按水平或垂直方向将简单图形平移，会在方格纸上将简单图形旋转 90° 。 能从平移、旋转和轴对称的角度欣赏生活中的图案，并运用它们在方格纸上设计简单的图案。

那么，这些变化背后又有怎样的理念在支撑呢？对于这些变化，我们教师又该如何把握呢？

下面，分成三个大标题进行叙述：

第一个大标题："课标"中的相同点有哪些？

章老师指出，仔细研读和体会，我们能发现两个版本的"课标"对"平移、旋转、轴对称"的一些要求大致相同。第一学段都要求"结合实例"进行初步感知。第二学段都要求通过观察认识这三种刚体运动，能欣赏生活中的图案并进行设计。

第二个大标题："课标"中的不同点又有哪些？

章老师指出，与相同点相比，新旧"课标"中的不同点明显更多。这主要表现在以下几点：

一是初步感知平移、旋转、轴对称的要求有所降低。

二是再次感知三种运动时，增加亲身体验的要求。

章老师说，虽然新旧"课标"都要求通过观察实例，认识图形的平移与旋转，但"课标实验稿"比"课标 2011 年版"的要求更具体，更细致。"课标 2011 年版"除了要求学生通过观察实例认识图形的平移与旋转，更提出通过操作来认识的要求。观察能使学生在头脑中形成表象，但此时他们的概念可能是模糊的。因此，在观察的基础上，让学生通过动手操作，使得触觉、视觉、听觉共同作用，这样能更好地促进空间观念的形成和巩固。

三是"在方格纸上按要求画图形"的标准降低并挪后。

四是对如何欣赏生活中的图案美有更深入、细致的指导。

章老师说，"课标实验稿"只要求"欣赏生活中的图案"，如何欣赏、从什么角度欣赏都未给出要求和标准，"课标 2011 年版"的要求则进一步具体化、清晰化了，它要求学生"能从平移、旋转和轴对称的角度欣赏生活中的图案"，这就让教师在教学时更容易把握观察的角度。

同时，在教学中关注学生用数学的眼光看世界、看生活，进一步感受数学的美与数学的价值。在欣赏或设计图案时，不同的学生会有不同的感受、不同的理解、不同的想象，并且在此过程中要让学生充分地交流。此外，要求用规范的数学语言描述图形的运动轨迹，从而更好地体会图形的运动在图形设计中的作用。

由上也可看出，“课标 2011 年版”与“课标实验稿”相比。要求低一些，指导细一些，教师在教学时能更容易把握要求达到的程度，以便能更好地把握课堂。

第三个大标题：两版“课标”的微调带给我们哪些启示？

一是重视探索运动形式的过程。

二是利用方格纸定性、定量地刻画运动。

三是多利用多媒体进行教学。

怎么样，这样的“课标”学习体会，还算有内容，不让人望而生厌吧？章老师很聪明、用比较的方法来学习“课标”，而且不是全面比较，仅比较“平移、旋转、轴对称”这一部分。

江苏省启东市南苑小学崔海华老师《课标案例指瑕》（原载《中小学数学（小学）》2013 年 7—8 合刊）一文，也是一篇很适合一线教师学习的范文。这篇文章是指出“课标”的毛病，但不是指知识点或理论部分的毛病，而是指案例的毛病。崔老师写道：

> 修订版数学课标（2011 年版）附录 2 中，列举了三个学段计 82 个实例，并且对其中的大部分实例不仅呈现了实例要求，而且提出了实例的设计思路及教学建议，对于帮助广大教师理解课程内容、体会数学思想、澄清教学困惑起到了重要作用。但不可否认，部分案例还有值得仔细推敲、改进的余地，兹对第一学段“数与代数”中的两个案例及其说明进行分析与思考，求教于大家，不当之处敬请批评指正。
>
> 例 1 用算盘上的算珠表示三位数。
>
> 说明：算盘是中国的重大发明，体现了十进位制计数法。算盘最大的特点是：一颗下珠表示 1，一颗上珠表示 5。使用算盘要注意以下两点：
>
> （1）先确定个位。先任意选定某个档为个位，然后依次左进为十位、百位、千位等。（2）再用算珠表示数。个位上的几表示几个，十位上的几表示几十，……某个数位上是 0，则以不拨珠空档表示。
>
> 如 513，在算盘上就是更大的数可用同样的方法表示。

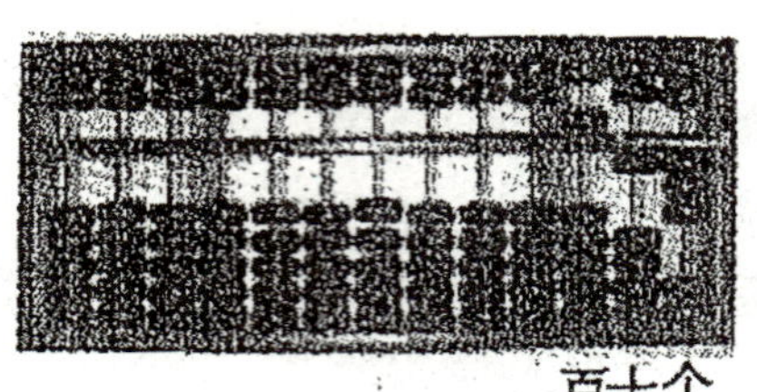

在点出这一案例后，转入分析。崔老师认为至少有两点不妥：

一是算盘在学习过程中没有作必要的阐释。

崔老师说，算盘作为计算工具，与现代计算工具电子计算器相比，其优势在于它不仅能计算，更重要的是它使用半具体半抽象的“算珠”为中介。计算过程完全透明，较之计数板、计算块及小棒等学具，有无可比拟的优越性。对于位值计数，以及加减的辩证统一、算法多样化，亦非常有益。培养学生数感，掌握计算方法，算盘的加入无疑是一个有力的“桥梁”。修订版课标将算盘重新引入“课标”，就是对其数学学习与应用价值的肯定。但翻遍整本“课标”，除在课程内容中提到了“知道算盘可以表示多位数”（第 16 页）这一要求外，对于其计算的过程却没有丝毫提及，无疑把算盘重返教材的价值弱化了。其实，在数学学习中，要表示多位数，算盘并不一定是最好的媒介，譬如用：计数器来表示就比算盘更直观易懂，更符合低年级学生的接受心理，没有必要拿需要“一颗上珠表示 5”这样的思维转换，来人为制造学习和理解上的难度。因此，算盘的重新引入教材，应该明确其必须用的价值所在。

据此，崔老师以为，原案例的调整可以从两个维度思考，确定用其一：或者可以根据课程内容的要求，将其定位为“知道”，即在教学多位数时，将算盘的构造、历史及表示多位数等内容专设一个“你知道吗”给予介绍；或者提高对算盘计算的要求，将“能用算盘熟练进行加减法的计算”列入课程教学内容。

二是叙述格式、体例前后不一致。

崔老师说，从整个案例的表述体系而言，“例 1 用算盘上的，算珠表示三位数”。这样的表述显得很笼统。纵观第一学段“数与代数”列举的 10 个实际案例，只有本例（例 1）和例 8 没有用：具体数量来表述要求，其余 8 个实例均是用具体数量来表述的。如“例 2 将数 50、98、

38、10、51 排序，用‘>’或‘<’表示。用大得多、大一些、小一些、小得多等语言进一步描述它们之间的关系”，“例 31200 张纸大约有多厚？你的 1200 步大约有多长？ 1200 名学生站成做广播操的队形需要多大的场地？”等。作为实例，本例也完全可以用具体的数量将要求表述得更加直观易懂，让低年级学生也能看懂且与整个表述体系相一致。

从例 1 的两点说明而言，【说明】(1) 中“先任意选定某个档为个位，然后依次左进为十位、百位、千位等”与【说明】(2) 中“个位上的几表示几个，十位上的几表示几十，……”来看，我们不妨比较一下“数位”和“计数单位”这两者的表述格式，(1) 中表述到“千位”且用“等”，(2) 中表述到“十位上的几表示几十”且用“……”，两者在格式应用上显然并不一致，不知这是刻意为之，还是无心之举，但作为指导小学教学的典范而言，严谨性、指导性、典型性显然不够。从“更大的数可用同样的方法表示”这句话推理，说明可以用相同的方法，将数位扩展到万位、十万位、百万位……因此，完全可以将【说明】(2) 中的表述依照 (1) 的格式，给予具体化、完善化。

接下来是崔老师提出的“完善建议”，有两个方案，下面仅引用方案二：

> 方案二：将此例从“课程内容及实施建议”中删除，在教材上教学多位数时，将算盘的构造、历史及用算盘表示多位数，用“你知道吗”进行专门介绍。
>
> 例 8　估计每分钟脉搏跳动的次数、阅读的字数、跳绳的次数、走路的步数。
>
> 说明：本例既可以帮助学生体验 1 分的长短，又是一个估计问题，需要实际测量，在测量的基础上进行简单计算。
>
> 可以有三类方法进行实际测量：测量半分钟，然后用测得的数据乘 2；测量 1 分；测量 2 分，然后用测得的数据除以 2。对于学有余力的学生，可以引导他们感悟第一种方法省事，但可能不够准确；第三种方法费事，但可能更准确一些。帮助学生建立选择策略的思想。

崔老师进一步指出，案例的例题与说明也有问题：

一是例题与说明脱节。

说明中明确“本例……需要实际测量，在测量的基础上进行简单计算”，但例题中却只要求“估计……”；两者在叙述上相互脱节。我们知道，对于任何数学“估计”内容的学习，都不能让学生仅仅停留在“估计”的层面。估计的数值是否正确，以及如何调整估计的精确度，以使所学到的知识和能力应用于生活现实，才是估计教学的目的与价值所在，如果没有估计值与正确结果的比较相互印证，并调整接近的学习过程，估计将失去它存在的意义。因此，在例题的表述中就需加上“测量验证”的字样，以使表述更加精准。

二是“说明”缺乏操作弹性。

说明中介绍估测的方法时，虽然用了“可以有三类方法进行实际测量”，并将计算引入，但实际上却是介绍了三个指定时间“半分钟”“1分”“2分”的实际测量与计算方法，而非“三类”，既缺乏操作上的弹性，也限制了学生的思维。学生如果通过“测量20秒，然后用测得的数据乘3”，或是“通过测量3分，然后用测得的数据除以3”进行估测，又何尝不可以呢？以指定的时间来要求学生操作，只会影响学生自主探究能力的培养，与“建立选择策略的思想”也不相符合。

崔老师也提出“完善建议”：

例8 估计并用实际测量验证每分钟脉搏跳动的次数、阅读的字数、跳绳的次数、走路的步数。

说明：本例既可以帮助学生体验1分的长短，又是一个估计问题，需要实际测量，在测量的基础上进行简单计算。

建议：可以有三类方法进行实际测量：测量半分钟（或乘上整数后积是60的整数的时间，如20秒、15秒等），然后用测得的数据乘2（或乘3、乘4等，使乘积为60）：测量1分，测量2分（或3分、4分等），然后用测得的数据除以2（除以3、除以4等）。对于学有余力的学生，可以引导他们感悟第一种方法省事，但可能不够准确；第三种方法费事，但可能更准确一些。帮助学生建立选择策略的思想。

（二）思路二：论述某一版本小数教材某一单元的教学

江苏省海门师范附属小学刘晓娟老师《让“列表”真正成为学生解决问题的一种策略》（原载《小学教学研究（数学）》2013 年第 3 期）一文，上来先开门见山地写下“案例背景”四字，意在让读者了解她为什么要写这篇文章。刘老师写道：

> 案例背景：
>
> 我多次设计并执教《解决问题的策略——列表》，似乎一次比一次“顺利”，可我却越来越迷惑。解决问题时，学生真的需要列表吗？真的感悟到列表是一种解决问题的策略了吗？学生围绕情境图“请你用最简洁的方式整理情境图中的信息”时，方法是多样的，但很少有学生把信息放入图表。因此课堂中，只有通过教师的“引导”，学生才会接受“列表”。当然，通过精心设计的习题训练，学生也能很快地通过列表解决问题。也就是说学生通过老师给出的表格进行了填空，或机械地“依样画葫芦”，而没有真正理解它是一种解决问题的策略。2012 年 10 月，在市级学科带头人的考核中，我又一次重新设计并执教了《解决问题的策略——列表》的研讨课，因是“裸课”，只用粉笔和黑板，感受简洁又深刻。

接下来，就是文章的主体：

案例描述：

刘老师说，上课前准备一个小黑板，上列图表：

齐威王	上等马	中等马	下等马
田 忌	上等马	中等马	下等马

然后是课前谈话。刘老师对同学们说：今天我以一个数学老师的身份，从数学的角度，以一种特殊的方式与同学们聊一聊《田忌赛马的故事》。对于四年级的孩子来说，《田忌赛马的故事》有印象，但并不是很熟悉。讲述时，边讲边用箭头表示两人的赛马经过，故事讲完了，

提问：老师用这样的方式讲《田忌赛马的故事》，你喜欢吗？说说你的理由。孩子们说了很多：如田忌非常聪明，他没有换马，只是改变了策略，这样的表格既清楚又简洁，让我们一下子弄清楚了是怎样比赛的。

刘老师评述说，用列表的方式聊历史故事，既让孩子感到思路清晰、便于理解，又蕴含对“策略”的理解，让学生在具体的情境中感到策略是一种计策和谋略，具体表现为解决问题的方法、手段的思考与选择运用，为孩子运用列表解决问题作了很好的铺垫。

再接下来，刘老师用四个大标题叙述了这一课的内容：

第一个大标题：“揭示课题，激活策略”。

课前老师与同学们聊了《田忌赛马的故事》，田忌运用合适的策略赢得了比赛。在解决数学问题时，也需要合理运用各种策略。今天我们就一起来学习解决问题的策略。（出示课题）

刘老师指出：“学程导航”的基本理念是“以学定教”。通过了解孩子们的学情，确定教师该教什么；通过确立本课的学习目标，让孩子知道需要做什么，达到怎样的要求，从而能朝着既定的方向前行。

第二个大标题：“自主探究，感悟策略”。

生活中，常有许多杂乱的信息放到一起。请同学们拿出自主学习导学单，从图上你知道了哪些信息？（图略）

刘老师说：课前她做了调查，学生感到情境图中的信息量并不多，完全能找到相关信息解决问题。因此，我们整合了教材：把后一个问题也放进情境图中，让学生产生整理信息的需求，并引发思考：怎样整理信息才便于分析数量间的关系，体会策略的真正含义？

下分三步教学：

第一步：要求“小华用多少元”，请你尝试用最简洁的方式整理信息，（提示：问题用“？”表示）并小组交流，比一比谁整理的信息最合理。

刘老师准备这样整理：

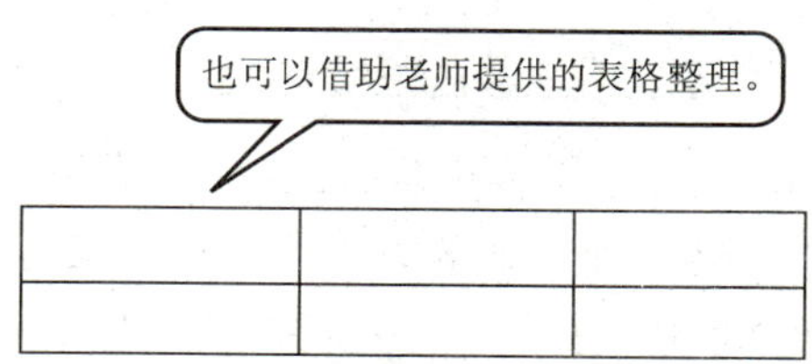

集体交流：学生列举了各种整理信息的办法，有横写，也有竖写，有放进表格的，有只写数据的。学生列举后，评价各自的优缺点。

教师小结：列表时，我们把小明的信息填在第一行，让人一看就知道，把小华的信息写在第二行。

引导思考：想一想为什么把每人购买的本数和所用的钱数填写在同一行？并且把小明的信息写在前面？

教师引导：谁不看图，只看表格就能复述题目的意思？用表格整理信息有什么好处？

刘老师说："学程导航"的理念要求老师站到学生背后，做一个学习的指导者和引路人。老师设计自主学习导学单，让孩子们在导学单的指引下自主学习、小组交流、集体讨论，再加上老师的合理引导——导在关键处、导在必须处、导在疑难处。

第二步：（1）修正整理的表格，并列式解答。

（2）要求"小军用 42 元买笔记本，能买多少本"。（先列表整理，再解答）

教师引导：说说你是怎样想的？每一步求到的是什么？突出从问题想起和从条件想起两种不同的解题思路。

比较以上两题，有什么相同和不同的地方？并在小组里交流你的思考过程。

这一环节，学生既明白了为什么要列表、怎样列表才是清楚简洁的，又明白了清楚简洁地列表是为了分析数量关系，找到解决问题的办法。

第三步：你能把上面的两张表格合并起来吗？在小组里说说这样合并的理由（提示：可参看书本第 66 页的内容）。观察表格，你有什么发现？

师生小结：用列表整理信息，除了清楚、简洁以外，更重要的是便于分析题中的数量关系，找到解决问题的途径。

刘老师说：孩子没有思考，就没有真正的数学学习。整个新知学习部分，以老师设计的“自主学习导学单”不断把孩子们的学习引向深入。在这个过程中，穿插同伴合作、交流讨论、适时点拨，让孩子不断产生自我学习的成功感。

第三个大标题：“练习巩固，深化策略”。

接下来，我们就用这样的策略解决问题：

一是完成第 67 页“想想做做”第 2 题。（理解：我带的钱正好可以买 6 个足球或 8 个排球）

二是比较与例题在解答过程中的不同点。

三是完成第 67 页“想想做做”第 3 题。（提醒：可以用自己喜欢的方法整理信息）

刘老师认为：通过练习，着力引导学生在解决实际问题中巩固列表的策略，让孩子体会到不管具体问题情境怎样变化，列表的方法是必要的。从整理的信息中总能找到数量间的内在联系，找到解决问题的办法，从而加深理解“列表”是我们数学学习中常见的一种策略。

第四个大标题：“当堂检测，评价反思”。

谈话：带着刚才的收获，我们来完成课堂练习。

师：刚才的两道练习既有表格式的列表，又有箭头图，也可以用个性化的方式整理，只要心中有列表的意识就可以。

课堂总结：今天你有什么收获？

小结：列表整理只是解决问题的一种基本策略，以后我们还会学到更多解决问题的策略，相信同学们还会有更大的收获。

附：课堂检测单（图略）。

★ 1.

①王老师用了多少元？

张老师	个	元
王老师	个	元

②李老师买了多少个足球？

	个	元
	个	元

★ 2. 甲、乙两地间的公路长 266 千米。一辆汽车从甲地开往乙地，2 小时行了 76 千米。照这样的速度继续行驶，从甲地到乙地一共要行多少小时？（先整理，再解答）

2 小时　　→　76 千米

（　　）小时→（　　）千米

★★ 3. 学校栽了一些盆花。如果每个教室放 3 盆，可以放 24 个教室。如果每个教室放 4 盆，可以放多少个教室？

★★ 4. 一幢住宅楼每上一层都要走 16 级台阶。（1）小华家住在三楼，他每次从一楼走回家都要走多少级台阶？（2）从一楼到小亮家一共要走 64 级台阶，小亮家住在几楼？

★★★拓展题：小明到商店买了 5 支铅笔和 3 本练习本，共用去 105 角钱。小红买了同样的 5 支铅笔和 5 本练习本，共用去 125 角钱。每支铅笔和每本练习本各要多少钱？（先列表，再列式解答）

刘老师说：作业设计须覆盖课堂学习的知识点。本课设计了三个层次的练习，让全体学生完成 1 星与 2 星题，学有余力的孩子完成 2 星和 3 星题。特别是 2 星、3 星题，让孩子知道“列表”只是解决问题的一种策略，列表的方式是多种多样的，只要心中有列表的意识就可以了。

第五个大标题：“反思”，实际上也是这篇文章的结束部分。

刘老师的反思有以下几点：

第一点：在故事引入中，实现整理信息的“感悟”。“策略”的原意是计策和谋略。解决问题的策略是解决问题的计策与谋略，具体表现为对解决问题方法、手段的思考与选择运用。对于四年级孩子来说，“策略”这个词在数学领域还是第一次出现，但他们对表格是比较熟悉的，从一年级学习数学起就经常接触表格，进行过许多填表活动。因此，在课前谈话中，老师用《田忌赛马的故事》引入，用表格的形式说明赛马的经过，孩子们或许读过、或许听过。但用这样的方式，还是第一次。孩子们的眼睛是闪亮的、表情是好奇的。故事听完了，老师提问：听完《田忌赛马的故事》，你想说些什么？孩子们说了许多：田忌非常聪明，想到改变策略取胜；老师的表格很简洁，让赛马的经过一目了然等，这为下面的学习打下了良好的知识和心理基础。

第二点：在自主导学中，实现整理信息的“有形”。“学程导航”的理念是“以学定教、以学为主”。教师设计了“自主学习导学单”，（1）整合教材：把第二问“小军用42元买了多少本”也放入情境图中，让孩子产生整理信息的需求。（2）每一步的学习都给孩子必要的提示。孩子们在“导学单”的指引下自主学习、小组合作，在试一试、理一理、说一说中完成对新知的建构。作为“合作者和引路人”的老师加以适当引导。如第一环节的“导学”：让孩子用简洁的方式整理信息，学生的方法是多样的：只写数据、横列表示、竖列表示，有把小华的信息放在上面的，可谓形态各异。教师的引导是必要的，可以将学生整理的信息规范与优化，注重显示数量的对应关系，形成比较一致的列表方法，实现整理信息的“有形”：第二环节的“导学”，说说是怎样想的，每一步求到的是什么。更让孩子体会列表的优越性，它能很快地找到数量之间的对应关系，找到解决问题的有效办法，不管是从条件开始想还是从问题开始想，都需要首先求出单价。表格的合并，更易让孩子领略到数量之间的关系。

第三点：在解决问题中，实现整理信息的“内化”。合理运用教材，理解教材的安排意图，也是老师必须做的功课。教材的“想想做做”安排了4道题，老师选择了第2题，让学生独立填表整理。在巡视的过程中老师发现，因为时间和空间的宽松，孩子们不断调整、不断反思、不断改进表格。这样的过程，让孩子们进一步体会列表不但能整理信息，更能理出解题思路、步骤和方法。老师还选择了第3题，允许学生从自己的实际出发，选用合适的整理形式，可以继续列表、可以在题目上“勾勾画画”、也可以把题目的条件和问题看在眼里、想在心里，在无形的思维活动中整理，实现有形整理到无形整理的过渡，逐步提升整理信息的水平，进入无形整理的境界。

第四点：在学以致用中，实现整理信息的“无痕”。“学程导航”。讲究“精练”。练习设计要精，每一道题都有明确的目标；练习设计要分层，能满足每个孩子的学习需求。课堂检测单的设计整合了“补充习题”中的习题。第1、2题是对新知学习的巩固，需要选择信息，用列表或箭头图的形式有效整理；第3、4题根据自己的特点有选择地做。让列表成为孩子们的内在需求，成为解决问题的一种策略。第5题是拓展提升练习，让学有余力的孩子完成。细品练习，从基础到提高、从简单到复杂，层层递进，满足了不同层次的学生的学习需求。

刘老师最后说：整理信息是解决问题的一种策略，策略的形成不在一朝一夕。作为一名小学数学教师，应把解决问题的策略贯穿在整个数学教学过程中，让策略真正成为孩子一生有用的东西。

（三）思路三：论述某一版本小数教材某一课文的教学

江苏省高邮市菱塘回民中心小学薛晓斌老师和江苏省扬州市“智慧数学”工作室陈士文老师合写的《〈圆锥的体积〉教学过程中的三次推进》（原载《小学教学研究（数学）》2013 年第 8 期）一文，就讲《圆锥的体积》这一课的教学体会。两位老师写道：

《圆锥的体积》是小学数学几何形体教学的最后一个立体图形，圆锥的体积公式是通过实验推导出来的。至此，学生已形成初步的空间观念。如何借用圆锥这个教学素材，在公式推导的过程中培养学生的实证意识？如何借用圆锥的公式，在实证的基础上提升学生的逻辑思维？如何立足圆锥的学习。为学生未来的发展培养创造力？

鉴于上述思考，我们设计了《圆锥的体积》一课教学的三个片段，旨在完成从直觉到实证、从直觉到逻辑、从直觉到智慧的三次推进。

下面，两位老师分为三个大标题来这三次“推进”：

第一个大标题：第一片段的教学，从直觉到实证的推进口。

师：生活中还有一些物体的形状不是圆柱，而是圆锥形的。谁能说说生活中呈圆锥形的物体？

师：怎样计算圆锥的体积呢？

师：（出示，一个长方形长 14 厘米、宽 7 厘米，一个直角三角形长直角边 14 厘米、短直角边 7 厘米）这个三角形的面积是长方形面积的几分之几？

生（异口同声地）：$\frac{1}{2}$。

师：（演示，长方形沿着长边为轴旋转一周，形成一个圆柱体。）直角三角形以长14厘米的直角边为轴，旋转一周，围成了一个什么形状的几何体？

生：圆锥。

师：这里的圆锥和刚才的圆柱有什么相同？

生：等底等高。

师：三角形的面积是这个长方形的$\frac{1}{2}$，你们猜想一下，这个圆锥的体积是这个等底等高的圆柱体积的几分之几？

生：$\frac{1}{2}$。

师：有没有不同意见？

生：$\frac{1}{3}$。（有的学生可能预习过，不过声音很低，似乎没有底气。）

师：究竟是$\frac{1}{2}$，还是$\frac{1}{3}$呢？讲台上有实验的材料，同桌讨论，怎么证明是$\frac{1}{2}$，还是$\frac{1}{3}$？

（演示，一个学生到讲台前，用红色的水装满圆锥容器，然后倒入等底等高的圆柱，三次刚好倒满圆柱容器。）

师：现在谁来说说，圆锥是等底等高的圆柱体积的几分之几？

生：$\frac{1}{3}$。（回答的声音响亮）

教师板书圆锥的体积计算公式。

……

两位老师说，我们知道，学生在运用圆锥的体积计算公式时，最容易遗忘的是“乘$\frac{1}{3}$”。此处公式中“乘$\frac{1}{3}$”的引出，不是教师直接告诉，而是先猜想再验证，学生印象就会深刻。上述教学片段，旨在培养学生的实证意识。因为空间观念不能停留在对平面的感觉推演上，当有了不同意见的时候，教师引导学生用最朴素的方法——实验，用事实来证明，公式的推导从直觉走向实证。

第二个大标题：第二片段的教学，从直觉到逻辑的推进。

师：我仍然用这个直角三角形。这次以短直角边（7 厘米）为轴，旋转一周。

师：这次旋转所形成的圆锥体积和以长直角边（14 厘米）为轴旋转围成的圆锥体积一样吗？

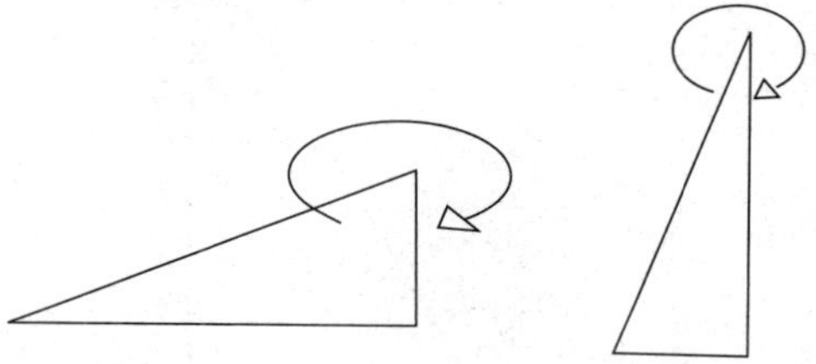

生：一样。

生：不一样。

师：同样的直角三角形，分别以长、短直角边为轴旋转一周，围成的圆锥体积究竟相等不相等呢？请同学们独立思考后，再进行小组讨论。

师：谁来代表自己所在的小组，汇报讨论的结果？

生：长边做底面半径所围成的圆锥体积大，短边做底面半径所围成的圆锥体积小。

师：为什么？

生：因为圆锥体积是用 $\frac{1}{3}$ 乘 π、乘半径的平方、乘高，半径要乘两次呢。所以长边做底面半径所围成的圆锥体积大，短边做底面半径所围成的圆锥体积小。

两位老师指出，当圆锥的体积计算公式得出之后，大多数教师往往转入运用公式的练习，常常归纳出四种情况，即：①已知底面积和高，求圆锥体积；②已知底面半径和高，求圆锥体积；③已知底面直径和高，求圆锥体积；④已知底面周长和高，求圆锥体积。学生的思维停留在机械运用公式上，缺少数学理性的提升。上述教学片段，旨在培养学生的逻辑思维能力。空间观念不能停留在对立体的感知上，教师引导学生借助圆锥的体积公式。发现同样的三角形旋转，圆锥体的体积却不一样，其中的奥秘在公式中"r^2"里，这是引导学生从理性的角度进行逻辑论证。

第三个大标题：第三片段的教学，从直觉到智慧的推进。

师：（演示，一个直角梯形旋转一周，形成一个立体图形。）同学们在头脑中想象一下，这样旋转所围成的是什么形状？

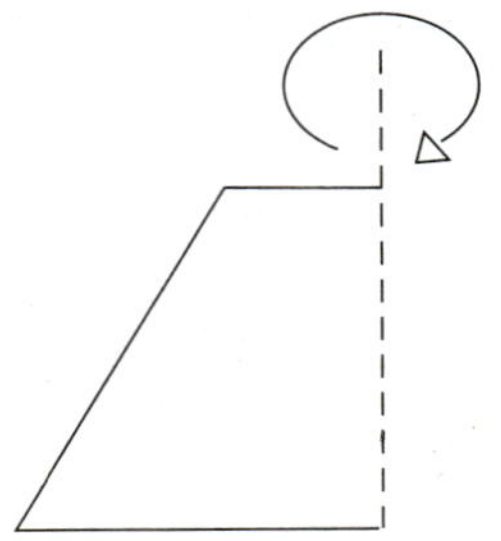

生：像秃顶的山。

生：像圆锥切去一段。

师：它的体积怎么算呢？你能写出公式吗？

师：请学生们独立思考后小组讨论。

……

两位老师说，通常情况下，我们的教学会转入联系生活实际，求沙堆的体积、求粮囤的容积、求帐篷（蒙古包）的大小等，看似解决问题，实质依然是公式运用的重复、机械的训练，学生没有探索的空间。上述这段教学，旨在培养学生的创造能力。从熟悉的圆锥开始，探索圆台的体积计算公式。对于圆锥的教学，当学生有了直觉感知、实证意识、逻辑论证等方面的收获之后，还需要培养学生创造的智慧。

文章至此结束，略显有点突兀。再有几句话的小结会更完美一些。

（四）思路四：专论某一版本小数教材某一册某一道题

一线教师开始写文章，越具体越好。比如说，专论某一版本某一册教材的一道题（例题或习题），或就讲某一版本某一册教材的一个概念等等。四川省开江县永兴中心小学桂小平老师《对教科书编写的一道例题的思考》（原载《小学教学参考（数学）》2013 年第 4 期）一文，就是这一写作

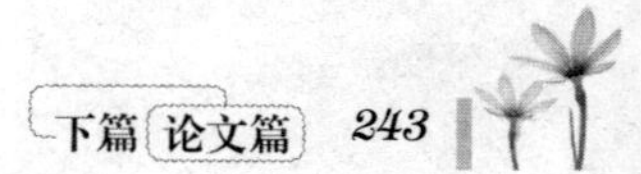

思路的一篇佳作。文章开门见山，先引要说的例题及写作意图：

> 西师版义务教育课程标准实验教科书六年级上册第 32 页编写了这样一道例题（原文抄录如下）：
>
> 例 3　修建一个半径是 30m 的圆形鱼池，它的占地面积是多少平方米？
>
> $S=\pi r^2$
>
> $=3.14\times 30^2$
>
> $=3.14\times 900$
>
> $=2826$
>
> 答：它的占地面积是 2826m^2。
>
> 笔者在教学前端研究教材时，分析了该例题所在的《圆的面积》这章内容：例 1 通过估、数等直观操作，感知半径是 r 的圆的面积是边长为 7 的正方形的面积的 3 倍多一些；例 2 在例 1 的基础上，通过分圆与拼近似平行四边形，运用转化、极限的思想方法，推导出圆的面积公式：$S=\pi r^2$；例 3 是直接应用 $S=\pi r^2$ 解决实际问题（后略）。可见，该例题编写的目的是加深学生对圆的面积公式的理解和运用圆的面积公式解决实际问题，这是无可厚非的。但是，根据题意，求鱼池的占地面积应该是准确值；解题过程从 $S=\pi r^2$ 到 3.14×30^2 这步是用等号连接且得数没有带单位；此三处经过反复推敲、思考、研究，笔者认为欠妥，现提出以飨读者！

接下来，桂老师分四个大标题谈了自己对这道例题的意见：

第一个大标题：关于“等号连接”。

桂老师说，例题在解题过程中有“$S=\pi r^2=3.14\times 30^2$”，这步从字母公式始到代入数止，上一步到下一步用关系符号“等号”连接，符合“等号”“π”的意义吗？又分为：

——等号。

表示数与数、式与式之间相等的符号，叫作等号。记作“=”。如 $28-17=11$，$a+b=b+a$。因此，只有当数与数、式与式、数与式之间构成等量关系时，才能用等号连接；否则，就不能用等号连接。

——约等号。

表示两个数（或式）近似相等的符号，叫作约等号，记作“≈”。如 $0.245 \approx 0.25$。因此，在数与数、式与式、数与式之间近似相等时，就应该用约等号相连。

——“π”的意义。

教科书第 25 页写道：圆的周长除以直径的商是一个固定的数，这个数我们把它叫作圆周率，用字母 π 表示。计算时，通常取 π 的近似值，即 $\pi \approx 3.14$。可见，在计算时 π 取 3.14 是近似值，并非准确数。根据以上分析可知：将数据代入公式 $S=\pi r^2$ 时，应用约等号连接，即：$S=\pi r^2 \approx 3.14 \times 30^2$。

第二个大标题：关于“得数没有带单位”。

桂老师说，上述例题在解题过程中，计算出的得数没有带单位。在这里得数是“数”还是“数量”呢？下分：

——数。

数是表示事物的量的基本数学概念，如自然数、整数、有理数、无理数、实数、复数等，一个纯粹的数的后面不能带单位。

——数量。

可以定性区别并能定量确定的现象或物体的属性叫作量。也就是说，事物的多少、大小、长短、粗细、轻重、高低等，这些可以进行测定的对象都叫作量。量要通过数来表示，这叫作数量。数量不仅仅是一个数，在它后面必须有一个单位，而且要有一个背景材料，用语言学的术语来说，有一定的语境或上下文，才能知道含义。如 1.3 米，米是量，1.3 是数，1.3 米是数量。

——题中得数是“数”还是“数量”？

在字母公式 $S=\pi r^2$ 中，π 是一个无理数，绝对的数，后面不能带单位；r 是圆的半径，意义是圆心到圆上的线段，要求圆的面积就必须测量圆的半径的长度，度量的结果只有附上单位才有现实意义，没有单位，数的大小就无任何意义。因此，r 是一个数量，r^2 也是一个数量。所以，根据字母公式 $S=\pi r^2$ 计算出的得数是数量，而非数，它后面必须有单位。

桂老师说，综上所述，根据字母公式进行有关计算时，如果公式中的所有字母都表示数；则计算出的得数是数，后面不带单位；如果公式中的字母有的表示数量，且计算出的得数也是数量，则后面要带单位。

第三个大标题：关于“面积是准确值”。

桂老师说，根据题意可知，例题所求解的是“它的占地面积是多少平方米”，那么求出的圆形鱼池占地面积就应该是准确值。

众所周知，π 是一个无理数（也是一个超越数），与非零实数相乘的积仍是一个无理数。在本题的解题计算中，π 与 r^2 相乘，积是无理数；欲使积是有理数，π 应取不足近似值 3.14，计算出的得数为 2826m²。也就是说计算出的 2826m² 并非圆形鱼池占地面积的准确值，而是圆形鱼池占地面积的不足近似值。

由于有无理数的介入运算，“圆形鱼池占地面积是准确值”在有理数范围内不可能实现。即使是在无理数范围内也只能记作 900π，不是一个数，而是两个数相乘。所以，求出的面积只能是近似值，问题应改为“它的占地面积约是多少平方米”。

第四个大标题：例题编写的建议。

桂老师说，根据上述分析，该例题在编写过程中存在三处疏漏，为了弥补这些疏漏且不改变教学目标，建议教材再版时，做如下改编：

例 3　修建一个半径是 30m 的圆形鱼池，它的占地面积约是多少平方米？

$S=\pi r^2$

$\approx 3.14\times 30^2$

$=3.14\times 900$

$=2826$（m^2）

答：它的占地面积约是 $2826m^2$。

最后是一句客气话：以上观点妥否，敬请专家、同行不吝斧正！

有的题目，教材及教师用书中已谈得不少，似乎没什么文章可做了。其实，教材上说得越多，涉及的信息也就越多，可说的地方自然也就越多。江苏省丹阳市华南实验学校蒋明玉老师《让学生充分经历“猜想与验证”的过程》（原载《小学数学教师》2013 年第 5 期）一文，就一道思考题展开自己的思考，令人敬佩。蒋老师开篇引用了这道题：

苏教版《数学》六年级上册第 54 页有这样一道思考题：

先计算，再观察每组算式的得数，能发现什么规律？

（1）$\frac{1}{2}-\frac{1}{3}=\frac{(\quad)}{(\quad)}$　　$\frac{1}{2}\times\frac{1}{3}=\frac{(\quad)}{(\quad)}$

（2）$\frac{1}{4}-\frac{1}{5}=\frac{(\quad)}{(\quad)}$　　$\frac{1}{4}\times\frac{1}{5}=\frac{(\quad)}{(\quad)}$

你能根据发现的规律再写几组这样的算式吗？

蒋老师说："对于这道题目，我在想：除了分子是 1 有这样的规律，分子是其他的数时，也有这样的规律吗？'差等于积'的两个数有什么规律呢？联系到学生在五年级遇到过 $3\times1.5=3+1.5$、$6\times1.2=6+1.2$ 等算式，我进而又想到：'和等于积'的两个数又有什么规律呢？"

于是，依托上面的素材，蒋老师对课本习题进行了适度拓展与延伸，设计了一节数学思维训练课，引导学生充分经历猜想与验证的过程，取得了较好的教学效果。下面，文章分三个大标题介绍了这堂高效的数学课：

第一个大标题：导入。

口算每组数中两个数的和与积：

$\frac{1}{3}$和$\frac{1}{5}$　　6 和 1.2　　$\frac{1}{2}$和$\frac{2}{3}$　　3 和 1.5

师：你发现了什么？

生：我发现有两组数的和与积相等。

教师将这两组数板书在黑板上，并指出：和与积的意义不同，计算法则也不同，但这两组数的和与积却相等。这节课，我们就来研究这种有趣的现象：和 = 积。（板书）

第二个大标题：探究。

首先设疑：

师：在平时的计算中，有没有出现过这样有趣的现象？你还能够找出这样和等于积的两个数吗？

学生纷纷拿出笔来算，但是只找到以下两组：0 与 0，2 与 2。

师：老师在课前也对这个问题进行了研究，“好不容易”找到了这样两个数：4 和 $\frac{4}{3}$。请大家算一算，它们的和与积怎么样？

学生计算后发现结果和等于积，纷纷发出惊讶声，觉得很有趣。然后是第一次探究。

师：请大家观察黑板上和等于积的三组数（6 和 1.2，3 和 1.5，4 和 $\frac{4}{3}$），你发现什么？

生：我发现，一个整数除以一个比这个整数小 1 的数所得到的商，这个整数和商的和等于积。比如，$4 \div 3=\frac{4}{3}$，4 和 $\frac{4}{3}$ 的和等于积；再比如，整数 7 除以一个比它小 1 的数，所得到的商是 $7 \div 6=\frac{7}{6}$，7 和 $\frac{7}{6}$ 的和等于积。

生：我发现这样的规律：分子比分母大 1，分子与第一个数相等。比如，4 和 $\frac{4}{3}$，分子 4 比分母 3 大 1，分子 4 和前面的整数 4 相等。

师：都有这样的规律吗？

生：将 6 和 1.2、3 和 1.5 中的小数化成分数，转化成 6 和 $\frac{6}{5}$，3 和 $\frac{3}{2}$ 就符合刚才发现的规律了。

师：看来，“和等于积”的两个数是有规律的。

板书猜想 1：一个整数与以这个整数为分子、分母比分子小 1 的分数，它们的和等于积。

师：这个发现在数学上只是一个猜想。这个猜想对吗？

生：我们可以举例验证。

生：我举例：9 和 $\frac{9}{8}$ 计算后和等于积。

生：我发现和等于积的两个数很多。（板书：很多）

教师请每名学生举例验证，学生发现这条规律是对的。

师：请大家用刚才发现的规律，判断以下两个数是不是和等于积。

20 和 $\frac{20}{19}$　15 和 $\frac{15}{16}$　13 和 $\frac{12}{13}$　$\frac{7}{3}$ 和 $\frac{7}{4}$　$\frac{7}{2}$ 和 $\frac{7}{5}$

学生对于前三对数很快给予判断，对于第四和第五对数，表示不符合规律，纷纷否定。

接下来是第二次探究。

出示：$\frac{7}{3}$ 和 $\frac{7}{4}$，$\frac{7}{2}$ 和 $\frac{7}{5}$。

师：刚才同学们认为这两对数不符合规律，但是老师在课前计算发现，这两对数的和也等于积。

生：看来和等于积的规律还不止这一条。

生：我将黑板上的数化成假分数后（$\frac{6}{1}$ 和 $\frac{6}{5}$、$\frac{3}{1}$ 和 $\frac{3}{2}$、$\frac{4}{1}$ 和 $\frac{4}{3}$），有了新的发现：分子相同、分母之和等于分子的两个分数，它们的和等于积。（教师板书猜想 2）

师：这个猜想对吗？请大家举例验证。学生举例验证，发现猜想 2 是正确的。（板书：验证）

师：请大家观察刚才发现的两条规律，这两条规律矛盾吗？你认为哪一条规律更具有一般性、普遍性？

生：当分母为 1 时，就出现了规律 1 的情况。

生：规律 1 是规律 2 的一种特殊情况。

生：规律 2 更具有一般性、普遍性。

出示练一练：在括号内填数；使每一组两个数的和等于积。

$\frac{7}{5}$和（　　）$\frac{9}{4}$和（　　）27 和（　　）

还有第三次探究。

师：进一步观察和等于积的两个数，我们还能发现什么规律呢？（生沉默）如果将黑板上的这两组数（$\frac{7}{3}$和$\frac{7}{4}$，$\frac{7}{2}$和$\frac{7}{5}$）分别取它们的倒数，你发现了什么？

生：两个数的倒数之和等于 1，它们的和等于积。（板书猜想 3）

学生举例验证后发现猜想 3 正确。

最后是回顾与总结。

师：回顾刚才发现和等于积规律的过程，你认为大致可以分为哪几个阶段？

在多名学生交流的基础上，教师概括为：第一步，发现和提出问题；第二步，观察和建立猜想；第三步，验证和形成结论。并指出，“发现和提出问题”是发现规律的基础条件，“观察和建立猜想”是发现规律的关键所在，“验证和形成结论”是发现规律的重要保证。

第三个大标题：运用。实际是作业。共两道题：

1. 类比猜想：两个数的和等于积是有规律的，由此，我们还可以猜想到两个数的（　　）等于（　　）可能也有类似的规律。

2. 类比运用：（每人发一张 16K 纸如下）

小课题研究

（1）计算下面每组数的差和积。

$\frac{1}{3}$和$\frac{1}{4}$　　$\frac{2}{3}$和$\frac{1}{3}$　　$\frac{2}{3}$和$\frac{2}{5}$

（2）猜一猜："差等于积"的两个分数，分子和分母可能会有什么特点？

____

（3）符合这样特点的两个分数是否满足"差等于积"？请举例验证。

____

请看，这就是从教材上一道题引出的一堂数学探究课。教师动了多少脑子！这真是一线小数教师人人都应该去写的文章，也是一线小数教师容易写成、写好并发表的文章。

（五）思路五：根据考卷的某一道题答题情况谈教学

考卷都是严格回收的，考分都是严格统计的，在此基础上统计出来的数据，都是有统计学意义的。有了统计学的基础，再去做科学论证，得出的结论一般也比较可靠。河南省许昌市普通教育教学研究室张红娜老师《教学中，我们缺失了什么》（原载《小学数学教师》2013 年第 5 期）一文，就是这样一篇范文。张老师开门见山地写道：

期末考试命题时，我把人教版《数学》五年级上册第 90 页的一道练习题（见下）原封不动地搬到了试卷上：

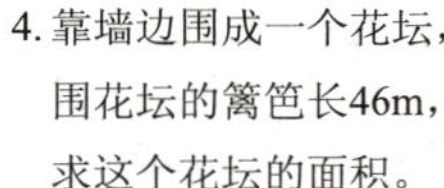
4. 靠墙边围成一个花坛，围花坛的篱笆长46m，求这个花坛的面积。

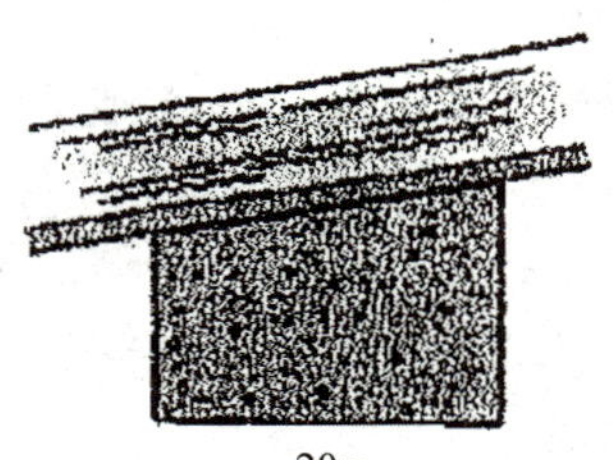

显然，这道题是考查学生对梯形面积计算的掌握情况。题目中直接告诉了梯形的高而没有告诉上底和下底，但通过篱笆的长可以知道上下底之和是 46−20=26（米），再根据梯形面积的计算方法直接用 26×20÷2 就可以求出该梯形（即花坛）的面积。

阅评试卷时，学生的反馈出乎老师们的意料：

方法1：46−20=26（米）10+16=26（米）（10+16）×20÷2=260（平方米）

方法2：46−20=26（米）12+14=26（米）（12+14）×20÷2=260（平方米）；

方法3：46−20=26（米）26÷2=13（米）（13+13）×20÷2=260（平方米）；

……

显然，学生的思维还是停留在面积计算公式的层面上：要求梯形的面积，必须得知道它的上底、下底和高，三者缺一不可。当已经知道上下底之和后，依然要假设出它的上底和下底，然后才能代入公式求面积。

学生的思维不禁让我陷入了思考：梯形的面积=（上底+下底）×高÷2，教学时，教师是引导学生理解梯形的面积与“上底”“下底”和“高”三者都有直接关系，还是与“上下底之和”和“高”有更直接的关系？我们知道梯形的“上底”和“下底”的目的和作用何在？

带给我同样思考的还有六年级试卷上的一个问题：

下图是一个一面靠墙，另一面用竹篱笆围成的半圆形养鸡场。已知篱笆全长9.42米，这个养鸡场的面积有多大（图略）？

学生依然都在沿着这样的思路解决问题：先求圆的周长，再求圆的半径，最后求圆和半圆的面积。因为求圆或半圆的面积，半径是必要的条件，而半径在此题中只能借助整个圆的周长才能求出。

如果教学中教师稍稍用心研读教材，就会教给学生更为灵活的知识和方法：圆的周长等于$2\pi r$（即周长是半径的2π倍），那么圆周长的一半就等于πr（即周长的一半是半径的π倍，这一点在教学圆的面积公式推导时教材已经明确给出）。理解了这层关系，此题就可以直接用9.42÷3.14求得半径。这是解决问题的一条捷径。

张老师说，由上面两题，又自然地想到了平常教学中遇到的问题：已知图中小正方形的面积是25平方厘米，求圆的面积。

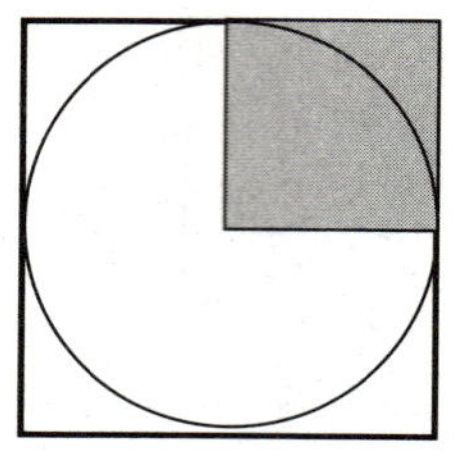

学生会根据“25”这个特殊的数据很快反应出正方形的边长，也就是圆的半径是5，然后顺利求出圆的面积。但当我把题中的“25”改为“20”后，学生就显得束手无策了：“老师，这个圆的半径不知道是多少，面积没法求啊！”

计算圆的面积，我们只强调要知道它的半径 r，而没有结合公式强调“圆的面积是 r^2 的 π 倍”，也就是圆的面积与 r^2 有着更为直接的倍数关系。如果学生已经知道了 r^2 是多少而不会求圆的面积，这不能不说是我们教学中存在着问题。

张老师最后的结论是：以上案例应该能够引发我们的一些思考：

一是面对概念、法则、公式等所谓的一些“死知识”，我们习以为常地认为就应该把它们“教死”，学生就应该“学死”。殊不知，这样一来，学生掌握的永远都是“死知识”，解决问题时使用的永远都是“死方法”。我们的学生的发展能与新课程同步吗？

二是教师的视野决定着学生的视野。教师能把“死知识”教“活”，学生就能把“死知识”学“活”用“活”。作为教师，我们认真地研读教材了吗？我们的学习与新课程同步了吗？

三是面对学生的反馈，我们一直埋怨他们“太笨了”“死脑筋”，可是，我们静心想一想，学生真实的反馈正是在向我们传达着最重要的信息——我们的教学中还存在很多缺失！作为教师，我们真诚地面对学生、真心地走进学生、用心地读懂学生了吗？

……

最后发出疑问，紧扣题目：教学中，我们缺失了什么？

（六）思路六：讲述自己对某一类课型的教学心得

如果自己在讲述某一类课型时尤有心得，那就以此为写作思路来写文章，也很不错。写之前不妨问自己几个问题：一是这类课型的特点是什么？好上还是不好上，不好上，表现在什么地方？二是自己上得比较得心应手，为什么？有没有实例？三是反思一下，如果再想提高一步，应怎么做？

江西省贵溪市第三小学姜萍老师《小学数学复习课教学之我见》（原载《小学教学研究（数学）》2013 年第 10 期）一文，讲述了自己教授小数复习课的心得。文章开篇写道：

> “复习课难上、复习课难教”是广大数学教师的共同心声，也是许多教师经常发出的感慨。复习课既不像新授课那样有新鲜感，也不像练习课那样有成功感，却担负着查漏补缺、系统整理以及巩固发展的重任。有人说，平时教学像栽活一棵树，总复习就好似育好一片林。栽活一棵树容易，育好一片林要下功夫。如何上好总复习课，使复习课不是旧知识的简单再现和机械重复，搞面面俱到的题海战术，而是真正做到将知识构成一个有机的整体。形成知识网络，进一步提高数学知识的掌握水平，提高数学知识的应用能力。下面结合自己这些年的日常教学实践，谈谈我对数学复习课教学的几点体会。

这段开场白，实际上交代了两层意思，一是数学复习课是很难上的，二是这篇文章是讲“我”上复习课的“几点体会”。

接下来，姜老师分为三个大标题，讲述了自己的心得：

第一个大标题是“小组合作，看书整理”。

姜老师说，复习课上，很大一部分教师是自己整理归纳，学生听，抄笔记，结果是老师讲得面面俱到，学生做题却是漏洞百出。科学的复习课应是在教师有效的点拨下，在组织学生展开自由的、充分合作交流的活动中完成的。如何把学习的主动权交给学生？让学生亲身经历梳理知识，自主建构知识网络的过程，给予他们充分展示自己个性、独立思考的空间，使他们人人参与学习过程。具体地说，又可分为以下两点：

一是通过回忆与看书，搜集与课题有关的所有知识。

姜老师说，由于课题本身所容纳的知识点的不同，有些知识在学生头脑中很快就会再现，而有些知识可能被遗忘。因而要让学生通过回忆，同时结合读书，搜集与课题有关的知识，清楚每一知识点的意义，这是梳理知识的重要基础。当学生不能完全回忆时，可以结合教材去搜索，教师及时板书，这样，学生通过思维再现，有了初步的记忆表象，为在课堂上进一步系统复习打下坚实的基础。当学生搜集与课题有关的知识点，并明确了每个知识点的意义后，重要的首先不是通过练习去巩固，而是要让学生对这些知识加以整理，从而使知识系统化。

二是让学生合作探索整理，形成知识网络。

姜老师说，数学各知识点之间存在着紧密联系，复习课重在使知识系统化、条理化，这种目标的实现，要以学生自主探索为基础，合作探索来完成。每位学生在小组里交流自己的整理思路，在相互补充中逐步完善。教师巡视指导，参与学生交流，了解不同水平的学生对问题不同的认识，以便指导接下来的汇报交流活动。学生在合作探索中：不仅仅获得了一些知识性、肯定性的结论，重要的是通过这些知识性、肯定性结论的获得，感受、体验知识获得的过程，揭示客观世界的复杂性。

第二个大标题“汇报交流，评价反思”。

姜老师认为，在学生自主整理后，要给予他们充分交流、展示整理成果的机会。交流时，学生可以用自己的语言，也可以借助实物、图表和一些外显的动作行为来阐述自己的整理成果和思维过程。形式有同桌间的展示、学习小组里的交流、面向全班同学的汇报等，主要目的是创造更多的学习资源，让那些不同的认识、学习成果、学习方式、思维模式进行充分碰撞，在交流碰撞中起到相互矫正、相互补充、相互借鉴的作用。

姜老师说，在学生充分交流的基础上，教师要进行恰如其分的引导和点拨。如果学生的整理结果能揭示知识之间的联系，形成较为完整的知识系统，教师就完全可以用学生的“作品”帮助学生进行梳理。如果学生的“作品”还不能满足“形成知识系统”这一目标的需要时，教师应积极进行引导、质疑、激发、补充，不断完善，帮助学生准确地建立起各类知识间纵向与横向的联系，让学生初步形成较为稳定的知识系统。最后，要进行反思评价学习活动。学生是评价的主体，要让学生从被评价中解放出来，使他们成为评价者。评价要从不同侧面展开既可以是对整理结果的评价，还可以是对整理形式的评价，也可以对思维过程进行评价。另外，评价目标不能定位在办法“好”与“不好”上，要体现“不同的学生学习不同水平的数学”和“学生可以用自己的方法学习数学”的教学理念。评价要能引发学生反思，更新学生的思维方式和学习理念。

第三个大标题是“类化练习，拓展延伸”。

姜老师写道：数学课堂练习是一堂数学课的重要组成部分，是进一步深入理解知识、掌握技能技巧、促进学生深层次发展的有效途径。课堂练习在内容上，要结合复习的实际，在知识的高度和宽度上适当向外拓展延伸：在形式上要多以综合性练习、探索性练习、开放性练习、解决问题的练习进行呈现。拓展深化时，要以“课标”为依托，不可任意提高标准，增加学生学习的困难。因此教师应根据教材内容，围绕教学目标，精心设计练习的内容和形式，既要整体考虑练习方式，又要考虑练习的具体内容，把握好练习的度和量。

下面，分为三个小标题：

一是在“趣”上调控。

姜老师举例说，如在复习“平面图形的周长和面积”时，出示这样一道题：阿凡提给巴依老爷放羊，羊圈是一个长 15 米、宽 10 米的长方形，羊长大了，羊圈小了，巴依老爷不给阿凡提材料，却让阿凡提扩大羊圈，否则不给工钱。阿凡提略一思索，就顺利地拿到了工钱，你知道他想出了什么办法吗？同学们积极思考，经过小组探讨很快找到了答案。这样练习，不仅巩固了长方形、正方形、圆的周长和面积的计算，还拓展了学生的思维空间，使学生体验到了数学的趣味性。

二是在“点”上突破。

姜老师说，所谓的“点”即教学内容的重难点。不同的教学内容有不同的重难点。我们应该根据不同的内容，从现状出发，根据一节课的教学目标，使教学过程突出重点，突破学生学习的难点，对重点内容可采用集中性练习，对难点既要抓住关键，又要适当分散。此阶段可以有以下几种练习形式：（1）验证性练习。在新授课的时候让学生先通过猜想再进行验证，在学生自主验证的练习中掌握知识，从而突破重难点。如在教学“同分母分数加减法”时。先让学生猜测，然后再让学生用画一画、算一算的方法进行验证练习，从而得出结论。（2）在教学中对于学生很难理解的关键之处要重点花时间进行专项练习，而不能平均使用力气。如在教“分数应用题”时，首先要找出题中的单位“1”的量，为了突出重点，突破难点，对如何找单位“1”可以进行专项练习。

三是在“展”上延伸。

姜老师说，在复习课中精心设计开放性、综合性的习题，给学生提供一个能够充分表现个性、激励创新的空间，让学生自己动手、动脑、动口，引导和帮助学生用所学的数学知识去发现问题和解决问题，把知识结构转化为认知结构，促进学生智力、能力的发展。

例如，在复习分数（百分数）应用题时，安排如下一道开放题：“李阿姨于2006年6月20日将5000元存入银行，定期5年。今天（2009年6月20日）李阿姨的丈夫突然病重住院，急需5000元钱交住院费，可银行规定，定期存款提前支取按活期计息。李阿姨该怎么办？”又如，在设计“量的计量”的巩固提高练习时，首先，教师可编写一篇数学日记，里面包含各种计量单位，让学生在阅读中纠错。程度不同的学生发现的错误个数是有区别的，这也是新课程理念所提倡的。接着，教师可续写“数学日记”有意设计一些空白处，让学生自己填写合适的计量单位，并加上一些量的计算。这样难度自然又增加了，但还是绝大多数的学生能解决的，少数较弱的学生也能在小组交流中得到提高。这样的练习，除了具有趣味性、情境性外，还关注了学生的个体差异，能使不同的学生获得不同的发展。

姜老师最后指出：数学复习课要充分体现以学生发展为本的教学理念，把复习的主动权交给学生，关注学生能力的培养、习惯的养成、情感态度价值观在学习活动中的作用，促进学生可持续发展，使复习课的教学真正实现：抓住四基串成线，沟通联系连成片，温故知新补缺漏，融会贯通更熟练，综合能力大发展的目的。

再以江苏省灌南县孟兴庄小学朱耀峰老师《小学数学说课的“技”与“道”》（原载《小学教学研究》2013年第7期）一文为例。朱老师一上来，也是要对小数说课的特点说上几句：

由于说课这种活动形式有着简便易行、节省时间、操作方便、无需学生参与、兼顾业务理论等优势，所以学校招聘教师、教研活动、教育行政部门举办的教师业务竞赛、选拔任命教育干部时，经常通过说课来考查教师的业务能力。要想成为一名业务型、研究型的教师，还真得研究说课这项业务。

下面分为四个大标题展开论述：

第一个大标题是“说课的技术含量”。

朱老师指出：说课要解决的问题主要有两个：一个是怎样设计教学，另一个是为什么这样设计教学。要通过“说”这种方式表述出来，而不是写。当然，在说之前必然有写的过程，不过，写出来的说课稿与说出来的内容存在着很大的区别，不仅在格式上有差别，在表达上也有很大不同。这大概类似于小说与剧本台词之间的区别，一些说课稿中有“一、说教材，二、说教法学法，三、说教学过程……”等格式和体例，这种体例在口头上不能照着读出来，如果被生硬地“说”出来，就会让听众很不自在，很刺耳。如果把它转换成口语说出来就比较好。例如，把“说教材”改成“首先我想谈谈对教材的理解和认识”，把“说教学设计”说成“下面我再说一说我是如何设计教学的”等，既让听众听出清晰的说课层次，又巧妙地过渡到下一个环节。每个段落之间的过渡语要精心设计，过渡要自然、巧妙。

在说课过程中的所有环节都是为“怎样设计教学”和“为什么这样设计教学”这两个问题服务的。

教材分析部分要讲明本节课内容在教材中的地位、作用和前后联系；教学目标的确定，应该从知识与技能，过程与方法，情感、态度与价值观三个维度加以阐述，还可以从知识与技能、数学思考、解决问题、情感态度四个方面来说。教学重点是教材中起决定作用的内容，也就是本节课要解决的主要问题，是教学目标中的核心部分；教学难点是学生学习时的困难所在，它是依据各学科的特点和学生的认知水平确定的。

“教法”与“学法”不适宜单独作为一个部分来说，把教法与学法融于教学过程的设计当中来说是最好的。教学理念和教学过程的设计不能脱离。血与肉分离就不成为生命体，不能出现前面是一大堆的理论轰炸，后面是干巴巴的教学过程的罗列。如果一定要把教法与学法单独列出来说，也只需简要地作个说明，不要花太多的时间。

教学过程的设计是说课的核心部分，是说课者要重点解决的问题，要说清楚安排了哪些环节、这些环节是怎样安排的、为什么这样安排。这个环节按照教师活动、学生活动、设计理念三条线索来阐述效果会比较好，能让听众清晰地知道说课者的教学思路和教学理念。

对教学效果的预测及设计理念的概括说明能引起听众对说课者所说内容的再认识，有利于提高听众对你的评价。

无论是新版教材还是旧版教材，都要说出新意。值得注意的是，有些人会对教材中的例题、习题作些“改进”。如果要对教材进行加工改进，必须依据《数学课程标准》搞清教材的编排意图，要明确说出改进的理由及优势，绝不能任意“改进”教材。比较前沿的教育理论、教育家的经典名言一定要用得恰当，不能出现错误。

第二个大标题是“说课的讲演因素”。

朱老师说：说课这种形式和上课一样，同属于舞台艺术：尤其是说课比赛，是稍纵即逝、不允许回过头，来重新开始的，所以有人称它是一门遗憾的艺术。说课者要有演讲的风度，讲究舞台形象，要抬头挺胸落落大方，衣着得体不夸张不平俗，可稍作修饰切忌浓妆艳抹；不能有习惯性的动作和口头禅，要有意识地借助目光和表情与听众交流；要声音响亮，语言流畅，富有穿透力。说课时要脱离教材，能脱离说课稿一气呵成效果最好。有的人先是看着说课稿子说，后又停下来翻教材看看教材再接着说。这会让人觉得你很不熟练，准备匆忙，底气不足。即使是自己感觉很熟练了也不能把说课稿晾在一边“裸说”，防止由于紧张等原因一时“忘词”，适宜把说课稿拿在手中脱稿说，既胸有成竹又能以防万一。

第三个大标题是“说课的礼仪成分”。

朱老师说：开始时适宜用一些对听众的问候语开场。比如“各位评委，大家好”，或者“各位评委，辛苦了”“各位评委，请多指教”等，问候的同时行弯腰鞠躬礼也是可以的。结束时要有个收场，有个交代，与听众告辞，适宜说一两句谦虚的话，体现出自己有虚心学习的诚意，当然也不能低三下四，要不卑不亢。比如，“我的课就说到这里，谢谢各位评委耐心地听完我的说课，还请各位评委多多指导、批评”等，切不可“请各位评委高抬贵手”“我很有信心取得好成绩”，或者表露出欣喜若狂的神情。值得注意的是，自我介绍时只能说“我叫 ×××，是几号选手，来自哪个单位”。如果是参加说课比赛，你的单位又不是很出名，干脆不要说来自哪个单位。切不可以这样：“首先请允许我作个自我介绍，我……”介绍出很多能证明自己业务能力的荣誉和经历。这是说课的大忌，因为实际说课的情况很可能与你的荣誉有差距，这样就适得其反了。

第四个大标题是“说课的表达技巧”。

朱老师说：说课比赛不同于一般的说课，最好是站着说，不要坐着说，更不能把两手支撑在讲桌上弯着腰低着头看稿子读说课稿，也不能大范围走动或身体大幅度晃动摇摆；可以把说课稿拿在手中看着稿子说，但不能读说课稿，是说不是读；要始终坚持用普通话来说，不能刚开始时普通话讲得很标准，后来逐渐回到方言上。说课全过程的语速和声音高低应该有起伏、有轻重缓急、讲究抑扬顿挫，说课者要有意识地控制好高潮与低谷。

说课时要坚持用第一人称“我”的口吻讲话，不能用“教者”“教师”等来讲述教学过程。对于教学过程中师生活动情况的预设要多用“如果……我就……”的假设句，不要说“学生肯定会……”。

朱老师最后说，还有几个值得注意的问题：

说课时手机响了怎么办？有的同志想用手机计时又不能关机，为了防止在说课时手机突然响起，还是关掉手机改用手表计时，实在要用手机计时就必须调至无声状态。说课过程中不能频繁看手表，最好的效果是不看时间凭感觉一气呵成，这是功夫。

不能出现科学性错误或有争议的问题，如“明天是阴天还是晴天是不确定的”“平行四边形不是轴对称图形”“乒乓球是圆形的”等。

至此全文结束。从文章结构上讲，最后如有一段小结的话，并列有参考文献，就更完美了。

练习课，也是小学数学的常见课型。江苏省扬州市四季园小学江为军老师，以《练习课，该如何走向有效》（原载《小学教学参考（数学）》2013 年第 5 期）为题，谈了自己的看法。江老师首先指出：“练习课是小学数学教学的一个重要课型，但同时也是一种比较难的教学课型，一种容易使教师和学生感到枯燥的教学课型，一种教学有效性很难得到保证的教学课型。这里，就结合自己的教学实践，探讨‘练习课，该如何走向有效’的问题。”

接下来，文章分为 4 个大标题展开论述：

第一个大标题是：有效关注：从文本走向生本。

江老师说，对于一节练习课，我们首先要思考的问题是：“这节练习课重点要解决什么？要达成哪些教学目标？”这个问题明晰了，那相应的练什么的问题就会很清晰了。这就需要教师多从学生的视角关注练习课的教学。但是以下现象却常常见到：

【现象 1】练习课上，一位教师先把上节新授课中没有做完的习题继续做完，再找来一些课外习题让学生练练、做做。

【现象 2】一位教师很顺利地上完了练习课，但是有听课教师评价："整节课学生在练习过程中几乎没有什么错误。"

追问与思考：练习课首先要关注练，但练什么？这应该不是随意的、盲目的，而是应该有针对性的。现象 1 表明了教师在展开练习课教学时更多关注的还是教材客体本身，而忽视了学生主体的实际情况和需要。而现象 2 中，学生几乎都没有什么错误，那我们不禁要问，这节练习课有何意义！对此，在设计练习课时，要从数学知识角度思考练习课的目标，即知识点、习题类型等，但我们还应关注学生学习的实际情况，从学生的实际反馈中去了解学生的易出错点、难接受点等，从而真正从学生的已有知识结构的真实现状展开练习课教学。

第二个大标题是：有效设计：从零散走向整合。

江老师说，对零散的练习进行整合，对于提高练习课的有效性有很大的作用，当然这种整合不是简单的组合。现以圆柱练习课中的一组练习的整合设置为例，谈谈如何对零散的练习进行整合。

"圆柱练习课"需要练习的几个基本的、重要的知识点包括：圆柱的体积、侧面积、表面积等。一位教师在课堂上为学生提供了以下三个圆柱的信息（如下图，单位：厘米），但没有直接提出每个图形分别算出什么的要求，而是提出：

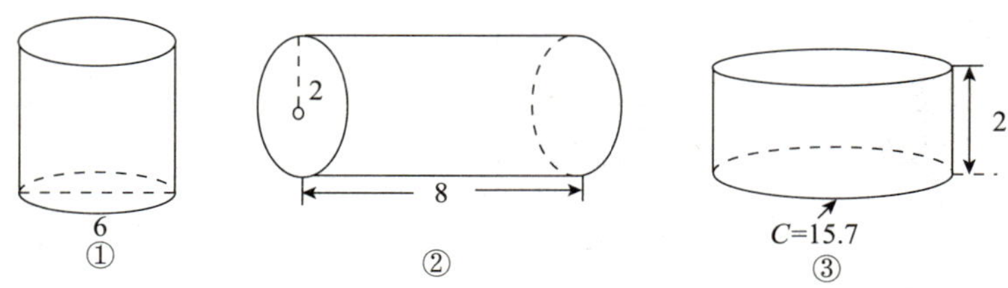

（1）我想请同学们从三个圆柱中选择一个，计算它的侧面积。你会选哪一个来算，记下它的标号，并说说你的理由。（学生几乎都选择了③号圆柱。学生解释：因为 $S_{侧}=Ch$，知道了周长和高，可以直接用公式计算出侧面积）；

（2）同样的要求，每人选择一个算出体积（大多数学生选择了②号，理由是 $V=Sh$，知道了半径就容易算出底面积）；

（3）最后指定学生算出①号圆柱的表面积是多少。

上面这组练习的设计，变“单一的练”为“学生先选再练”，变“零散的练”为“学生整体判断后再练”，从而实现了练习的有效整合。这种整合的有效性体现在：

其一，将对计算公式的回忆巧妙融于练习中。学生根据问题去选择圆柱的过程其实就是复习圆柱的体积、侧面积、表面积这几个公式和计算方法的过程，同时还起到了对几个公式进行对比的效果；

其二，将对学生整体感知意识与能力的培养融于练习中。因为学生在选择圆柱时，必须经历整体观察、比较的思维过程，这样无疑增加了练习的附加功效。

第三个大标题是：有效挖掘：从肤浅走向深刻。

江老师认为，练习课除了强化知识、训练技能以外，还需要对不同的练习进行挖掘，将数学思想、方法渗透在练习中，以丰富练习课的内涵。

现以解决问题策略的思想在练习中的渗透为例。渗透解决问题策略的思想是数学教学中一个重要的理念，苏教版教材从四年级上学期起就专门安排了“解决问题的策略”单元。但在教学中，我们不能仅仅只是在“解决问题的策略”单元才渗透解决问题策略的思想，而需要在不同的练习中借助于具体练习也适时渗透。

四年级“三角形练习”一课中有这样一个练习：“把一根 14 厘米长的吸管剪成三段（整厘米数），用线串成一个三角形，除了 6、5、3，还可以怎么剪？”

对于上题，一般教师的处理方式是让学生练习后汇报答案。而对此练习我处理的具体过程如下。

（1）分析问题，明确思路。引导学生思考：剪成的三段要围成一个三角形，那应该有什么要求？（任意两边长度之和大于第三边）

解读：学生面对一个需要解决的问题，首先应思考我们已经有了哪些相关的知识，这是解决问题首先需要解决的问题，否则其数学思考就是盲目的！

（2）尝试解决，进行交流。要求学生至少写出一种答案。

解读：这是一般的要求，所有的学生都能凭自己的经验得出一到两个答案。此时学生处于只是随意凑数的层次。

（3）适时引导，形成方法。学生思考：那怎样能得出所有的结果？我提出：14 厘米长的吸管剪成三段，最长的一段最多只能是多少厘米，为什么？得出最长的一段最多只能是 6 厘米，剩下 8 厘米又可以分成……

解读：在教师的引导下，学生有序地展开思考，从而在更高的思维层面上解决了问题。

以上的练习处理过程，学生经历了从无序思考到有序思考的过程，其不仅仅关注问题的解决，更着眼于学生解决问题的过程，从而一一列举的数学思想得以渗透。一道练习，其练习实效被放大，其练习的附加值也得到了增加。

第四个大标题是：有效变化：从封闭走向开放。

与很多学科不同，数学的练习题之间常常存在内在的关联。因此在练习课上面对某一道练习时，我们常常要思考这样一个问题："此题可变化，可拓展吗？"这应该成为一种意识和习惯。

相关内容：找规律的练习。

下表的粗框中 5 个数的和是 60。在表中移动这个框，可以使每次框出的 5 个数各不相同。

1	2	3	4	5	6	7	8	9	10
11	12	13	14	15	16	17	18	19	20
21	22	23	24	25	26	27	28	29	30
31	32	33	34	35	36	37	38	39	40
41	42	43	44	45	46	47	48	49	50

（教材的题目）

→

1	2	3	4	5	6	7	8	9	10
11	12	13	14	15	16	17	18	19	20
21	22	23	24	25	26	27	28	29	30
31	32	33	34	35	36	37	38	39	40
41	42	43	44	45	46				

（变化后的题目）

（1）任意框几次，看看每次框出的 5 个数的和与中间的数有什么关系？

（2）如果框出的 5 个数的和是 180，应该怎样框？能框出和是 100 的 5 个数吗？为什么？

（3）一共可以框出多少个不同的和？

在解决完教材练习的最后一个问题后，我对题目进行了变换，即去除了表中的最后 4 个数（如上右图），提出：这时一共可以框出多少个不同的和？

师：现在这个图形变得不规则了，我们可以怎么办？

生：先把它看成原来规则的表，再减去多算进去的。

师（总结并追问）：将不规则转化为规则，这是一种很好的解决问题的方法，那该减去多少个？

绝大多数学生的答案为“24-4=20（个）（因为去掉了4个数）”；但有两个学生认为“应该减去3个”。

再次组织全班学生独立思考。

师：究竟是减去几个？实践出真知，建议动手比划比划。

练习题小小的变化带来了很多好处：

1. 变化激发了学生的思维。在解决变化后的问题时，大多数学生经历了从“思维定式，凭直观解决问题”到“理性分析后解决问题”的过程。这对学生解决问题的良好品质的形成是非常有益的。

2. 变化强化了题组对比。及时对习题进行变换，其利于学生聚焦变化的本质——学生更好地理解了“减少的数对框出的和的影响”。

3. 变化内化了数学方法。学生经历了把不规则的问题转化为规则问题再去解决的过程。

江老师最后总结说：教师不应仅仅是找提高练习课有效性的方法，在我们的头脑里它们更多的应该是一种理念，更应成为我们的教学意识。唯有那样，面对不同的练习课（或练习），我们才会自觉地从学生的视角去思考、去挖掘、去处理，才能真正提高练习课的有效性。

二

关于小学数学教法的研究

（一）思路一：把教与学的某一环节细化

预习、听课、复习、考试……，这几个大的环节，如能细化，也是个不错的思路。江苏省海门市东洲小学郭永发老师《小学数学课前预习方式的尝试和思考》（原载《小学教学参考（数学）》2013 年第 12 期）一文，对“预习”这一教学环节提出了自己的思考，郭老师首先指出：

> 随着生本教育理念的兴起，全国各地轰轰烈烈地卷入了研究中，寻求一种由“师本教育”向“生本教育”的转变，寻找一种最适合学生发展、以生命为本的教育，实现学生积极、主动、活泼、健康地发展。自主学习是实现以生为本理念的重要方式，而作为实现自主学习的方式之一的课前预习也就随之应运而生。原本属于语文专利的课前预习运用于数学中，预习的方式显得尤为重要。对于小学生而言，什么样的预习方式最适合？应该让小学生达到怎样的预习水平？学生的预习能力该怎样去培养？带着一系列的问题，我们进行了多次尝试。

下面，郭老师就分为四个大标题，来叙述这“多次尝试”：

首先是第一次尝试：精心设计预习单，把孩子引入预习之门。

郭老师说，对于小学生而言，数学预习是一个新奇的玩意，如果只是在一个新课进行前提出让他们先预习一下书本上的内容，那么这样的预习是毫无价值的。作为新涉及预习的学生，需要一个慢慢引导的过程。通过对学生的问卷调查得知，学生希望得到教师的引导，给他们设计预习单。预习单设计的精巧与否，将直接影响预习的效果。于是我们用一个学期的时间潜心研究，根据教学目标和教学内容设计形式多样的预习单。

1. 概念性的教学内容可以布置阅读式的预习单。如《加法交换律和结合律》设计如下预习单：①学一学：（自学书本 56、57 页）用字母表示加法交换律（　　）；加法结合律（　　）。②试一试：完成想想做做第 1 题。③想一想：加法两个运算律有什么用？

2. 平面图形的面积、立体图形的体积、三角形内角和等需要探索的内容则适合操作式的预习单。如在教学三角形的面积时可以布置这样的预习单：①请剪下两个完全一样的三角形，拼一拼，把它们拼成平行四边形。②思考：拼出的平行四边形的面积与一个三角形有什么关系？（可以通过计算也可以通过推想）把你的想法记录下来。

3. 计算类的教学内容适合尝试式的预习单。如在教学二年级下册学习“三位数加三位数的进位加法”时可以设计这样的预习单：①试着用竖式计算 85+143+126，打开书本第 39 页检查一下自己算得对吗？你和书上谁的方法是一样的？②思考一下连加时怎样写竖式比较好，为什么？

4. 单元复习和总复习适合梳理式的预习单。我们教师应该根据不同的内容设计出相应的预习单，让每一个学生通过预习感受成功感，更为学生的终身发展奠定基础。

引发的新思考：一个学期尝试下来，发现学生课上确实比原来会说多了，一些简单的内容通过自学完全掌握，课变得很顺畅，但也发现了一些问题。学生只满足于完成教师提供的预习单上的内容，而不会主动地去思考自己该预习些什么和思考些什么，不会主动地去思考为什么这么做，不会思考存在的问题是什么。如果长此以往，学生是不会真正地学会预习的方法，这样的预习让学生变得机械。这不是我们所期望的，我们的目的是让学生学会预习的方法，在预习中学会思考。我们又静下心来重新思考：面对预习，我们最应该关注的是什么？我们究竟应该让学生得到什么方面的发展？

其次是第二次尝试：提高问题意识。把孩子带上预习之路。

郭老师说，新课程标准从原有的两能变四能，在原来分析问题和解决问题的基础上，进一步提出了培养学生发现问题和提出问题的能力。新课程总目标的转变，让我们豁然开朗，我们的课堂因学生的问题而产生，我们课堂的价值在于让学生发现问题，提出自己的疑问。基于这样的认识我们又进行了一个新的尝试，把通过预习提高学生的问题意识定为目的。预习设计的内容也随之开始转变，从原来的注重知识型向能力型转变。同样是“加法交换律和结合律”一课，我们对预习内容进行了调整。

自学书本第 56 ～ 57 页后，思考下面的问题。

1. 算一算：用竖式计算并用加法验算 256+132。

思考：这实际上是运用了（　　）运算律。

2. 写一写：你也能根据两个运算律仿写两道算式吗？算一算成立吗？

3. 编一编：用你喜欢的方法表示这两个运算律。

4. 问一问：通过自学，我存在的疑惑（问题）有（　　）。

每一份预习单中都加了“问一问”这一环，就这么一个小小的改变，在教学过程中教师欣喜地发现学生由原先的只会说“是什么”转向了说“为什么”，而且他们的问题要比教师预设的多得多。教师预设可能问运算律有什么用？为什么表示加法结合律时第一步本来先算加法，却要加括号呢？不加可以吗？别的运算有运算律吗？其实学生的问题远远不止这些，他们提出的问题有：运算律用在什么时候才会让计算变得简单？加法只有两个运算律吗？这里的字母可以表示哪些数呢？加法交换律除了验算还有什么用？加法结合律只可以是三个加数在相加吗？四个数、五个数可以吗？甚至有的学生问，运算律在生活中有用吗？他已经知道把数学知识和生活相联系了！不管这些问题是不是有价值，至少学生在预习中的思考多了。这种思考已经打上了“成长”的烙印，他们带着这些“似懂非懂”“似是而非”的问题走进课堂，在课堂中寻找到自己的“宝贝”就好像找到哈利·波特的神奇扫帚一样，骑上它就会飞向充满魔力的神奇世界。

用这样的方式尝试了一个学期，又出现了新的问题：学生会提问了，究竟怎样的提问是高质量的？怎样的预习能把他们引向一个更宽广的领域，使他们在数学的世界里自由地畅游？我们又开始反思，难道我们的预习只是让学生会提几个问题吗？我们的最终目的是让学生主动地去解决存在的问题，甚至将预习中学到的方法成为将来学生学习的一种习惯，从而让学生成为真正会学习的人。为此我们进行了第三次尝试。

再次是第三次尝试：逐步放手探索，我的预习我做主。

郭老师说，在小学阶段进行预习指导，最终的目的是让学生逐步成为会自主学习的人，为以后的学习打下基础。学生以后面对的是脱离教师的自主学习，为此我们的预习方法应该更放手。基于这个认识我们又进行了一个新的举措：给学生一个课题，让学生自己提出问题，给自己布置预习作业，并提出解决问题的办法，寻找到多种解决问题的路径。仍以“加法交换律和结合律”为例，预习要求是这么提的：看了这个课题你能提出什么问题？带着问题自学书本找答案。哪些问题没找到答案？你准备怎样解决？

尝试下来，惊喜不断，学生的潜力是无穷的，学生对于这样的预习方式非常喜欢，他们在课题面前，俨然是一个个小研究生。他们通过小组合作的方式做了如下研究：什么是加法交换律和结合律？这两个运算律有什么用？为什么要学这两个运算律？

通过自学书本 56 ～ 57 页，他们找到了所有的答案，但他们的疑惑难道只有加法运算律吗？乘法、除法和减法也有这样的运算律吗？有的话，成立吗？于是他们进一步进行研究，惊喜地发现乘法也有这样的运算律，但减法和除法不成立。他们又产生了新的疑惑，减法和除法的运算律又是什么呢……

引发的新思考：预习到底是学习的起点还是终点？学生在新的问题下找到解决问题的办法，又在解决问题的过程中产生新的问题，如此通过问题搭建起来的阶梯让我们看到了一个美好的情景：学生不断从一个端口出发走向另一个端口，一切学习数学的美好都在这主动的问题提出与问题解决中获得，而且由此产生的美好的数学生活让学生陶醉与向往！

第四是第 N 次尝试：研究还在继续……

郭老师指出，预习的方式还是一个漫漫长路，相信在不断地研究、探索中必定找到一种最适合学生的预习方式。也许不同的学生也是需要不同的预习方式的，学习有困难的学生需要教师一步步地引导，需要教师提供预习单，从而慢慢悟出预习的方法；而学有余力的学生则可能需要挑战性的预习方式。我们还在寻求有利于培养学生预习方式、预习习惯的道路上，也许不久我们会找到更利于学生发展的预习方式，也许不久我们会探索出更好的预习方法。至此全文结束。

（二）思路二：把某一课堂教学环节的细化

江苏省南京市江宁区横溪中心小学方思华老师《未有曲调先有情——浅谈小学数学课堂的导入艺术》（原载《小学教学参考（数学）》2013 年第 9 期）一文，讲述了自己在“导入”这一教学环节上的具体做法。方老师开篇写道：“唐代大诗人白居易在其《琵琶行》中有诗，‘转轴拨弦三两声，未有曲调先有情’，把琵琶女的凄凉身世与作者的抑郁悲凄之情表现得淋漓尽致，极具艺术感染力。其实，小学数学课堂教学何尝不是一种艺术实践呢。小学生的情感世界十分丰富，而数学知识本身却枯燥乏味。如何在导课环节融入感情铺垫，激发学生的学习兴趣呢？笔者进行了积极尝试。”下面分为三个大标题进行叙述：

第一个大标题：情境导入，激发学生感情认知。

方老师指出，情境是知识赖以产生意义的背景，是认知活动的学习来源。数学情境是含有数学知识和数学思想方法的情境，它是数学知识产生的背景。有些概念、性质等基础知识比较抽象、不易理解，通过教师创设的情境，可使学生很快融入教学过程。

案例："路程、时间和逗度"的引入。

师：同学们，小明和小华今天来到学校时为一件事吵了起来。小明说："我家到学校有100米，我用了2分钟就到了，所以我比你快！"小华说："我家到学校有150米，我用了3分钟就到了，所以我比你快！"他们两人吵得面红耳赤，都分不出胜负来，决定找老师评理。王老师听后哈哈大笑起来，同学们！你们知道王老师为什么笑吗？

……

第二个大标题：设疑导入，调动学生求知欲望。

方老师说，问题是数学教学的核心，在学生产生疑问时引入新课容易引起学生的注意力，使学生的注意力集中于所要解决的疑问之中，提高学生强烈的求知欲。这下面又可细分为两种：

一是以旧引新法。即用旧知识搭桥过渡的导入方法，成功运用了从已知到未知的教学原则，自然导入新课，既巩固了旧知识，又为新知识做了铺垫，使学生感到新知并不陌生，是课堂教学中最常用的一种方法。

案例："异分母分数的加减法"的导入。

（1）出示卡片口算。

$\frac{3}{4}-\frac{1}{4}=$　　$\frac{2}{7}+\frac{3}{7}=$　　$\frac{8}{9}+\frac{2}{9}=$　　$\frac{16}{18}-\frac{15}{18}=$

（2）说一说同分母分数加减法的计算法则。

（3）为什么计算同分母分数加减法可以分母不变，只把分子相加减？

（4）这节课我们就一起来学习异分母分数的加减法。

二是悬念导入法。即在新课导入时，教师可以通过巧妙设疑，把学生的思维引向对新问题的思考，让学生由疑生趣、由疑诱思，产生认知冲突，以致“心欲求而不得，口欲言而不能”，从而使学生的学习情绪一开始就进入最佳状态。

案例：教学“年月日的认识”时，播放录像：边境检查站扣押了一个人，原因是这人的身份证显示他是 1970 年 2 月 29 日出生的。同学们，你们知道这是为什么吗？这就是我们今天要学习的内容。接着板书课题：年月日的认识。

第三个大标题：趣味导入，强化学生学习动机。

这也可细分为两种：

一是谜语导入法。新课导入是学生掌握知识的心理准备阶段，在这一过程中，适当引入一些与教学内容有关的寓言、典故、谜语、趣闻等，可以帮助学生展开思维，丰富联想，可使他们兴致勃勃地投入到新知识的学习中，变好奇心为浓厚的学习兴趣，激发学习动机。

案例：教学“年、月、日”时，可通过猜谜语：“一物生来真稀奇，身穿三百多件衣；每天给它脱一件，脱到年底剩张皮。”形象地揭示了日历的特点，从而激发了儿童学习新知识的兴趣。

二是欣赏导入法。所谓欣赏导入就是教师根据教材内容的特点和需要，利用多媒体手段，选择最动听的音乐、歌谣和最美丽的图案，创设极具吸引力的教学情境，以情感人，以趣激学，使学生产生积极的心态，以热烈的情绪投入到学习活动之中。

案例：教学 10 以内数的认识时，可以从欣赏小学一年级上册课文“山村”导入：一去二三里，烟村四五家。亭台六七座，八九十枝花。

方老师最后总结道：教有法而无定法。在小学数学导课设计上，教师要充分把握学生的情感因素，结合他们的生活体验和认知冲突，激活他们的数学思维，让学生“一开始”就爱上数学，从而为后续深入教学奠定坚实的情感和知识基础。

无独有偶，江苏省南京市江宁实验小学葛家明老师《点睛之笔“别样红”——数学课堂小结的艺术》（原载《小学教学参考（数学）》2013 年第 6 期）一文，讲过的则是“小结”这一教学环节的具体做法。葛老师首先指出：

课堂小结是一堂课的收尾工作，好的课堂结尾犹如曲终时留下的袅袅不尽的余音，给人无尽的回味。它是衔接前后知识的纽带，是加深印象、增强记忆，促使学生思维活动进一步展开的关键。教师应根据教学目标，对本节课的重要知识点进行归纳总结，加以强调、梳理或浓缩，从而使教学活动划上一个完美的句号。现笔者根据多年的教学实践经验，谈谈小学数学课堂小结常见的几种形式。

下面分为四个大标题，分述这四种形式：

一是知识梳理型。

葛老师说，知识梳理型结尾方式是绝大多数教育者采用率最高的、最常见的一种方式。在课堂结束时利用较短的时间把本节课的教学内容、知识结构、思想方法等加以概括和浓缩，可以使学生快速、精练地再现本节课的重点内容，起到深刻理解、巩固、强化知识的作用。教师在确立某个法则、性质，或为了形成某一个数学概念，或为了讲授某种数学方法时，都可以采用此种方法作为课堂结尾的方式，以利于学生对所学知识形成系统、完整的印象。

例如，在学习苏教版五年级下册“圆”时，在课堂最后，教师在黑板上画了如下图所示的一个圆。

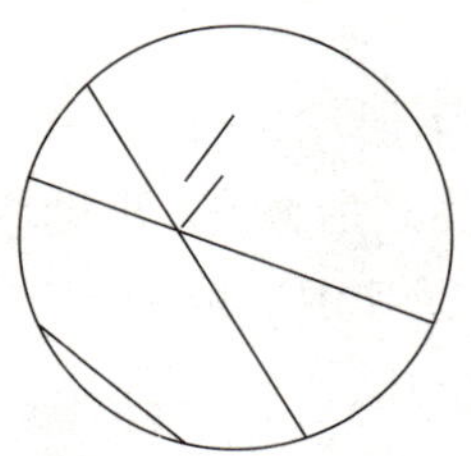

让学生用其他有颜色的粉笔，在上图中标出哪些是圆的半径，哪些是直径，哪些两者都不是，并说说为什么。从而总结出圆的具体特征，帮助学生进一步理解直径和半径的关系，使学生对圆有系统、完整的认识，为以后的学习打下坚实的基础。

二是比较异同型。

葛老师说，比较是认识事物的主要方法之一，特别在几何体教学中，运用比较方法，加强几何体间的联系与区别，可提高学生的识别能力，易于学生理解和记忆，避免知识的负迁移。

例如，在学习苏教版六年级上册“长方体和正方体”后，为了帮助学生更好地认识长方体和正方体的特征以及各部分的名称，不妨采用表格的形式，对两者进行区别与联系。

名称		长方体	正方体
面	个数	6 个	6 个
	形状	每个面都是长方形（可能相对的两个面是正方形，最多有四个面是完全相同的长方形）	都是正方形
棱	条数	12 条	12 条
	长度	每 4 条相等（最多有 8 条棱相等）	都相等
顶点	个数	8 个（每相交于一个顶点的棱的长度是长方体的长、宽、高）	8 个

三是拓展延伸型。

葛老师说，《义务教育数学课程标准》明确指出：“学生的数学学习内容应当是现实的、有意义的、富有挑战性的。”它强调从学生已有的生活经验出发，让学生亲身经历将实际问题抽象成数学模型并进行解释与应用的过程。在课堂小结时，举出生活中的实例，引导学生向课外延伸，可以让学生体会到数学无处不在，使学生始终处于对数学问题的不懈追求之中。

例如，在学习六年级下册“百分数的应用”时，让学生举例说明生活中百分率的应用。学生畅所欲言：出勤率、命中率、折扣率、正确率、合格率等，然后，我在其中选取两到三个有代表性的实例进行分析，顺势总结出百分率的公式。

四是趣味概括型。

葛老师说，一节课的最后，学生普遍感到疲劳，精神不振。如果在这个时候结合本节课的教学内容，设计一个新颖、有趣的课堂小结，如开展游戏、猜谜语或编口诀等，可缓解学生疲劳，实现寓教于乐。

例如，在教学六年级上册“分数四则混合运算”时，结合具体的案例巧编口诀。

解：$3\frac{1}{5}\div[(1\frac{2}{3}+\frac{1}{5})\times 2\frac{1}{7}]+1$

$=\frac{16}{5}\div[(\frac{5}{3}+\frac{1}{5})\times\frac{15}{7}]+1$ （板书：找找括号）

$=\frac{16}{5}\div[\frac{28}{15}\times\frac{15}{7}]+1$ （板书：先去小括号）

$=\frac{16}{5}\div 4+1$ （板书：再去中括号）

$=\frac{9}{5}$ （板书：先乘除后加减）

结合具体的解题过程，将板书中的重点词在最后用一段口诀收尾："看到四则混合题，找找括号有没有，先小后中脱掉它，步步认真要仔细。要是没有括号的，先算乘除再加减，逐步验算要及时，巧妙灵活一定对。"

这样的结尾不仅让学生对分数四则混合运算的规律加深了印象，也有利于化难为易，寓教于乐。

葛老师最后说，课堂小结是课堂教学一个不可或缺的组成部分，其形式方法也是灵活多变的。教师应做到以生为本，因课而宜，选择最合适的方式，并在课后不断反思优化，使课堂小结达到升华学生思维、画龙点睛的精彩效果。

通过对问题情境中实例的学习，使学生理解异分母分数加减法必须先通分的道理，掌握异分母分数加减法的计算方法，并能正确地进行计算。

（三）思路三：讲述自己提高课堂教学效率的某一具体做法

福建省武夷山崇安中心小学李月美老师认为："小学数学教学中，学生的思维状态是教师始终要关注的一个重要方面。而思维是学生大脑隐形的活动。要让学生的思维外显，追问是有效的手段，它可以最及时地让我们了解学生的思维过程，达到对学生进行思维训练的目的，提升学生的思维品质。追问，是教师在学生对问题进行探究的基础上追根究底地继续发问。在数学课堂中，追问是我们读懂学生的有效方式，下面谈谈笔者的做法，抛砖引玉。'为此李老师写了《追问——读懂学生思维的有效方式》(原载《小学数学教师》2013 年第 12 期)一文，下面分为四个大标题展开叙述：

第一个大标题：触及学生思维的根源，在“缺乏思考”处追问。

李老师说，小学数学课堂中的追问应该是充满数学味的追问，才能避免学生“缺乏思考”或流于问题表象的情况。小学生由于年龄的限制，对问题的回答常会未经思考就“信口开河”或人云亦云。教师抓住问题的本质对学生进行追问，可以促进学生的思考，从而让学生追寻思维的根源。

【片段 1】

北师大版《数学》六年级下册“倒数”的复习中，教师出示练习：写出$\frac{8}{5}$、2.5 的倒数。

学生写出：$\frac{8}{5}$的倒数是$\frac{5}{8}$，2.5 的倒数是$\frac{2}{5}$。

师：$\frac{5}{8}$是怎么来的?

生：交换分子、分母的位置，所以$\frac{8}{5}$的倒数是$\frac{5}{8}$。

师（追问）：2.5 的倒数是$\frac{2}{5}$，你是怎样想的?

生：我先把 2.5 化成分数 $2\frac{1}{2}$，再化为$\frac{5}{2}$，$\frac{5}{2}$的倒数是$\frac{2}{5}$，所以 2.5 的倒数是$\frac{2}{5}$。

教师边听边巡视，发现某生的答案是 0.4。教师顺手把 0.4 写在黑板上。

师：2.5 的倒数是 0.4，对吗?

学生犹豫了一会儿，纷纷做出了回答：对!

师：谁能告诉我 0.4 是怎样来的?

一男生露出不屑的表情，果断又自信地回答。

生：把$\frac{2}{5}$化成小数 0.4 呗!

听他这么一说，学生都赞同并觉得化成小数是多此一举。

看到学生的表现，教师适时追问。

师：0.4 真的是由 $\frac{2}{5}$ 转化来的吗？

这一问引发了学生的思考，片刻沉默后。

一女生：我觉得 0.4 不是由 $\frac{2}{5}$ 转化来的，它应是根据倒数的意义“乘积是 1 的两个数互为倒数”求出的。

师（追问）：能说得具体些吗？

生：因为“乘积是 1 的两个数互为倒数”，所以 2.5 ×（　　）=1，也就是 1 ÷ 2.5=0.4，这样求出了 2.5 的倒数。

听到她的回答，学生恍然大悟，再也不认为 0.4 是多此一举的产物了。

李老师指出，倒数是分数的一个知识点，它贯穿于分数除法计算的全过程，学生在计算中往往记住它的结果，忽视它的本质意义“乘积是 1 的两个数互为倒数”。所以，当 0.4 出现时，学生会不约而同地认为是多此一举，教师抓住学生“缺乏思考”的课堂生成，进行追问，追出了倒数的本质，追出了解题的真正依据。

第二个大标题：读懂学生思维的本质，在“分歧”处追问。

李老师说，新课程理念认为，学生是学习的主体，课堂教学要让学生自主学习、自主探究。然而，不同学生的经验基础、智力水平、探究能力等都不同，对同一问题的见解和探究的结果也不同。教师要善于利用学生不同的解法，巧妙地追问，追出问题的分歧和产生矛盾的原因，挖掘出不同解法的价值，寻找学生思维的本质。

【片段 2】

北师大版《数学》五年级下册“分数混合运算”的教学中，教师出示题目：小华录入一份稿件，录入了 $\frac{3}{4}$ 后还剩 700 字，小华录入了多少字？（请认真审题，自行解答。）学生汇报：解法（1）：设这份稿件共有 x 个字。

$$x-\frac{3}{4}x=700$$

$$x=2800$$

$$\frac{3}{4}x=\frac{3}{4}\times 2800=2100$$

解法（2）：$700\div(1-\frac{3}{4})\times\frac{3}{4}=2100$

这时，一男生激动地说：我还有一种解法，700×3=2100（个）。

他刚说完，其他学生就反对：老师，他是瞎蒙的，肯定是看到我们的答案凑出来的。

教师问：真的是蒙的、凑的？

学生七嘴八舌，都认为该生的结果是凑出来。

这时，教师追问该生：你的答案真是凑出来的？

这位男生不服气了，说：我可没凑，我有依据的。我是借助线段图来解题的。

该生在黑板上画好线段图，边指着线段图边解说：整条线段表示一本书，录入了$\frac{3}{4}$就是把线段平均分成了 4 份，其中的 3 份表示已录入的，剩下 1 份没录，还剩 700 字就是这没录的 1 份。求小华录入了多少字，就是求 3 份的字数，所以就用 700×3。

听他这么一解说，大家都豁然开朗，由衷地佩服他理解之透彻，方法之简练。

李老师指出，当出现不同解法、学生的意见产生分歧时，教师没有马上做出对错的评价，而是等了一等。这不仅激发了学生一探究竟的心理，也给了学生解释想法的机会。通过这位学生对自己独特解法的解说，不但再次强化了分数意义，也使其他学生领悟了“数形结合”的好处，加深了学生思维的深度，渗透了数学思想方法。

第三个大标题：使学生的思维形成体系，在“错误”处追问。

李老师说，学生在学习过程中限于知识、能力、思维水平与经验阅历，对问题的解答常常会出现“零碎”和错误的情况。教师要善于选择时机，辨析错误的教学价值，及时追问，引领学生从错中求知，从错中探究，帮助学生拓宽思维，建构起数学知识的体系。

【片段 3】

北师大版《数学》六年级上册“比的应用”教学中，学生通过操作、画图等方法理解了比的具体运用，会解决按照一定的比例进行分配的实际问题。教师投影出示：一个长方形的周长是 48 厘米，它的长与宽的比是 5:3，这个长方形的长、宽分别是多少厘米？学生读题，自行解答。

学生汇报：解法（1）：5+3=8

$48\times\frac{5}{8}=30$（厘米） $48\times\frac{3}{8}=18$（厘米）

解法（2）：5+3=8　48 ÷ 2=24（厘米）

$24\times\frac{5}{8}=15$（厘米） $24\times\frac{3}{8}=9$（厘米）

师：这两种解法，你认为哪种对？为什么？

大部分学生赞成第（2）种对，第（1）种错。

师：你能说说理由吗？

生：因为，长方形周长 =（长 + 宽）× 2，所以 48 ÷ 2，先求出一条长和一条宽的和，5:3 是指一条长与一条宽的比，所以第（2）种对；第（1）种没有除以 2，所以错了。

师（追问，语调缓慢，征询学生的意见）：那么，第 1 种我就给他打个“×”？

学生发现教师好像有话说，小声嘀咕起来。

生（大胆地）：其实这种解法也不全错，他若多加一步就对了。

师（顺势追问）：在哪里加，怎样加？

生：得数 30 和 18 分别除以 2，就是长和宽了。

师（追问）：为什么？

生：30 是两条长的长度，除以 2 就是一条长的长度；同样，18 是两条宽的长度，除以 2 就是一条宽的长度了。

教师把解法（1）补充完整，转化为正确的解法。

师（追问）：本题已有了两种解法，你还能想出别的解法吗？

学生积极开动脑筋，不一会儿得出结果了：

解法（3）：5+3=8　48 ÷ 2=24（厘米）

24 ÷ 8=3（厘米）5 × 3=15（厘米）3 × 3=9（厘米）

解法（4）：5+3=8　48 ÷ 8=6（厘米）

6 × 5 ÷ 2=15（厘米） 6 × 3 ÷ 2=9（厘米）

解法（5）：（5+3）×2=16　　$48\times\frac{5}{16}=15$（厘米）

$48\times\frac{3}{16}=9$（厘米）

在学生一一阐述解题思路后，教师追问：这些方法有什么联系和区别？

李老师指出，本片段中，学生学习新知后，已经懂得运用，但模糊的旧知让第一个学生的解答只对了一半，这样的“错误”有其合理性。因此，教师在学生“出错”时没有马上给予否定，而是顺势追问，引导学生将“错的”和“对的”进行比较，从而得到正确的认识。在此基础上，教师继续追问，发散了学生的思维，使学生对比的知识运用自如。最后的追问更是引导学生跳出解题，有助于提升学生的思维品质。

第四个大标题：促进学生思维的发展，在“重难点”处追问。

李老师认为，重点是某知识的核心或后继学习的基石，难点是学生接受比较困难的知识点或问题不容易解决的地方。有效的课堂教学必须围绕重点、突破难点。这就要求我们组织学生的探究不能让学生停留在粗浅的表面，而要透过表象探究本质，强化知识的衔接，促进思维的深度发展。

【片段4】

北师大版《数学》三年级下册“同分母分数的加减法”的教学重点是探索同分母分数加减的计算方法，难点是对计算过程中分母不变的理解。本课的教学中，教师先创设“吃西瓜”的情境，让学生知道小熊吃了“这个西瓜的$\frac{2}{8}$”、大熊吃了“这个西瓜的$\frac{3}{8}$”的意义，并借助图形画出$\frac{2}{8}$、$\frac{3}{8}$。接着解决问题：小熊和大熊一共吃了这个西瓜的几分之几？学生独立完成。

生：$\frac{2}{8}+\frac{3}{8}=\frac{5}{8}$。

师（追问）：$\frac{5}{8}$是怎么来的？

生：我用图 [图] + [图] ⟶ [图] 表示。

另一生：$\frac{2}{8}+\frac{3}{8}$=2+3=5（块）=$\frac{5}{8}$。

师（追问）：2+3 表示什么？

生：2 是小熊吃的 2 块，3 是大熊吃的 3 块。

师（追问）：题中说小熊吃了这个西瓜的$\frac{2}{8}$，大熊吃了这个西瓜的$\frac{3}{8}$，怎么就变成了 2+3 呢？

生：我是上面算上面，下面算下面。

师（追问）：怎样上面算上面，下面算下面，你能把式子写完整吗？

学生板演：$\frac{2}{8}+\frac{3}{8}=\frac{2+3}{8}=\frac{5}{8}$。

师（追问）：上面算上面 2+3，那下面 8 怎么没变呢？

生：因为 8+8=16，就变成了$\frac{5}{16}$了，而$\frac{2}{8}$是 2 个$\frac{1}{8}$，$\frac{3}{8}$是 3 个$\frac{1}{8}$，2 个$\frac{1}{8}$加 3 个$\frac{1}{8}$应该是 5 个$\frac{1}{8}$，也就是$\frac{5}{8}$，所以分母 8 不能变。

师：就是说$\frac{2}{8}+\frac{3}{8}$是表示……

生：2 个$\frac{1}{8}$加 3 个$\frac{1}{8}$等于 5 个$\frac{1}{8}$。

师：也就是……$\frac{2}{8}+\frac{3}{8}=\frac{2+3}{8}=\frac{5}{8}$。大家还记得小数是怎么加减的吗？……

李老师指出，这个片段的教学，教师根据学生的算式，围绕教学重难点不断追问，使学生经历由直观理解到经验迁移，再到抽象算理的过程。整个过程，教师引导学生清楚地表达自己的思路，不仅帮助学生进一步理解了分数单位，而且渗透了分数加减也是相同计数单位相加减的本质。在小结阶段，教师引导学生回顾小数的加减法，正是进一步让学生领悟加减法背后运算本质不变、计数单位不断扩充的数学本质。

李老师最后指出：总之，在课堂教学中，有效的“追问”可以帮助教师触及学生的思维深处，让学生的思维外显，暴露学生思维的过程，可以帮助教师读懂学生的思维，并进一步采取延伸、补充和完善学生思维的教学方式，发展学生的思维。

至此全文结束，怎么样？这是不是一篇有理有据的好文章？

（四）思路四：讲述自己在教学中创立的一个新学法

教法和学法，已无严格的区分。这么教好，也就这么学，反之亦然。一线教师的优势，就在于在教学时，发现、借鉴、完善鲜活的学法，将其记录下来，不就是一篇好文章吗？如山东省高青县花沟镇龙桑小学王君峰老师《“的”和“是”在应用题中》（原载《中小学数学（小学）》2014 年 1—2 期）一文，就是这样的一篇范文。王老师说：“在小学数学应用题中，出现频率较高的‘的’字和‘是’字对问题的存在起到什么作用？又有什么用途呢？笔者根据多年来的应用题教学经验，谈一谈对‘的’字和‘是’字在应用题中的应用。”下面分为两个大标题：

第一个大标题：“的”字在应用题中可以解读为“乘法”或“除法”。

王老师说，我们在小学数学应用题中经常遇到“的”字，这些“的”字的用法有以下几种：一是为了衬托语言表述的需要；二是为了表述某一数学语言的需要。王老师主要谈的是第三种用法：这又可细分为两种：

一是不用求的“的”字用乘法。

王老师说，在应用题中，若“的”字前面的量（标准量）已经知道，让你求比较量时，可以直接用乘法进行列式计算。

例如：①小红有 6 块糖，小明的糖块数是小红的 4 倍，问小明有多少块糖？

题中的第二个“的”字（从左往右数）前面的量“小红的糖块数（标准量）”，已经知道她有 6 块糖，求小明的糖块数（比较量）。那么，小明的糖块数（比较量）= 小红的糖块数（标准量）×4。列式为 6×4。

②小亮的储蓄箱中有 18 元，小华储蓄的钱是小亮的 $\frac{5}{6}$，小新储蓄的钱是小华的 $\frac{2}{3}$，小新储蓄了多少元？

题中的第三个“的”字（从左往右数）前面的量“小亮储蓄的钱

（标准量）”，已经知道他有 18 元；第五个“的”字前面的量“小华储蓄的钱（标准量）”，通过等量转化可以得到小华储蓄的钱 = 小亮储蓄的钱 $\times \frac{5}{6} \times \frac{2}{3}$。列式为 $18 \times \frac{5}{6} \times \frac{2}{3}$。

二是用求的“的”字用除法。

王老师说，在应用题中，若知道比较量，让你求“的”字前面的量（标准量），可以直接用除法进行列式计算。

例如：①一个足球 46.8 元，是一个排球价钱的 3 倍，一个排球的价钱是多少元？

题中“3 倍”前面的量“一个排球的价钱”（标准量）不知道，可以这样求得：一个排球的价钱 = 一个足球的价钱 ÷3。列式为 46.8÷3。

②肉牛 564 头，是奶牛的 $\frac{3}{4}$，奶牛比绵羊的 $\frac{5}{8}$ 少 57 只，绵羊有几只？

题中“肉牛 564 头（比较量）”知道，那么，奶牛的头数 = 肉牛头数 $\div \frac{3}{4}$，绵羊的只数 =（奶牛的头数 +57）$\div \frac{5}{8}$。列式为绵羊 = $(564 \div \frac{3}{4} + 57) \div \frac{5}{8}$。

第二个大标题：“是”字在应用题中可以解读为“除以”或“等号”。

王老师说，小学一年级就开始接触了“是”字应用题。不过学生的逻辑思维总是让人如此吃惊！因此当你看着他做错的时候，千万不要责骂，如果你是他的话难道就会了吗？王老师谈了两点意见：怎样让学生接受如此简单的思维又不会出错。

一是“是”字可以解读为“除以”。

求一个数是另一个数的几倍，或者求一个数是另一个数的几分之几。……遇到这样的应用题时，我们通常解读为“一个数除以另一个数”，学生就比较容易理解和正确列式计算。

例如：①小红有 10 个苹果，小亮有 20 个苹果，小亮的苹果个数是小红苹果的几倍？

题中的“是”字，在这里是拿小亮的苹果个数和小红的苹果个数进行比较，求它们商的过程。

倍数 = 小亮的苹果个数 ÷ 小红的苹果个数。列式为 20 ÷ 10。

②龙桑小学一年级有 72 人，今天全年级病假 5 人，事假 1 人，今天一年级出勤的人数是全年级人数的几分之几？

这道题首先要求出今天的出勤人数，它就等于一年级的总人数 - 请病假的人数 - 请事假的人数，然后再求出今天的出勤人数和一年级的总人数的商，将商以分数形式呈现，就可以了。列式为（72-5-1）÷ 72。

二是“是”字可以解读为“等号”。

“是”字相当于等号，多数用在用方程解答应用题的时候。

例如：①一篮苹果比一篮梨子重 30 千克，苹果的千克数是梨子的 2.5 倍，求梨子有多少千克？

题中“是”字左右两边的量表示相等。也就是说苹果的千克数 = 梨子的千克数 ×2.5。这道题可以列方程解答。

解 设梨子有 x 千克，苹果有（x+30）千克。方程为：$x+30=2.5x$。

②一套桌椅的价格是 78 克，其中椅子的价格是桌子的 $\frac{3}{10}$。桌子的价格是多少元？

题中的“是”字也表示相等的关系，关系式为椅子的价格 = 桌子的价格 × $\frac{3}{10}$。

解 设桌子的价格为 x 元，椅子的价格为 $\frac{3}{10}x$ 元。方程为：$78-x=\frac{3}{10}x$。

王老师最后总结说，从上面对“的”字和“是”字在应用题中的应用可以看出，引导学生阅读题目、审理题目、理清题目中的数量关系，是必须做的第一步。再一点就是遇到“的”字和“是”字应用题时，要理清量与量之间的关系，然后选择正确的解答方法，这样会节省大量时间，能提高解答问题的正确率。

请看，如果学生掌握了遇“的”想乘除，遇“是”想“除以”和“等号”，对学习会有多么大的帮助！事实上，这类巧妙的学法还有很多。甘肃省镇原县陈宝元、姚怀燕、陈广钰三位老师合写的《分数、百分数应用题解题“三字歌”》（原载《中小学数学（小学）》2013 年第 12 期）一文，也是这样的写作思路。三位老师说：小学分数、百分数乘除法应用题是六年级数学教学的重点，也是学生学习的难点。大多数学生一见应用题觉得无从着手，难以准确判断应该用乘法还是用除法，胡猜乱碰，数量张冠李戴，错误率高。根据这类应用题的特征，抓住题目给定的分率，从分率入手，在画图理解的基础上形成解答分数、百分数应用题的三字歌。即：单位“1”，看分率，“的”字前，“比”字后，若“已知”，用乘法，若“未知”，用除法，若“比多”用加法，若“比少”，用减法。使大部分学生记忆深刻，思路清晰，应用自如，突破了解答分数、百分数应用题的难点，提高了教学质量。

下面是例题：

例：根据不同条件列式

兴富果园有桃树 300 棵，____________，梨树有多少棵?

①梨树是桃树的$\frac{1}{3}$

此题可以叙述为梨树是 300 棵的$\frac{1}{3}$，即单位“1”是 300 棵（分率是$\frac{1}{3}$，“的”字前）已知，解题依据是求一个数的几分之几是多少用乘法（已知用乘法）。列式为：$300\times\frac{1}{3}$。

②桃树是梨树的$\frac{1}{3}$

此题单位“1”是梨树（分率是$\frac{1}{3}$，“的”字前）未知，解题依据是已知一个数的几分之几是多少，求这个数用除法（未知用除法）。列式为：$300\div\frac{1}{3}$或方程$\frac{1}{3}x=300$。

③梨树比桃树多$\frac{1}{3}$

此题可以叙述为梨树比 300 棵多$\frac{1}{3}$，单位“1”是桃树

（分率是$\frac{1}{3}$，“比”字后）已知，可以先求出比300棵多的$\frac{1}{3}$是多少棵，即$300\times\frac{1}{3}$，再求梨树，列式为：

$300+300\times\frac{1}{3}=300\times(1+\frac{1}{3})$。

即：若“已知”，用乘法，若“比多”，用加法。

④梨树比桃树少$\frac{1}{3}$

此题与⑧是一个类型，列式为：

$300-300\times\frac{1}{3}=300\times(1-\frac{1}{3})$。

即：若“已知”，用乘法，若“比少”，用减法。

⑤桃树比梨树多$\frac{1}{3}$

此题单位“1”是梨树（分率是$\frac{1}{3}$，“比”字后）未知，可以列方程：$x+\frac{1}{3}x=300$或$(1+\frac{1}{3})x=300$，从而有算式$300\div(1+\frac{1}{3})$，即：若“未知”，用除法，若“比多”，用加法。

⑥桃树比梨树少$\frac{1}{3}$

此题与⑤类型相同，单位“1”是梨树（分率是$\frac{1}{3}$，“比”字后）未知，可以列方程：$x-\frac{1}{3}x=300$或$(1-\frac{1}{3})$，$x=300$，从而有算式$300\div(1-\frac{1}{3})$。

即：若“未知”，用除法，若“比少”，用减法。

三位老师最后说，综上所述，学生通过应用笔者总结的分数、百分数应用题解题方法“三字歌”后，大部分学生，尤其是中下学生都能迅速准确地判断分数、百分数应用题中的单位“1”，降低了他们学习的难度，简化了思维过程，从而使学生有法可依，有章可循，提高了教学效果。

（五）思路五：讲述老方法的新用途

江苏省常燕市元和小学顾勤劳老师《刷新板演的有效性》（原载《小学教学研究（数学）》2013年第12期）一文，对“板演”这一似乎老掉牙的教学方法，提出了新的认识。顾老师开篇写道：

> 前不久看了一篇文章《下岗吧！板演》，作者在文中罗列了板演的种种弊端，认为在当今信息时代，应放大电教媒体的优势作用，学生课堂板演完全可以用实物投影来替代。看完文章，我陷入了沉思：曾经作为传统课不可或缺的板演在信息时代真的那么一无是处吗？一定要被逼到下岗的地步吗？我想回答是否定的。因为我相信在教育一线的老师应该能认识到板演的重要性，如果能最大限度地发挥板演的有效性，板演依旧会让我们情有独钟。所以想提笔写一写我对板演的一些认识，希望能以此文抛砖引玉，引起读者的共鸣。

接下来，文章分为两个大标题：

第一个大标题：“点击板演的重要性”。

在这一大标题下，顾老师首先点明：“课堂板演是小学数学课堂教学中的重要一环，是教师落实课堂教学目标、检查课堂教学效果的重要环节，是为全体学生展示解题过程、提供课堂教学范例、发现学生解题过程中存在的问题、创造个体表现机会的一种课堂教学形式。”然后又分为两个小标题：

一是“教师——获取信息，调整进程”。

顾老师说，课堂上学生板演可充分揭示学生的思维过程。我们在课堂上时常看到有的同学上黑板解题，思路顺畅，一气呵成；也有的同学擦擦改改，几经周折才写定答案。这其中，就让我们真实、客观、及时地了解了学生的思维过程。由于学生的板演具有真实性、及时性，教师能及时获取课堂教学的反馈信息，发现自己在教学中存在的不足，这就更有利于教师在教学过程中对刚刚进行的教学活动进行反思，通过自我进行的教学效率与原定的教学目的对比，对整个教学过程做出客观的自我评估，并及时进行自我调整，清除学习障碍、弥补教学不足。

二是“学生——印象深刻，简约高效”。

顾老师说，从课堂学生的注意力来看，课堂板演有利于调动学生的注意力，实现高效教学。对于板演者来说，他们是面对几十双眼睛在做一件事，做对了，老师和同学的鼓励能大大增强他们的自信心；做错了，同学们的议论、帮助，给他们和其他学生都是一次提醒，这种同学间当场相互纠正错误，比教师的空洞说教纠正更有效、更直观，学生往往对这种板演的题目印象更深刻。而分析板演同学解答中的错误时，学生的注意力更容易集中，更易开动脑筋积极思考，学生的思维在探索交流与碰撞中共同发展，让数学课堂在学生发展中动态生成。许多学生通过板演，加深对所学知识的理解和运用，课后作业也就会避免或减少许多错误，从而提高课后作业的效率和质量。

第二个大标题：“刷新板演的有效性”。

这才是全文的主体部分。

顾老师开门见山地指出，既然板演在我们课堂教学中这么重要，那我们该如何充分发挥板演的作用，真正让板演产生实效呢？下分两个小标题：

一是“精心选择板演题，让板演更有典型性”。

顾老师指出，板演题在一堂课中起着点睛作用，所以教师要根据教材内容精心选择板演题，通过学生展示板演题的方式突出教学重点，突破教学难点。下面又分操作题、计算题、开放题来分别叙述。如开放题：

> 开放题——展示解法，拓展思维。开放题的开放性、灵活性、多变性可以给学生的思维创设一个更广阔的空间，能诱导学生从不同的角度、不同的侧面思考，发现尽可能多、尽可能新、尽可能独特的解法。学生的多种解法如果通过板演方式展示，则为学生展现自我、获取成功带来机遇。
>
> 练习课上我布置了一道开放题：服装厂计划加工1500套校服，5天已加工了这批校服的40%。离交货时间只有一周了，照这样的速度，能完成任务吗？这道题从不同的角度思

考，学生得出了很多解法。

①从“5天已加工了这批校服的40%”，可求出每天加工服装的具体套数是：1500×40% ÷5=120（套），一周完成的服装套数是：120×7=840（套），还剩下服装的套数是：1500−1500×40%=900（套）。因为840套<900套，所以不能完成任务。

②从“5天已加工了这批校服的40%”，可求出每天加工服装的具体套数是：1500×40% ÷5=120（套），（5+7）天完成的工作量是：120×（5+7）=1440（套）。因为1440套<1500套，所以不能完成任务。

③从“5天已加工了这批校服的40%”，可求出完成任务需要的天数是：5÷40%=12.5（天），还需要加工的天数是：12.5−5=7.5（天）。因为7.5天>7天，所以不能完成任务。

④从“5天已加工了这批校服的40%”，可求出每天的加工量是：40% ÷5=8%，一周只能完成的工作量是：8%×7=56%，而剩下的工作量是：1−40%=60%。因为56%<60%，所以不能完成任务。

⑤从“5天已加工了这批校服的40%”，可求出剩下的工作量是：1−40%=60%，剩下工作量是已完成工作量的（60%÷40%）倍，完成剩下工作量的天数也是已完成工作量的天数的1.5倍，即：5×1.5=7.5（天）。因为7.5天>7天，所以不能完成任务。

⑥从“5天已加工了这批校服的40%”，可求出每天的加工量是：40%+5=8%，（5+7）天完成的工作量是：8%×（5+7）=96%。因为96%<1，所以不能完成任务。

然后引导学生比较哪种方法最简便，哪种思路最简捷。解这道题，一般来说，每个学生都会找出一两种解法。学生不是一个机械的模仿者，当他们看到板演者在得到老师和同学的充分肯定时，会激发他们在这种创新氛围中主动地去发现、寻找解决问题的新方法，绞尽脑汁地去创造。一旦成功，他们会感到无比快乐，更极大地提高创新欲望。让学生从不同的角度分析问题，探究数量间的相互关系，并能从不同的解法中找出最简捷的方法，提高学生的逻辑思维能力，从而培养学生的创造性思维。

二是“重视学生的选择，让板演更有目的性”。

顾老师说，马斯洛的需要层次理论表明，儿童与生俱来有获得成功和被人认可与欣赏的需要。就数学课堂教学而言，现场生成是彰显学生探究悟性、思维灵性、丰满人性的独特学习生命态的真实反映，是学生自觉凸显课堂主体地位的有力例证。但是有的教师怕学生字写得不好或者耽误教学时间，很少让学生板演；也有的教师怕学生板演把题目做错了，出现尴尬局面，无以应对，所以一直安排优生板演，这样教师心中就觉得课堂教学较为顺利、较为成功（听课时尤为突出）；还有的教师知道错题的利用价值，就一直让差生板演，长此以往，严重伤害其自尊心，抑制其学习积极性，使其丧失学习自信心。板演者的选择不能盲目，固定不变或随意点都是不可取的，教师应深思熟虑，合理安排，使全班学生收到最佳的学习效果。

顾老师指出，应重视学困生的自尊心。可提供较浅显的题，以激活他们的学习兴趣，增强信心。如教学“笔算乘法”时，我挑选一些书写较好的学困生和一些书写较差的学优生上台板演，在板演中，有意挑选一些跟例题相似，但又是课本上很重要的基本题让他们做，学困生很容易板演成功，即使偶尔卡壳，黑板上的例题是很好的指导老师。完成课堂板演后，让全班同学评比谁的书写好，掌声表扬，让学困生感到老师同学在密切关注他，他是能成功的。而对一些稍难题的板演，也并不是学优生的专利，教师只要提供机会，讲究方式，同样能让学困生很好地参与进来。如提出板演题后，说“这道题较难，请大家在下面仔细思考”，然后挑举手的学困生板演。板演前教师也可以先看学生练习本上的答案，挑做对了的学困生上台。老师提供机会，可以改变学困生在同学们中的形象，不同程度地提高学习要求，极大地满足学困生的自尊心。

顾老师认为，学优生的积极性同样不容忽略。如果整堂课特别是练习课只让学困生唱主角，势必造成学优生学习疲懒，丧失主动性，所以教学中我们经常设计一些竞赛环节，比一比、赛一赛，让先完成练习的同学板演，这样使学优生充分展示自身的学习优势。新授知识刚结束时，我们也可以安排知识掌握较好的学生板演，给大家提供正确的范例。特别是一些开放题或一些较难的题目，可以让学优生板演。让其他学生一起来学习学优生与众不同的思路。如果其他学生没有人能够理解或看懂这位同学板演的内容，那么就请板演者自己来讲述这样做的理由，并通过语言引导："你的思路真不错，你能用清楚的语言叙述出来吗？让同学们都能明白你的做法。"这样，多半情况下，那些聪明的学生会非常激动、兴奋，滔滔不绝地把自己的思路详细地讲述出来，往往会使其他学生有"眼前一亮"的感觉，收到意想不到的收获。

顾老师最后小结说，板演是我们课堂教学应该关注的一个细节，是一种特别普通、没有华丽包装的课堂组织形式，但它能让我们从中洞察很多学生练习本上看不到的信息。细节决定成败，在构建和谐高效、思维对话型课堂教学的今天，这一理念更值得我们运用于课堂教学之中。

再举一个例，画线段图，也可以说是一个老掉牙的教学方法了。而福建省长汀县实验小学黄建明、罗旭玲两位老师合写的《培养学生画线段图能力的"三部曲"》（原载《小学教学参考（数学）》2013 年第 8 期）一文，却让人觉得这一老掉牙的教学方法，仍有其生命力。两位老师首先指出：

> 在学习分数应用题时，由于其数量间的关系比较抽象，学生往往难以凭借题意列出正确的算式。此时，如果画线段图，则可将题中抽象、复杂的数量关系清晰、形象地显示出来，让学生直观认识问题的实质，发现内在规律，从而准确、灵活、迅速地找到解题的思路和方法。那么，如何培养学生画线段图的能力呢？下面以分数应用题为例谈三点做法。

下面就分成三个大标题：

第一个大标题：由易到难，借助比较，掌握基本方法。

二位老师说，小学数学知识的编排是从易到难，从简单到复杂，从直观到抽象的。学生的思维亦如此。因此，让学生掌握画线段图的方法也应从简单的线段图入手，进而让学生掌握画线段图的基本要求和方法。如，在教学形如列式 $120\times\frac{3}{5}$ 和 $120\div\frac{3}{5}$ 的分数应用题时，先让学生从简单入手根据意义画线段图。这样，有利于学生根据线段图来分析数量关系，为今后学习较复杂的分数应用题打好基础。

在实际教学中，我们还应利用简单数量关系题目的对比，帮助学生掌握画线段图的基本方法。如：①甲队有 60 人，比乙队人数的 $\frac{1}{3}$ 还多 3 人。乙队有多少人？②甲队有 60 人，乙队人数比甲队的 $\frac{1}{3}$ 还多 3 人。乙队有多少人？

虽然题目比较简单，但如果不借助比较，学生也常会产生理解上的错误。依题意按以下步骤指导学生画线段图：1. 找出单位“1”，并用线段图表示；2. 弄清谁比谁的几分之几多（或少）几，画出比较量；3. 标明已知条件和所求问题。线段图如下：

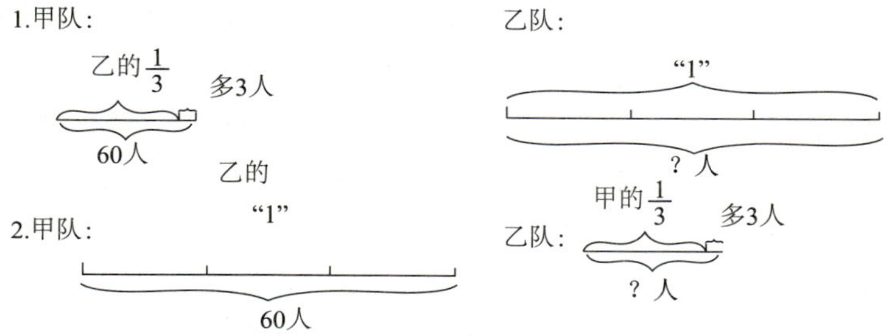

第二个大标题：加强指导，注意比例，画准画好。

二位老师说，画准画好线段图是掌握画线段图方法的关键。学生在具备一定的画图知识后，画图时往往信手涂鸦，不注意比例，导致不易看出隐藏的数量关系，造成不应有的解题困难。因此，教学时应加强画图指导，帮助学生将线段图画准、画好。

例如，有这样一道思维训练题：甲乙两个粮仓，如果从甲仓取出 15 吨粮食放入乙仓，这时两仓粮食相等。已知原来乙仓存粮为甲仓的 $\frac{3}{5}$。甲仓存粮多少吨？

在画这道题的线段图时，如果不注意线段长短的比例，就会误以为乙仓比甲仓少 15 吨，乙仓比甲仓少（$1-\frac{3}{5}$），所以错误地列式为：$15\div(1-\frac{3}{5})=37.5$（吨）。为此，我们可以通过画线图来找出甲仓与乙仓存粮的关系，如下图所示。

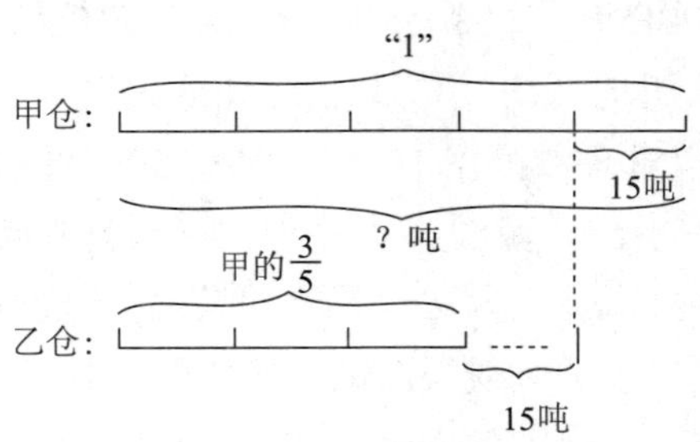

从上面的线段图我们可以直观地看出：甲仓存粮的$\frac{1}{5}$就是15吨，所以要求甲仓存粮吨数，可直接用$15 \div \frac{1}{5}=75$（吨）。

第三个大标题：多方训练，一题多画，形成技能。

二位老师说，一题多画是形成技能、提高解题能力的有效措施。在画图解答应用题时，学生往往只有一种画法，虽然画得正确但不利于解题能力的提高。为此，我们不妨引导学生一题多画，画出最有利于解题分析的线段图。

例如，这样一道题："甲乙两人共有一批存款，其中甲的存款占两人总数的55%，如果甲的存款给乙12元，这时两人存款一样多，甲乙两人共有存款多少元？"

根据题意，学生一般会按第一种画法画图，经过引导，出现了第二种画法。如下图所示。

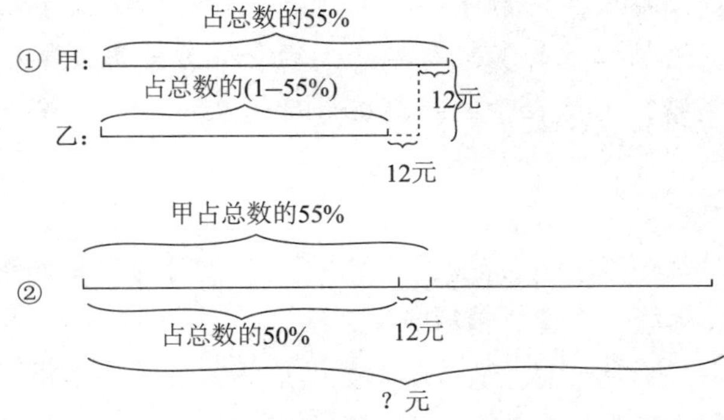

从图①可以看出，两人存款一样多，说明现在两人存款各占总数的

50%，它的前提是甲给乙 12 元。这也说明甲原来比乙多 12×2（元）。所以列式为 12×2÷[55%－（1−55%）]，方法较繁杂。

从图②中更简明地看出，总数的 55%减去总数的 50%所对应的具体量是 12 元。所以求总数可用 12÷（55%−50%），该方法更简捷。

两位老师最后指出，诚然，培养学生画线段图能力的方法远不止以上三种。但不论采取什么方法，都要求教师平时重视线段图教学，持之以恒，不失时机地渗透画线段图的训练内容，让学生在长期实践中去感知、体会、掌握画线段图的方法，使学生形成画线段图解题的基本技能，最终达到提高学生解题能力和效率之目的。

（六）思路六：讲述转化小数学困生的具体做法

小数教学时一大难题、顽症，就是如何解决小数学困生的问题。其实这个问题，一线小数教师是最有发言权的。将自己在转化小数学困生时的做法写下来，不也是一个很好的写作思路吗？浙江省宁海县实验教育集团城南校区张亚丽老师《试论转化小学数学后进生的策略》（原载《小学教学研究（数学）》2013 年第 6 期），就是这一写作思路的一篇佳作。张老师开篇写道：

> 随着课改的实施，为一线数学教师，我们力图用活教材，教活学生，让课堂充满灵性，但对于课堂中出现的优生与后进生互相牵制，尤其是后进生在学习上出现间歇或连续“跟不上”的现象，我们常有一种力不从心的感觉。因此，如何大幅度提高后进生的数学学习兴趣和成绩，成了数学教师的重头戏。总结以往的实践与经验，笔者认为提高数学后进生的学习成绩，关键在于教师要搭好后进生“抬头走路”的脚手架。

下面，文章分成两个大标题，具体讲述了“脚手架”是如何搭建的。

第一个大标题：搭建“情感脚手架”。

张老师说，研究表明，造成学生数学成绩差异的一个重要因素是情感动机存在很大差异。后进生的学习情感动机表现为对自己缺乏信心，对学习缺乏内驱力。他们往往有“数学很难，我做不来”、“我比别人笨，怎么也学不会”等心理，从而产生自卑、畏惧数学等情感障碍。因此，转化后进生的开门闸是：教师想方设法地帮他们闯好情感关。搭建起教师与学生、学生与学生、学生与学习之间的“情感脚手架”。激发后进生内在的学习动机，逐步走上乐学、会学的求知之道。这又可细分为以下三步：

一是转变观念，坚定信念。

张老师说，皮格马利翁效应的调查报告表明，“教师对每个学生的期望不同，学生学习成绩也有所不同。随着教师对学生期望的提高，学生学习成绩也有显著提高”。罗森塔尔效应更是证实了教师的正确引导、情感态度和期望值的重要性。因此，不管转化工作如何困难，我们得坚定后进生能转变、能学好数学的信念。如果使后进生由怕数学变为喜欢数学，那他们的后劲将是不可估量的。在转变初期，我们可以把考试的试题全都融在课堂中或帮他们补课时提前“偷偷”地、“换汤不换药”地先讲了，让他们觉得通过努力，也能考出好成绩，享受成功的喜悦，把考好成绩作为提升其学习兴趣的载体，让他们喜欢上数学，然后逐步脱离对试题的渗透。

二是常规训练，熏染情感。

张老师说，“近朱者赤，近墨者黑”，严明的制度是转化后进生的“寒玉床”，对于上课、作业等常规我们必须“爱”字当头，“严”字要求。严把课堂纪律关，是转化后进生的基础。老师要求他们该听时认真听，该讲时畅所欲言。如果他们连上课最基本的“听”“讲”都像“南郭先生吹竽”那样的话，那提高成绩也就成了无稽之谈。我们可以为后进生搭配品学兼优的优生为其同桌，培养互帮互学的良好学风，力求让后进生做到堂堂认真听，课课落实。严把作业关，每次作业都不能任由其一而再、再而三地拖拉。当然，也应采取一定的优惠措施，如先在教师监督辅导下完成，再逐步放手，独立而批，耐心辅导没有掌握的知识，及时订正等。实行一定的奖励制度，后进生优秀作业本实行每月一展览，换取进步作业奖状，一星期作业有 5 个 100 分者得一个☆，学期结束有 15 个☆以上的后进生将被评为学习积极分子等，激发后进生认真做作业的积极性，从而提高学习兴趣。

三是科学搭配，深情结对。

张老师说，我们可以让后进生坐在前三排，并为每一个后进生搭配一个他信得过的学优生，进行捆绑结对，“强迫”后进生认真听讲，有不懂的知识及时请教同桌。把后进生的点滴进步归功于同桌俩人的共同努力，这样一来，后进生和学优生有了共患难共荣耀的心理。针对后进生接受知识慢、难以及时内化等认知特点，当新知探索完毕时，就让后进生把对新知的理解等说给同桌听，便于及时了解、帮助他们掌握知识，把对知识的错误理解扼杀在摇篮中。笔者把这种互说互帮的学习方式称之为“说数学”，课堂上主要通过这种形式延缓后进生“消化”知识的时间，帮助其了解、掌握新知识。

第二个大标题是：搭建“认知脚手架”。

这又可细分以下四步：

第一步，课前抓基础，搭桥铺路。

张老师认为，数学知识系统性强，覆盖面大，内在联系千丝万缕，后进生由于基础知识掌握得不好，在知识理解中失去了线索，从而觉得数学知识点多，学习负担繁重。长此以往，错误的意识滋长蔓延，以致旧知识不懂装懂、新知识似懂非懂。我们可以在新课前进行预设辅导，使后进生与其他学生站在同一起跑线上，为他们掌握新知搭桥铺路。

第二步，课后题组辅导，查漏补缺。

张老师说，数学知识点具有组块式的特点，如概念型知识、计算类题目、应用题、空间图形等。我们要根据后进生的知识缺陷，分组分块有针对性地辅导，使其掌握的知识体系条理化、系统化。如计算能力差的学生，要求学生每天早晨到校后做 5 道口算题。(或每天中午做 3 道四则混合运算题)，且必须做正确。每天只花少许时间，但效果却非常好。

第三步，采用“土方法"帮助记忆。

张老师举例说，在教学“多位数读法”时，利用手指去记忆。手指最下一节是个位，中间一节是万位，上面一节是亿位，每节都有四个数位。在教学“整数和小数数位顺序表”时，也同样利用头和手，把头看作小数点。左手看作整数部分，右手看作小数部分，每个手指代表着不同的数位，激发后进生的学习兴趣，帮助其理解新知。

第四步，构建课堂教学的有效策略。

张老师认为后进生一般不会在课外自觉地做练习，他们学习的主渠道是课堂。因此，如何在课堂上全面落实新课程理念，全面提高数学后进生的学习兴趣与学习成绩，让全班同学各尽所能，各有所得，是一线教师该花大力气思考的重头戏。可从以下几方面进行努力：

首先，创设情境，主动参与。

这一环节教师要紧扣新旧知识的衔接点，找到切入口，设计出能激发学生创造欲，学生又喜闻乐见，能主动参与的问题情境，使学生能够主动学习。具体的创设方法有很多，但不管哪种方法，都要视学生的特点和教学内容而定，体现目的性和可行性，具备现实性、生活性、趣味性等特征。

创设悬念引起学生的疑惑，来激发学生的求知欲。如教学“比例的意义与基本性质”时，师：“同学们有没有注意到，警匪片中的案件发生时，警察叔叔要把犯罪分子留下的脚印、手印拍下来，以便破案时用，谁能说说其中的原因？”以此来激发后进生的学习兴趣，让他们在好奇、急于知道结果的情况下进行新知的探究。

创设情境，将课堂中影响后进生理解的关键词或难点部分，进行提前预设，帮助学生理解新知。如教学“倒数”概念时，后进生往往对于“互为”一词难以理解，可通过“陈佳是女儿”这句话的“漏洞”进行完整表述，理解母女之间密不可分、互相依存的关系，把数学背景生活化，渗透“互为”这个倒数概念中的关键词，分散难点。为新授作衔接和孕伏。还有创设，“生活情境”“表演情境”“故事情境”“谜语情境”等，都是激发后进生兴趣，激化认识冲突，引发探究的好方法。

其次，点拨提炼，探索新知。

议学探新，尽量创设让学生自主探究的机会，让学生充分阐述自己的观点，在相互交流中领悟新知。试以“倒数”的探索进行说明，教师可以这样提问：①乘积是1的两个数互为倒数，这里的“两个数”可以是哪些数？（整数和分数、小数和分数等）②你能举个例子吗？（学生回答，教师根据需要板书……）利用学生举的例子，探索求倒数的方法，这样学生会备感自然，学习也就更主动了。这种教学方式使课堂形成了师生之间、学生之间以及学生自身评价的多向反馈交流。后进生也在教师的点拨引导下，充分发挥主动乐学的能动作用，积极参与教学的全过程。

亲身体验。教学“平行四边形的认识”时，为了让后进生了解其容易变形的特性，带他们观察学校的校门，并动手拉一拉。观察其变化，加深理解。

暴露思维，促进理解。课堂中，后进生由于听不懂等各种原因成了看客，这就要求我们想方设法地创设让他们积极参与的机会。如交流中要求后进生把自己的想法告诉同桌，学着说清思维过程。初始阶段，教师可以适当指导，帮助后进生表述或让学优生先说，再让后进生学着复述，让他们由学优生的叙述慢慢转变成自己试着说，再逐步提高要求，提高其分析表达能力。

张老师最后小结说，只要我们时时处处关心、关注他们，树立转化后进生和培养学优生同样重要的信念，相信在我们的不懈努力下，一个个后进生都能抬起胸膛，快乐学习。

（七）思路七：评价某一类解题方法

小数教师将某一类解题方法归纳到一起并加以评价，是一个很不错的、容易上手的写作思路。重庆市幼儿师范高等专科学校张平奎老师《求最小公倍数的十种方法》（原载《小学教学参考（数学）》2013 年第 4 期）一文，就是这一写作思路的一篇范文。文章没有任何啰唆，上来就列举方法：

一、列举倍数法（定义求法）

所谓列举倍数法（定义求法）就是分别列举出要求最小公倍数的那几个数的一些倍数，从中找出除“0”以外最小的那个公倍数，就是最小公倍数。

如：求 12 和 18 的最小公倍数。

解：∵ 12 的倍数有：0，12，24，36，48，60，72…

18 的倍数有：0，1 8，36，54，72…

从上面可以看出 12 和 18 的最小公倍数是 36。

即：[12，18]=36。

二、韦恩图法（文氏图法）

所谓韦恩图法（文氏图法）就是分别写出要求最小公倍数的那几个数的一些倍数集合，并用韦恩图法表示出来，其中两个（或多个）集合交集中除“0”外最小的那个元素就是它们的最小公倍数。这正是与大纲要求把集合、对应等新思想适当渗透到小学数学教材中去相适应。

如：求 24 和 36 的最小公倍数。

解：24 的 倍 数 集 合 $M=\{0, 24, 48, 72, 96, 120, 144\cdots\}$

36 的倍数集合 $N=\{0, 36, 72, 108, 144, 180\cdots\}$

那么：$M\cap N=\{0, 72, 144\cdots\}$

$\therefore [24, 36]=72$。

第二种方法与第一种方法有很多相似之处，但第二种方法是利用韦恩图解，很直观，学生更容易接受。

三、分解质因数法

分解质因数法就是先把要求最小公倍数的那几个数分别分解质因数，然后将原来几个数里所含该质因数的最多个数的每一个质因数相乘，所得的积就是要求的最小公倍数。

如：求 96、30 和 132 的最小公倍数。

解：$96=2^5\times 3$　$30=2\times 3\times 5$　$132=2^2\times 3\times 11$

在 96、30 和 132 的任何一个不为零的公倍数里至少有五个质因数 2、一个质因数 3、一个质因数 5、一个质因数 11，所以 $[96, 30, 132]=2^5\times 3\times 5\times 11=5280$。

（以下引文中例题删去）。

四、短除法

所谓短除法就是先用要求最小公倍数的那几个数的公有除数连续去除那几个数，一直除到所得的商互质为止，再把所有的除数和最后商连乘起来，乘得的积就是所求的最小公倍数。

五、公式法

所谓公式法（最大公约数与最小公倍数关系）就是对于任意两个自然数 a、b，只要先求出这两个数的最大公约数后，利用公式 $[a, b]\times(a, b)=a\times b$ 即可求出最小公倍数 $[a, b]=a\times b\div(a, b)$，也即是两个数的最小公倍数等于这两个数的乘积除以这两个数的最大公约数。

六、辗转相减后相乘法

求两个数的最小公倍数，如两个数相差2倍以内，就可用辗转相减后相乘法，即连续用大数去减小数，直到所得的差能同时整除原来两个数为止，然后用这个差与整除的两个商相乘，所得的乘积就是两个数的最小公倍数。

七、减小数倍数相乘法

减小数倍数相乘法适用于求两个数的最小公倍数，如果它们相差2倍以上，就用大数减去小数的若干倍，如果差比小数还大，就再减去小数，直到差比小数小为止。而且这种差还要求同时整除原来两个数，就用这个差与整除的两个商相乘，所得的积就是最小公倍数。

这种方法实质上也可直接用辗转相减后乘法，不过后者方法比前者方法更简捷、方便。

八、大数翻倍法

所谓大数翻倍法就是要求两个数的最小公倍数，可以将大数从两倍找起，直到找出的数是小数的倍数（即出现新的倍数关系为止），这个倍数就是这两个数的最小公倍数。

特例：如果大数本身就是小数的倍数，则这两个数的最小公倍数就是大数。

九、小数缩倍后相乘法

小数缩倍后相乘法就是求两个数的最小公倍数。如果这两个数不成倍数关系，就把小数依次除以2，3，4，5……直到除得的商能整除较大数为止，然后用这个商除以较大数所得的商与原来小数相乘所得的积就是这两个数的最小公倍数。

十、特征相乘法

所谓特征相乘法就是根据求最小公倍数的那几个数所具有的能同时被某数整除的特征，然后口算出这些特征数的乘积去除以两个数所得的商（要求这两个商互质为止）与能同时整除这两个数的特征数的乘积，就是这两个数的最小公倍数。

张老师最后说，求最小公倍数的方法肯定还有很多，这里只归纳出十种，余下的留给大家去探索、去发现。请注意：这些方法并不能说都是张老师发明的，但将其集中到一起，配上例题，加以评说（如第二种、第七种方法后的话），就很不错！

（八）思路八：教学札记

一线教师学着写一写教学札记，也是初涉科研写作时的一个很好的写作思路。但要注意两点：一是与“教学”有关，而不是别的什么感触；地理“札记”，即短文，一篇札记就谈一个问题、一个事实、一点感悟。

江苏省扬州市江都区实验小学陈文老师《数学也要“读”——谈谈小学数学阅读》（原载《小学教学参考（数学）》2013 年第 5 期），专门讲数学阅读这一个问题。为什么说小学数学的学习，也离不开阅读？具体应该怎么读？文章不长，但把这一点讲透了，不也是一篇不错的教学札记吗？

江苏省海门市悦来中心小学张泳老师《数学教学呼唤习惯培养》（原载《小学教学参考（数学）》2013 年第 8 期）一文，则集中谈了自己对小数学习习惯培养的思考。张老师首先指出：

> 纵观我们周围的数学课堂，总有一种隐隐的不安，似乎少了数学学科该有的静思默想的“冷”，少了一种数学学习一丝不苟的“实”：学生明明一点就透却偏偏不点不透；明明知之不少，却总会顾此失彼，令人遗憾。不知何时，我们的课堂成了七嘴八舌代替个人主张的群体学习方式；学生的学习是蜻蜓点水代替刨根问底的不求甚解；学生的鹦鹉学舌与此起彼伏的“我知道”让片面判断替代了完整思考。我们不禁要问：这是为什么？问题出在哪儿？
>
> 追本溯源，教师重知识轻态度，重能力轻习惯。天长日久，学生缺少一种数学学习的良好习惯。都说数学是与思维共舞的学科，没有对学生思维能力的关注与培养，就难以让学生真正掌握数学知识与技能，更谈不上培养学生的思维能力和创新能力。事实上，学生良好的数学学习习惯比思维能力的培养更为关键，它直接影响着学生数学思维的走向，影响着学生数学能力的发展。在我看来，数学教学的长久之计，是坚守习惯

培养，让学生养成主动学，仔细听，善于问，认真做的良好习惯。

下面分为四个大标题进行论述：

一是主动学。

张老师说，仔细研读课标上的各学段目标，就不难发现，数学学习的主要目标不在于认识概念，而在于了解意义，经历过程，在参与体验、发挥想象中建立数学观念。换句话说，数学的魅力并不在于得到准确的数据，并不在于顺利解决了一个数学问题，而在于经历其中各个量的变化，发现神奇的规律，感知直观与抽象转化的奇妙历程。古代教育家孔子曰："不愤不启，不悱不发。举一隅不以三隅反，则不复也。"所以，我们最需要让学生养成的学习习惯便是主动学。这又可细分为以下两步：

其一，提前学。

张老师说，很多数学课堂，没有预习往往就无法实施，或者也许可以实施，但结果一定差强人意，以苏教版教材第五册"千克和克"这一内容的学习为例，千克是一种计量单位，与学生的生活经验密不可分，仅凭课堂上的认知显然是单薄无力的。即使教材图片再形象，教师语言再详尽，课堂节奏再舒缓，都不可能让学生对于千克与克的认识做到立体真实。这样的课堂就需要安排学生提前学，把教材的预习与课前实践相结合：一方面，让学生通过读知识点了解千克与克是用来表示物品重量的单位，并借助教材图片，通过上网查阅、咨询家长等方式认识生活中常见的秤；另一方面，让学生在图片认知的基础上，借助家里的一些生活用品，如硬币、纸张、鸡蛋、牛奶、大米，拎一拎、称一称，或者去超市里走一走、看一看、比一比，从而使自己对千克与克的认知从概念走向体验，从书本走向生活。

张老师说，意大利一位著名的医学博士说："告诉我，我会忘记；展示给我，也许我会记得；让我参与，我就理解和接受。"我想学生也是一样，只有让其学在先，主动参与，拥有一种难忘的体验，才会变得深刻。有了这样的体验，千克与克这两个计量单位，学生一定是想要忘记也是不容易的。

其二深入学。

张老师说，2011版“数学课程标准”明确提出：学生是数学学习的主体，应在积极参与学习活动的过程中不断得到发展。观察我们的数学课堂，却往往满足于传道解惑，以让学生无所问为最终追求。事实上，我们的课堂不应是终点，而应是学生数学学习的起始，我们要让学生养成以课堂为起点，深入学，继续学的习惯。

教师留疑，引导深学。学完“千克与克”，我们可以为学生留疑：生活中还有哪些单位也是人们常用的表示物体重量的单位？查查资料，看看那些单位通常在什么情况下使用呢？找两个生活中的事物估一估它们的重量，然后再称一称、比一比，看看你的估计与事实会有多少差距。这样的留疑是一种促学，也是一种运用所学的良好引领与暗示。

习题设计，激励深学。数学最令人着迷的便是它丰富的变式，学生的权利也不仅仅在于解题，抓住教学契机，让学生以习题设计为平台，用好所学，创造变式，可谓是学习的更高追求。在学完24时计时法后，要求学生开展一次习题设计大赛，学生有的以每天上课下课的经过时间为问点，辨析时间与时刻；有的以图片内容为依据，考查对24时的熟练掌握情况；有的留心自己上学所走路上的红绿灯的时间，问同桌自己几时出发不会遇到红灯……值得一提的是，这一习题设计的过程是学生运用所学的倾情演绎，每一道习题都是他们主动学、深入学的产物。

二是仔细听。

张老师说，学习离不开倾听，遗憾的是学生会倾听的很少。他们有的注意力不集中，神思恍惚；有的抓不住重点，听不到关键；有的照单全收，听得忙碌而疲惫却一无所获。真正会倾听的应该是能听完整、会判断、有思考的。这也可细分为两步：

其一，听完整。

张老师说，所谓“兼听则明”，数学学习中的倾听更是如此，听时有失误，往往“失之毫厘，谬以千里”。

在“认识角”这一单元的教学中，角的特征——有一个顶点和两条直直的边是需要学生掌握的课堂教学重点。然而教学的展开往往分步进行，顶点与边两步走。有的学生过于轻率，听了一半就觉得自己已经对新学知识了然于心，无意再听。这样难免造成他有所遗漏听不完整，其结果当然是得不偿失，错误百出，对接下来后续内容的学习将带来很多的困难与不便。这一例，在判断一条直线是不是角时，学生中不少人做出错误的判断就可见证。

听完整是一种最为基本的倾听习惯，没有这样的习惯，再好的思辨能力也是浪费与徒然。

其二，会判断。

张老师说，听是一种思想的交汇，更是一种智慧的碰撞。所以学会倾听，不仅仅在于接受他人的思想，更在于用自己的认知思维来判断，学会选择性获取。在日常教学中，我们可以通过每日的常规提问有意识地培养学生一种冷静思考的习惯，不唯听，不唯师，不唯信。让学生通过一种边听边思的习惯，做出准确的判断，从而对某一知识的认定更为全面准确，更为深刻立体。

如三年级上册“长方形和正方形”这一单元的教学中，我请一个学生来折一折一张长方形纸，并说一说长方形的边和角有什么特点，一个学生说：长方形两边相等。很多学生认可了他的观点。的确，初听上去，两边相等，以听者的角度，也可以理解为说的就是相对的两边。然而如若这样，数学就失去了它的严谨美。教学中，我通过演示、回顾、再比较，让学生清楚地认识到，原来不是长方形两边相等，应该准确地表述为对边相等。通过这样的比较学习，学生对倾听有了一种敬畏，知道了倾听是一种更具挑战，更为认真的审视别人的思维方式。学会在倾听中判断才能让我们的学生做到正确把握。

三是善于问。

张老师说，通过学习 2011 版“数学课程标准”就会发现，无论哪个学段，在问题解决这一版块的第一点目标都是要培养学生发现和提出问题的能力。第一学段：能在老师的指导下，从日常生活中发现和提出简单的数学问题，并尝试解决；第二学段：尝试从日常生活中发现并提出简单的数学问题，并运用一些知识加以解决。就是第三学段也是如此。

对低年级的提问，我们不妨依葫芦画瓢，从换个问题开始。比如应用题“牧场上黄牛 30 头，奶牛 20 头，奶牛比黄牛少多少头？”可以换成问题“黄牛比奶牛多多少头？”“黄牛和奶牛一共多少头？”“黄牛牵走多少头就和奶牛一样多了？”……这样的换问对学生来说并不难，然而问的过程也是学生思辨的过程，也是梳理条件、探寻解决问题方法的过程。中年级，我们可以从题目创编开始。这样的尝试比低年级换问题有难度，但更有了宽度和深度，学生可以自由利用数量关系，创编各种题目。问的只是一道简单的题目，实际收获的是一种种数理的梳理与筛选。

当然，善问不仅仅局限于数学题目的问，更应是广阔课堂上数学知识的发现与探究。比如教完五年级上册“图形的面积”的内容后，我让学生自己观察三角形、平行四边形、梯形的面积公式，说说自己的发现。学生很快就发现了三角形、梯形在求面积时都要除以 2，而平行四边形不用除以 2。有部分当初学有不足、没有好好听三角形面积推导过程的学生就提出了疑问。我们不能说这样的问题没有价值，这的确是教材的重点、难点，这样的问题提出后，说明他们意识上的模糊需要更清晰的认定，这样的提问也是一种进步。

四是认真做。

张老师说，数学课堂然而往往因追求高效而常常将学生置身于题海，练，成了课堂的主旋律；做，成了学习的代名词。其实，高明的教师都知道练不在多，而在于精；做不在多，而在于对。如何让学生会做题，不留下“口是心非”的遗憾呢？这又可细分为：“读、画、解、查”四步。

首先是“读”。学生拿到题目要认真读，至少读三遍，一遍读通题目，二遍细看问题，三遍顺藤摸瓜寻找条件。

其次是“画”。一画，画出所找的关键条件，排除多余条件；二画，画一画数量关系，搞清孰多孰少，和倍关系。

第三步“解”。要求学生认真看数，不出差错。要做到每做一步问问自己这步求到了什么，单位名称是什么。

第四步“查”，要求学生从读题开始，头脑中再次形成数量关系，检查数字的抄写、计算和名数、答句的填写。

张老师最后说，经过这样的四步，学生都能较大程度地减少差错。

英国著名哲学家、作家和科学家培根说：“习惯真是一种顽强而巨大的力量，它可以主宰人的一生，因此，人从幼年起就应该培养一种良好的习惯。”数学是一门精细、严肃的科学，所以数学习惯显得更为重要，它决定着学生数学思维的品质，决定着数学思维的广度与深度。让我们在日常的数学课堂中，坚守数学学习习惯培养，给学生带来受益终身的良好的数学学习习惯。

张泳老师这篇文章的一大优点是写得比较实。所谓“札记”不少人误以为是发发议论，往往写得很虚。其实不然，札记发表一点高见当然可以，写一点实实在在的事情也无不可。从初涉科研写作的角度看，写实比写虚还要好写一些。

关于小学教师数学教材的研究

（一）思路一：讲述自己阅读教材的心得体会

广东省深圳市教育科学研究院李一鸣老师《转换视角，三读教材》（原载《小学数学教师》2013 年第 12 期）一文，讲述了自己“三读教材”的心得体会。怎么个“三读”呢？李老师说，教师应站在教师、编者与儿童三个不同的视角上，对教材进行三位一体的解读。下面，即分为三个大标题进行叙述：

第一个大标题：教师视角，厘清“是什么”。

李老师说，不居高不能临下，不深入不能浅出。因此，教师在解读教材时首先应站在成人的高度，厘清知识是什么，特别是知识发生的过程、知识产生的背景和知识背后蕴含的思想方法。

李老师以小数乘整数（人教版《数学》五年级上册第 2 页）为例。加以具体说明：

一个风筝 3.5 元，买 3 个风筝多少钱？列算式是 3.5 × 3。“3.5 × 3 用竖式怎样计算呢？”“一般地，数学上规定，小数乘整数用竖式计算时末位对齐。”教学时，教师常常把它作为计算规则直接告诉学生并要求学生按此规则进行计算。

“小数乘整数末位对齐”真的只是一种规定吗？这样的规定是否会引发学生认识上的混淆？在小数加减法中规定：计算时相同数位对齐；而小数乘整数又规定：计算时末位对齐。不明其理的学生难免会想：数学怎么这个样？规定可真多！一时一个模样，没有逻辑！久而久之，学生想爱数学也不容易了。我们需要站在教师的视角上深入地思考：小数乘整数末位对齐，这种规定内在的合理性是什么呢？

以 3.5 × 3 为例，3.5 × 3 表示 3 个 3.5 相加，用竖式这样表示（见右式）。从加法竖式中看得很清楚，这个因数 3 既表示十分位上的 3 个 5 相加，也表示个位上的 3 个 3 相加，也就是因数 3 既指向十分位上的 5，也指向个位上的 3。既然它指向第一个因数中所有的数字，所以 3 其实不必刻意和某一个数位对齐，而和末位对齐最整齐、最方便、最简洁，因此小数乘整数末尾对齐就成了一种约定俗成。知其然并且知其所以然，经历了上面的过程，“小数乘整数末尾对齐”的书写格式，就不仅仅是一种人为规定，更多的是一种理性思考。

$$\begin{array}{r} 3.5 \\ 3.5 \\ +\ 3.5 \\ \hline 10.5 \end{array}$$

李老师指出，纲一举而目张，解一卷而众篇明！小数乘整数末位对齐虽只是一种书写格式，但对格式合理性的追问中却蕴含了对数学理性的追求。更重要的是，对格式合理性的追问，不仅沟通了几种算法之间的联系，同时还有助于对“小数乘整数积的小数位数与因数的小数位数相同”这一关键知识点的理解：几个相同的一位小数相加，和一定是一位小数；几个相同的两位小数相加，和也一定是两位小数……而几个两位小数相加，如 4 个 3.05 相加的和 12.2 之所以是一位小数，不是两位小数，也不过是计算后把结果简化，小数末尾的 0 被去掉了而已。相同加数之和的小数位数与相同加数的小数位数始终相同，借助学生耳熟能详的这一经验，小数乘整数积的小数位数与因数的小数位数相同这一算理就在师生如拉家常般的谈话中突破了。

第二个大标题：编者视角，探究“为什么”。

李老师指出，教材是由教育专家在分析课程标准要义，研究国际数学课程的成功经验和发展趋势，考虑学生的认知特点和数学学科自身规律的基础上编写而成的，其内容、结构和表现形式等都具有很强的科学性。可以这样说，教材中的每一幅图、每一段话、每一道例题和习题，都隐含着编写组专家的创意和匠心。因此，解读教材就要尽可能理解教材的编写意图，厘清教材的编写思路，融汇教材的上下结构。品出教材的弦外之音。否则，教学就有可能失于盲目与偏颇。

李老师举例说，以“连加连减”，（北师大版《数学》一年级上册第 45 页）教学为例。“车上有 9 人，前门上了 1 人，后门下了 5 人。车开动后车上有多少人？”应该说，解决这一问题并不难，学生的方法很多，有代表性的主要有两种：9+1-5=5（人），9-5+1=5（人）。不过，教师并不满足，在教师的征询下，学生不负众望，第三种方法也闪亮出场：9-（5-1）=5（人）。

乍一看，教师允许学生从不同角度思考问题，并勇于将学生的多种想法呈现，体现了算法多样化的理念。的确，如果仅从解决问题的角度，上述做法无可厚非，因为无论是 9+1-5，9-5+1，还是 9-（5-1），都可以求出车上有多少人。但如果放在整个教材体系中看，这样处理就颇值得商榷。首先厘清一个问题：教材为什么在 10 以内的加减法中学习连加、连减、加减混合。连加、连减和加减混合都是两步计算，并且中间的得数还不能直接写在本上，而是要“记”在脑子中，再和第三个数运算，这对入学没多久的一年级小朋友来说，并不是件容易的事。

解读教材会发现，之所以这样安排是为了后面学习 20 以内进位加、退位减的需要。具体地说，20 以内进位加，如“9+4”，最常用、最基本的方法是凑十。把 4 拆成 1 和 3，9 加 1 等于 10，10 再加 3 等于 13。

退位减也是如此，以 13-4 为例，这时有两种策略。一是拆减数，把 4 拆成 3 和 1，13 减 3 再减 1；二是拆被减数，把 13 拆成 10 和 3，10 减 4 等于 6，6 加 3 再得 9。可是，无论是拆被减数还是拆减数，其实都进行了两步运算，用到了加减混合或连减。

李老师说，追根溯源，正本清源。经过这样分析，我们蓦然发现，原来在 10 以内加减法这个单元增加这么难的内容，是因为后续的学习需要用到这样的思维方式和方法。那么，这时候有必要追求学生的算法多样化吗？答案不言而喻。当然，如果学生能自觉地想到不同的方法，是值得表扬和肯定的，但教师应把握好度，千万不可本末倒置，舍本逐末。

第三个大标题：儿童视角，选准“怎么样”。

李老师说，儿童是教育的主体，“教育从儿童出发”已经成为当下教育最重要的特征之一。但是，不能否认，我们的教材受学科特点的影响，也由于篇幅、呈现形式等因素的制约，通常只是以静态、简约的方式直接呈现结论。这些结论，在成人的眼中是理所当然的，但在孩子们的眼中，可能是较难理解的。

李老师以“两位数乘两位数”（北师大版《数学》三年级下册第 27 页）为例。具体说明：“一幢新楼，每层 14 户，共 12 层，可住多少户？”教材呈现了三种算法：① 14×10=140，14×2=28，140+28=168；② 12×10=120，12×4=48，120+48=168；③竖式。观察这三种算法，都用到了“拆分”。但是，为什么拆分？怎么就想到了拆分？学生真的感受到了拆分的意义与价值吗？学生如果事先没有看书自学，也没有家长的提前辅导，他能自然地想到将 12 拆分成 10 和 2，而不是其他的任意两个数，如 8 与 4 吗？而且，为什么只拆其中一个因数而不是将两个因数同时都拆了呢？

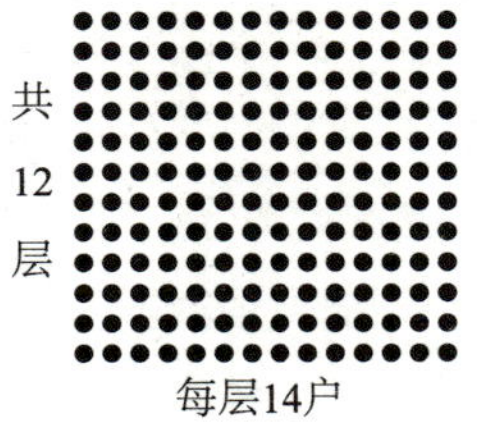

本节课的授课重点虽然是竖式计算，但拆分却是竖式计算的基石。以学定教，为学生的需要而教！如何让学生自然而然地理解将其中一个因数拆分成整十数和一个小于10的自然数的必要性，而不是人为地把拆分作为规定强加给学生呢？下面是一位教师的尝试。

在创设情境抽象出算式后，教师为学生提供了一张“点子图”（见右上图），要求学生“利用你手中的点子图，在上面画一画，然后找到计算 14×12、12×14 的方法，并将你的思考过程写在纸上”。

以下是部分学生的结果：

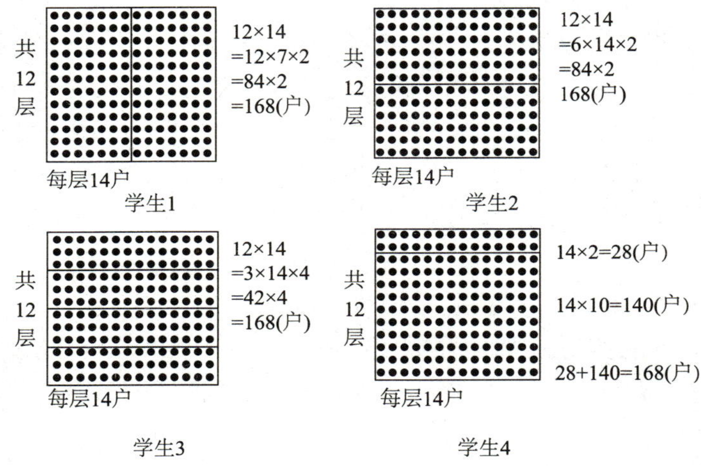

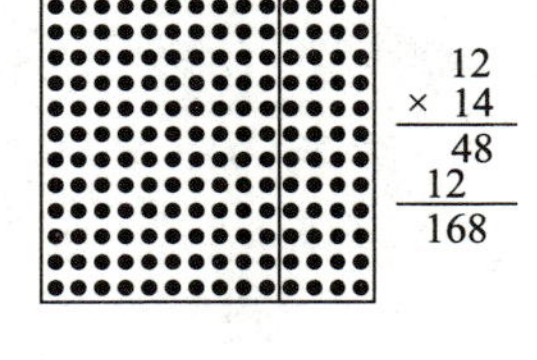

然后，教师组织学生对多种计算方法进行交流。通过比较、辨析，学生充分体会到：虽然各种拆法都能解决问题，但只将其中一个因数拆成整十数和一个小于10的自然数是最简捷、最方便的方法，也是大家普遍采用的算法。

李老师认为，神奇但不神秘，数学应该以自身的魅力吸引学生。作为教师，我们应该让学生相信数学是自然的，而非人为的、突兀的。这就要求教师坚持儿童本位的理念，站在学生尤其是后进生的角度，用童心倾听学生语言，用童心渲染情感，用童心思考问题，这样才能选准儿童容易接受的角度，促进儿童自然而真实地成长！

李老师最后小结道：用教师鉴赏的眼光，厘清知识是什么；用编者演绎的目光，弄清知识为什么这样编排；用儿童本位的视角，选准儿童易接受的角度。这三者既各自独立，又不可偏废，只有把这三者结合起来，我们的数学教学才会既不失严谨，又不失趣味，在儿童精神的自然生长中彰显数学味。

（二）思路二：指出某一本某册教材的具体错讹

教材其实也是书出众手，极易出错。一线教师在使用中经常会发现某一版本某册教材的一些具体问题，写一写，容易发表。而教材的编纂思想、体例等大的问题，一般就留给科研院所的专家们去写吧。

重庆市忠县官坝镇中心小学陈兴焜、胡显国老师合写的《教材的编写应该具有严密性》（原载《中小学数学（小学）》2013 年第 12 期）一文，指出了西师版小数第三册的一些错误。文章开始先说了一段小数教材对学生的重要性，指出教材严密，才会“使小学生们今后处处留心、细心，也才能让广大教师信服、佩服。”接着就说了老师和学生发现了该教材有四个地方有瑕疵：

一是在 72 页上的例 3“把 12 支铅笔平均分成 3 份，你能动手分一分吗？”左边的小女孩说：“我一根一根地分，4 次分完”，右上边的小男孩说：“我 2 根 2 根地分，2 次分完”。在同一道题里，铅笔的单位应该相同，不应该一会儿为“支”一会儿又为“根”。这里出现了铅笔单位前后不一的现象，这种情况在教科书里是不能容忍的，也不被我和学生们所接受。应该把此题中的四个“根”字全部改为“支”。这样不但培养了学生在学习知识上的严密性，也培养了严谨性。不然，学生们乱用单位没商量。

二是在 81 页第 5 题有两处“□○□＝□”之后应写上单位“个”，或者应写上（ ），让学生自己写单位，小学二年级的学生已会写一些基本汉字，在教材 80 页第 4 题的第（2）小题不是已经出现了让学生自己写单位了吗？这样做的目的，让学生明白应用题的算式后应该写单位（当然“倍”不是单位）。此题不写上单位，让学生学的知识有些模棱两可的感觉：应用题的算式后到底应不应该写上单位呢？为了规范起见，我认为在两处应该写上单位。如果教科书上的应用题有的写单位，有的不写单位，岂不乱套了吗？

三是在98页上的思考题，文与图不相搭配，文不对图，教科书犯下了一个低级的错误：原题中写的是“儿子”，下面却画着一个小女孩像。此题应纠正为：把原题中两处的“儿子”改为“女儿”，或者把小女孩的画像改为小男孩的画像即可。如果不改正，孩子们会认为教科书上都有明显不严密的地方，何况我们是小学生呢？

四是在105页上第8题第（2）小题，实在值得商榷。本人觉得求“每排有几人”应该是一道开放性的题，答案不唯一，而且有很多种。在这个地方出现开放性的题，有站错了位置的嫌疑。36人只要站成4排，每排站的人数可以有多有少，为了队形美，站得艺术一点，这4排可以站成三角形；可以站成梯形；也可以第一排站7人，第二排站8人，第三排站10人，第四排站11人，这不体现了站队时的从少到多的队形美吗？……当然也可以站成长方形的队形。对小学二年级（上）的学生而言，是否开放的程度大了一点，这样的题显得有些不够严密。我觉得编者的目的是想只有一种答案，即站成长方形的队形，在“每排有几人”的前面加上“平均”一字即可，这样才不给学生留下钻牛角尖的余地，但原题的字里行间实在读不出“平均”二字的味来。其实有些孩子肯动脑筋，也爱钻空子，而且钻得顽皮可爱。教师的一言一行是学生的楷模，教材有了严密性、准确性，也同样是学生的表率。如果此题不添上“平均”二字，孩子们逗你玩没商量。

文章最后提出希望：我们希望下次教材与我们见面时，“脸上”应该没有瑕疵。

请看，这样的实实在在的文章多好！事实上，就是没看出什么知识性错误，就是发现一些小毛病，也不错。如福建省连城县实验小学吴丽云老师《教材内容有些老》（原载《中小学数学（小学）》2013年1—2合刊）一文，仅几百字：

代题记：“船既遇险，船长督促船员救护。既知无可为，及发令下小艇，小艇既备，又令男子退后，妇孺登艇。男子闻令即退，无有喧哗。”——泰坦尼克号沉没两个月后，故事就被写进了民国小学课本。此书出版日期是1912年6月，即中华民国元年。100年前的小学课本与时事联系如此紧密、反应如此之快，让人惊讶！而现在我们使用的人教版小学数学教材却有的内容脱离现实，有的内容与现实脱节，有的事件年代久远。

一、“编者的话”和“后记”落款时间严重滞后

	“编者的话”落款时间	“后记”落款时间
一年级上册	2001年5月	2001年6月
四年级下册	2004年9月	2004年12月
六年级下册	2006年10月	2006年10月
……	……	……

小学数学教材中“编者的话”和“后记”最远的在10年前，最近的也在6年前。我们老师、同学看后总觉得怪怪的，一种不真诚、被忽悠的感觉。

二、部分内容脱离现实

1分、2分、5分硬币及2元纸币虽没有停止流通，但市面上也几乎没有使用，对很多学生来说生活中并未见过，但教材里却大量出现：

一年级下册第47页出示1分、2分、5分硬币图；二年级下册第86页出示“一个2分硬币约重1克”；三年级下册第91页第1题：根据1元、5分和1元、1角、1分、2分填上合适的分小数。

三、政策、现实情况已改变，但内容没跟上

六年级上册第99页出示“国家规定，存款的利息要按5%的税率纳税”。我国从2008年10月9日起暂免征收利息税。

六年级上册第94页第2题“春运期间，硬座票价上浮15%，其他票价上浮20%。

四、教材呈现的事件年份太久远

大部分是2002年的，还有的是2000年奥运会我国获得

28 枚金牌及五个国家获奖牌数情况；1984 年美国洛杉矶奥运会上，中国获奖牌数情况；2000 年第五次全国人口普查的数据等等。

（三）思路三：从新教材与旧教材的对比入手

浙江省临海市朱朝浒、冯东敏两位老师合写的《对一年级上册教材的对比分析》（原载《中小学数学（小学）》2013 年 1—2 合刊）一文，通过对比一年级上册的新教材和旧教材，充分肯定了新教材的优点。其实这应该是一线教师有优势的写作思路。旧教材一线教师很熟悉，拿到新教材稍稍一翻，便知道与旧教材有什么不同之处，这些不同之处是好，还是不好，把道理一一写出来，就是一篇不错的文章了。注意一定要实事求是。讲教材的文章，一般批评的多，但如果新教材确实不错，为什么不能夸一夸呢？新教材刚刚发行试用，有关部门，应该也欢迎夸新教材的稿件吧？

两位老师开篇写道：

> 由教育部于 2012 年审定的义务教育教科书《数学》一年级上册（以下简称“新教材”）已经出版了。笔者与 2001 年发行的义务教育课程标准实验教科书《数学》一年级上册（以下简称“实验教材”）进行了比较，在罗列出两套教材的具体内容之后，通过分析，笔者发现新教材更加科学、合理，更具有操作性。现把其中几个编排上的特点和几处主要的变化作初步的分析，与大家交流。

下面，分为两个大标题进行叙述：

第一个大标题：“调整内容，使之更科学、合理”。

两位老师说，新教材对许多内容进行了适当的调整，有增有删，使其中一些内容的教学时间点发生了变化。以下具体举例：

一是新教材删去了实验教材中的“比长短、高矮”，增加了“上下、前后、左右”这一“位置”的知识。这是安排在“1～5 的认识”之前的内容，我们不妨把它们作为准备课。“比长短、高矮”是认识长度单位的需要，与本册教材的学习内容联系甚微，所以去掉这一内容十分合理（这一内容可能调整到“厘米的认识”之前）。“上下、前后、左右”是实验教材一年级下册第一单元“位置”的内容，现在调整到这里是十分必要的。这是初步认识立体图形所需的基础，在数的认识过程中和解决加减法问题的过程中也经常用到，特别是“前后、左右”，它是学生描述数的位置关系、表述问题信息时常用的知识。例如，在新教材46页学习加法问题时，图中的信息为“左边有4只兔子，右边有2只兔子”。

二是在图形的认识这一单元中，新教材仅安排了第4单元“认识图形（一）”，只要求认识长方体、正方体、圆柱和球，删去了实验教材第4单元中“平面图形的认识”以及第5单元“分类”。教材通过对实物的分类抽象出四种立体图形的名称，然后通过玩一玩、搭一搭等活动感知它们的特征。

三是在“认识钟表”单元，删去了“几时半”的认识，只要求会正确认读整时。在练习中出现了接近整时的认识，包括“快几时了”和“几时过一点儿”，以此巩固对整时的认识，同时训练对整时的读表能力，为今后认识几时几分打基础。

四是增加了“你知道吗”。本册书中一共有3则阅读材料，分别是：第60页“我国古代用算筹来表示数”，第72页“古埃及象形数字表示的算式”，第85页“我国古代的计时工具”。通过阅读这些材料，不仅使学生了解人类历史文明，了解数学史，拓宽视野，丰富学生的知识，而且使学生感受到数学的生动有趣，激发学生课外阅读、搜集资料的兴趣。

五是设立“成长小档案”。教材在7个单元的结束时以及总复习中都安排了一个“成长小档案”，采用星星表示知识的积累程度，分别从2颗星到9颗星。各单元以一句“本单元结束了，你想说些什么”引导学生及时复习，回顾本单元知识，同时出示例句引导。例如在第7单元“认识钟表”结束时，举例“我知道一天有两个9时。一个在上午，一个在晚上”，学生可以仿照着说一说。另一句是“我会看几时了，我还想学习怎么看几时几分”，不仅概括了学习的重点，而且提示了今后的学习内容，激发进一步学习的欲望。总复习则以“这学期学习了什么”引发学生对所学知识、学习过程的回忆，并以此展开复习。

六是在学期结束时，还有一张“自我评价”表，采用表现性评价的方式进行自评。评价项目包括学习兴趣、课堂表现、作业等 9 个指标，用小红花的朵数代表个体的表现情况。教师也可以在一段时间的学习后，引导学生自评或互评，以更好地促进学生的学习表现。

第二个大标题：“修改补充，使教师更好地用教材”，下分4个小标题：

一是增加提示语，使操作性更强。

两位老师说，本套教材从本册开始就在“编者的话”中向大家介绍了两个数学小精灵“聪聪”和“明明”，而原来的实验教材是在一年级下册中才出现的。除了两个小精灵的提示语之外，新教材还出现了更多的提示语，如小朋友说的话、老师的话等解释性的语言，使得教学的要求更加明确，这样编排，使教师更容易理解教材的编写意图，从而更好地使用教材。如第 74 页“11 ～ 20 各数的认识”，把实验教材第 85 页的例 1 与例 2 合并成一个例题，通过一句“再接着数一数，摆一摆”指出两个活动主题的紧密联系。同时，明确指出数的读法：11 读作：十一。新教材的例 2 与实验教材的例 3 两者素材是相同的，都以直尺为材料，实验教材仅要求“读出直尺上的数”，而新教材则出示了“13 的前一个数是 12，后一个数是 14”“14 比 13 大”。这两句提示为教师如何用好这个材料提供了参考。实际上，“读出各数”是基本的要求，也是观察与探究的基础，不提也罢，大家会用。而这把直尺蕴含着丰富的知识，老师们需要用心体会：它相当于一条数轴，灵活合理地运用可以让学生学得数的位置关系、数的顺序、数的大小等。

二是重新编排解决问题，重视问题的结构和解决问题的策略。

首先，重视问题的结构和解题过程。新教材在解决问题教学上作了较大幅度的修改，实验教材中的解决问题仅以图片、大括号等简单的信息呈现，而没有出现完整的文字表述的内容，也没有解决问题的步骤与方法，而新教材则出示了较为完整的问题，使学生清楚地看到问题的结构，并且十分明确地呈现出解决问题的步骤。如书本 46 页“用加法解决问题”，分为三个步骤：

（1）搜集信息，呈现完整的问题。以“图里有什么”引领学生搜集信息，“左边有□只，右边有□只。”然后用小精灵的提示“⏟?只 表示求一共有几只。”教学时，应该让学生说一说完整的条件和问题。

（2）解答。提出“怎样解答”，用小精灵的话“求一共有几只，要把两个部分合起来，怎样计算”让学生联系加法的含义，列出算式并计算。

（3）检验。提问“解答正确吗？”，需要老师引导学生进行检验，如看图数一数等。

（4）口头作答：一共有□只。

这样呈现的问题是完整的，可以使学生清楚地看到问题的结构：两个已知的条件和一个问题。这样的解题过程是严谨的、完整的，既有怎样列式的思考，又有检验与作答，有利于培养学生的分析能力、逻辑推理能力，同时养成良好的习惯。

其次，重视解题策略的多样化。新教材重视解决问题的多样化：包括信息搜集的多样化、解题策略的多样化。实现了“课标”（2011 年版）中解决问题的目标：“了解分析问题和解决问题的一些基本方法，知道同一个问题可以有不同的解决方法。”其中一个典型的例子是第 79 页例 6：小朋友排队，小丽排在第 10 个，小宇排在第 15 个，小丽和小宇之间有几人？教材中出现的多样化解决方法使之成为一道策略性开放题，例题中呈现了画图法、列举法两种解答方法，还提出“你是怎样解答的”蕴含着用多种不同的方法列式：15-10-1，15-1-10。虽然这个问题对于一年级学生来说有一定的难度，其适用性值得探讨，但这几种解题的方法有必要让学生感知。再如第 97 页例 5，这是一道条件性开放题，可以从两种角度搜集信息：前排有 7 人，后排有 8 人；男生有 9 人，女生有 6 人。用两种不同的方法求出一共有多少人。此外，在练习中出现了许多条件性开放题。如书本第 64 页第 12 题，说一说图中哪些可以用 7+3=10 表示。学生可以从小鸟的只数、喇叭花的朵数、男孩女孩的人数或两种活动的人数等角度分析。

三是细处微调，合情合理。

两位老师指出，新教材在许多细节上作了处理，使内容“合理”——符合数学严谨性与科学性，丰富素材的内容，也更加“合情”——符合小学生的认识规律。以第 3 单元“1 ～ 5 的认识和加法”

为例，比较如下：

第 16 页 1 ～ 5 的认识后面的做一做第一题连一连，要求学生把数与相应的物体连起来，体现了从具体实物中抽出数的思想，同时两个“1”使学生进一步理解：“1”既可以表示一本书，也可以表示一支笔，还可以表示一个其他物体。如果结合第二题再来说一说，效果更佳。这样一组题把 5 个数的认识都进行练习。而实验教材第 16 页的做一做仅对“3”进行练习，显得单薄，不够全面。

第 17 页“比多少”与原实验教材也略有不同。一方面，把“比大小”改为“比多少”，这是从学生的认识水平出发的，符合学生已有的基础，从猴子数与水果数的多少进行比较，然后再过渡到数的大小。同时，在下面增加了“等号、大于号、小于号”三个名称（实验教材中没有名称），并且在下面安排了书写练习。这样有利于让不同基础的学生扎实地掌握知识。

在“第几”一课中，增加了“他前面有□人，后面有□人”，“一共有□人”，“两个□里的数表示的意思一样吗”，把序数与基数放在一起比较，使学生体会自然数的意义与作用。

把实验教材中的“几和几”改为“分与合”，直接渗透两种基本的数学思想，更加科学。再以一个结论性开放题“把 4 个向日葵放到两个筐里，有几种情况”引导学生分一分，再开展数的组成教学。

在“加法”一课中，采用小丑图更加直接地反映出“把两个数合并成一个数”这一加法的意义。实验教材是以鸽子为例揭示出加法的意义：把 1 只鸽子和 2 只鸽子放在一起得到 3 只鸽子。相比之下，还是把 3 个气球和 1 个气球合在一起更能体现“合”这一加法的意义。

四是调整练习，及时巩固。

两位老师说，新教材适当增加了练习和复习，促进学生巩固知识，提高技能。考虑到不同地域的学生的差异性，新教材从以下两个方面作了改进：一是重视基础。新教材在许多地方比实验教材细致得多，设计了一些基本能力训练题，如写算式练习：教材在 6 和 7 的认识和加减法之后的练习中才第一次出现抄写算式并计算的练习，说明在这之后才要求学生会独立写出完整的算式。在学习加减混合之后再次出现抄写算式的练习，提高书写技能。二是增加练习量。新教材放慢了教学的节奏，做到教学一节新知识就安排一个练习，使学生逐步巩固，学得扎实。这样，新教材虽然比实验教材少了一个单元（分类）和一个综合实践活动（我们的校园），而练习的数量却由 23 个增加到 25 个，整理和复习的次数也增加了一次（在第 3 单元 1 ～ 5 的认识之后）。并且在练习的题量上也增加了许多，特别是计算题的数量。

两位老师最后用一句话结束全文：新教材有许多新的地方，值得我们好好学习与研究，并在教学实践中进一步探索。

对新教材“新”的地方，尤应注意。比如新的提法、新的形式、新的做法等等，都应问一系列的问题：为什么增添这一新的地方？这个新的地方有什么用？有无改进的必要？……

浙江省衢州市柯城区大成小学刘素平老师《关于小学数学教材附页的几点思考》（原载《中小学数学（小学）》2013 年第 12 期）一文，就是一篇专论新教材新加的附页的好文章。文章开篇指出：

> 教材附页是新课程理念下新版教科书里的一部分内容，如北师大版数学教材每册的后面都准备了几张附页，内容涉及空间与图形、数与代数、统计与概率等方面的知识。如何使用好教材附页，认真研究它的价值与作用，对提高教学实效具有积极的作用。
>
> 结合近几年的教学实践，笔者认为在教学过程中合理使用教材附页，不仅具有“教学助手”的作用，更重要的是对知识的理解和应用可以起“桥梁”作用，从而使教学达到事半功倍的成效。

下面分为两个大标题进行叙述：

第一个大标题：“调查分析”。

实际是将附页使用情况细化，体现出一位一线小数教师的细心和认真。

刘老师指出：教材附页以其独特的空间和形式安排在教材的最后面，但是作为一线数学教师，我们关注情况和执行情况又如何呢？为全面了解数学教师对教材附页的使用情况，使调查结论更具说服力、代表性，笔者本次问卷调查选择了本地城区、郊区、农村各一所小学的数学教师，调查方式为调查向卷。

调查的主要内容		答题的基本情况		
		城区小学	郊区小学	农村小学
你自己使用过教材附页吗	从来没有	0	0	8.3
	偶尔	41.7	33.3	33.3
	经常	58.3	67.7	58.3
您指导学生使用过教材附页吗	从来没有	0	0	0
	偶尔	33.3	40	33.3
	经常	66.7	60	66.7
你觉得教材中的附页使用价值如何	没有价值，完全可以自己准备	0	0	0
	有点使用价值，但不高	41.7	60	50
	很有用，教学中重难点会通过使用附页得到解决	58.3	40	50
您在课堂教学的哪个环节经常使用教材附页	课的导入	8.3	0	0
	新授	75	80	41.7
	巩固练习	8.3	20	58.3
	拓展提高	8.3	0	0
您在哪块教学内容经常使用教材附页	数与代数	75	14.3	15
	空间图形	75	76.2	75.1
	统计与概率	4	3.8	4.1
	实践活动	6	5.7	5.8

刘老师说，通过问题调查有一些发现：

一是所有老师都认为教材附页有一定的使用价值，而且有一半左右的老师认为非常有价值，教师都能经常使用附页，也能经常指导学生使用附页，也就是说，教学一线的老师会把教材附页使用到自己的教学中。

二是大部分教师在使用附页时都放在了新授环节，用于解决重点问题、突破难点；也有一部分教师，把附页用在了巩固练习和拓展练习中。

三是在课堂教学的哪个环节经常使用教材附页方面，农村学校与城区郊区的老师有所差异，农村学校的老师倾向于用在巩固练习的环节，而城区郊区的老师更倾向于用在新授环节。

四是在哪块教学内容经常使用教材附页方面，使用频率比较高的是在“空间与图形”方面，因为教材提供比较多的是“空间与图形”。

第二个大标题：“附页”使用策略。

实际上是举例加以说明，共举了三个例，现仅引用第二个例子：

2. 合理使用，突显价值。

教学过程中有些难点需要通过学生动手操作，借助一些教具、学具等帮助学生理解难点，提高教学效率，而教材附页提供的材料就是最合适的教具，也是学生用得上的学具。

比如：三年级下册教材 5 页分一分（二）

1. 把附页 2 图中的小方块分别涂上红、黄、蓝三种颜色。

（1）红色部分占全图的 $\frac{(\quad)}{(\quad)}$。

（2）黄色部分占全图的 $\frac{(\quad)}{(\quad)}$。

（3）蓝色部分占全图的 $\frac{(\quad)}{(\quad)}$。

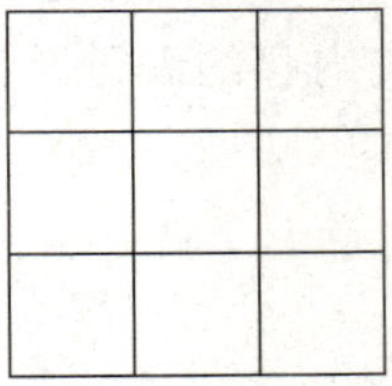

图2

2. 把图 2 剪成 9 个小方块，3 种颜色的小方块分别占 9 个小方块的几分之几？这是三年级下册“认识分数”单元第二课时的内容，是对分数意义认识的进一步发展，分数更深层的意义是表示整体与部分相互依存的数量关系，教材中的例题是通过附页提供素材，让学生通过画一画、剪一剪等动手操作活动，初步理解单位“1”可以是一个整体（比如一个图形），单位“1”也可以是一些相同图形的集合体（比如这里的 9 个小方块），从而帮助学生初步建立起分数的概念。在教学中，我就充分利用附页，让学生在附页图 8 的正方形小方格中按照自己的喜好，分别涂出红黄蓝三种颜色，然后观察，每种颜色各占整个图形的 $\frac{(\quad)}{(\quad)}$，具体说明三个分数的意义后，又让学

> 生把大正方形里的小方块一个一个剪开，得到了9个小正方形，然后让学生思考讨论：现在3种颜色的小方块分别占9个小方块的几分之几？这样一剪，什么变了？什么没有变？学生通过这样的操作、思考、讨论，能较清楚地理解单位“1”可以是一个整体，也可以是一些相同图形的集合体。通过这样的操作，学生对单位“1”有了深刻的理解。

刘老师最后说，教材附页的设置既为教师上课提供了合适的教具，也为学生提供了实用的学具，无形中也渗透了数形结合的思想方法。教材附页的设置，更是体现了“人文意识”，让教师和学生感受到使用新教材的一种人文关怀。

（四）思路四：从不同版本同一内容的比较入手

江苏省宿迁高等师范学校附小彭国庆老师《两种小学数学教材中问题解决内容的编排及比较分析》（原载《中小学数学（小学）》2013年第11期）一文，就是一篇从不同版本小数教材同一内容的比较入手的优秀文章。文章开头是这样的：

> 新课程下的小学数学课程注重问题解决，课标在课程总目标中明确指出要培养学生问题解决的能力，并以问题解决作为总目标的其中一个方面进行阐述把教学目标具体化。对应问题解决的课程目标要求，数学教材作为实现数学课程目标、实施数学教学的重要资源，编排了哪些内容来具体体现的？不同的教材在问题解决内容的编排上有何异同点？下面就以人教版和苏教版两种教材为例，对问题解决相关内容的编排进行比较、分析。

接下来，彭老师分三个大标题展开叙述：

第一个大标题：两种版本小学数学教材中问题解决内容的具体编排对比。

彭老师用表格形式来加以对比：

表1　人教版和苏教版中的问题解决内容安排情况

		人教版	苏教版
一年级	上册	1～5的认识和加减法，6～10的认识和加减法，数学乐园、我们的家园	有趣的拼搭，分与合，加法和减法，丰收的果园，统计，加法
	下册	20以内的退位减法、100以内的加法和减法（一），小小商店，统计	减法、加法和减法（一），小小商店，加法和减法（二），假日小队，统计
二年级	上册	100以内的加法和减法（二）、表内乘法（一），表内乘法（二），统计，数学广角。	乘法口诀（一）、快乐的队日活动，口诀求商（一），乘法口诀和口诀求商（二），统计与可能性，田园风光
	下册	解决问题、表内除法（一），表内除法（二），克与千克，万以内的加法和减法（一），有多重，统计，找规律	有余数的除法、加法，减法，乘法，统计，你能跳多远
三年级	上册	万以内的加法和减法（二）、有余数的除法，时、分、秒，多位数乘一位数，数学广角，掷一掷	除法、农村新貌，加和减，长方形和正方形，周长是多少，乘法，统计与可能性
	下册	除数是一位数的除法、统计，两位数乘两位数，面积，小数的初步认识，解决问题，设计校园，数学广角	除法、乘法，长方形和正方形的面积，我们的试验田，统计，运动与身体变化，认识小数
四年级	上册	三位数乘两位数，除数是两位数的除法，统计，你寄过贺卡吗，数学广角	除法，混合运算，运算律，解决问题的策略，统计与可能性
	下册	四则运算，运算定律与简便计算，营养午餐，小数的加法和减法，统计，数学广角，小管家	乘法、混合运算，运算律，我们去春游，解决问题的策略，统计，了解我们的生存空间
五年级	上册	小数乘法，小数除法，量一量找规律，多边形的面积，统计与可能性，铺一铺，数学广角	多边形面积的计算，校园的绿化面积，小数加法和减法，找规律，解决问题的策略，小数乘法和除法（一），小数乘法和除法（二），统计，了解周围的家庭
	下册	长方体和正方体／粉刷围墙、分数的加法和减法，统计，打电话，数学广角	方程，找规律，统计，分数加法和减法，解决问题的策略，圆

续表

		人教版	苏教版
六年级	上册	分数乘法，分数除法，圆，确定起跑线，百分数，统计，合理存款	方程，长方体和正方体，分数乘法，分数除法，认识比，大树有多高，分数四则混合运算，解决问题的策略，算出它们的普及率
	下册	圆柱与圆锥，比例，自行车里的数学，统计，数学广角，节约用水，邮票中的数学问题	百分数的应用，面柱和圆锥，测量物体的体积，比例，面积的变化，正比例和反比例，解决问题的策略，统计

第二个大标题：两种教材在问题解决内容编排上的比较分析。

彭老师通过对比，得出以下结论：

一是都注意选择与学生生活背景有关的素材与情境，为学生发现数学问题、探索数学问题提供丰富、生动、有趣的资源。

彭老师说，两种教材都设计了学校运动会、课外活动、秋游等学生在活动中经常会碰到的数学问题，注意培养学生从生活中发现并提出简单的数学问题的能力。例题或练习题插图一般展示含有数学问题的现实情境，使学生体会到现实生活中存在着许多数学问题，并且很多题目中往往只明显出现一个条件和问题，另一个条件需要学生自己在情境图中去寻找，有的情境图中蕴含有解决一个问题的多种信息，揭示了可以选择不同的信息，采用不同的方法解决问题，有的情境表现了不同的学生想出了不同的解决办法，使学生了解同一问题可以有不同的解决方法。另外，教材还注意安排了少量具有探索性和开放性的题目，使学生初步体会可以从多个角度思考问题，以寻求多个解答的方法和答案，让学生在不断探索与创造的气氛中发展创新的意识。

二是全领域渗透解决实际问题的教学，逐步培养学生解决问题的能力。

彭老师说，两种版本教材都关注学生解决问题的意识和能力的培养，把解决问题贯穿和融合在数学内容四个领域的全部过程中，并随着学生年龄的增长和知识的不断丰富，渗透的领域也呈现逐渐增多的趋势。这又具体体现在以下几点：

其一，问题解决的内容与计算教学紧密结合。两个版本的教学在呈现教学计算法则的相关内容时，均从实际问题引入，让学生通过解决实际问题掌握相应的计算方法，在学生掌握了计算方法以后，再出现现实的问题情境，通过不同的方式提出数学问题应用计算知识来解决，这样就使解决问题与计算教学内容有机地结合起来。将解决问题教学渗透在日常的计算教学中，有利于学生体会计算在解决实际问题中的价值，切实感受到计算的必要性，增强学生应用数学的意识。

其二，问题解决、统计与概率的内容有机的结合。“统计”内容教学中都安排了解决问题的例题或练习，如苏教版三年级下册第 94 页第 4 题，学生除了要根据统计图解决两个问题，还要能提出数学问题。这些问题的解决不仅可以加深学生对刚刚学到的数学知识的理解，同时使学生受到解决问题能力的训练，这对于发展学生的解决问题能力十分重要。

其三，问题解决结合图形与几何的内容进行教学。如学生在学习了平面图形的周长和面积的计算以及立体图形的表面积和体积计算之后，都安排了解决实际问题的练习，在解决实际问题中增强对图形与几何相关知识的理解和实际应用。

其四，设立独立的“综合与实践”活动，提供应用所学知识解决问题的例题或练习，培养综合运用知识解决简单的实际问题的能力。如苏教版安排的计算它们的普及率等，人教版安排的节约用水等综合应用知识解决问题的活动，不仅使学生对所学知识逐步融会贯通，更重要的是对于提高学生解决实际问题的能力、实践能力都起到一定的促进作用。

三是安排训练数学思维的教学内容，有步骤地渗透数学思想方法，培养学生数学思维能力和解决问题的能力。

彭老师说，两版教材都能够结合解决问题的教学系统地渗透数学思想方法，甚至安排一些探索纯数学问题的内容，如人教版单独设计“数学广角”单元，苏教版单独设计“解决问题的策略”单元，这些教学内容既具有挑战性又具有趣味性，有利于学生主动地进行观察、实验、猜测、验证、推理与交流，初步感受数学的思想方法，受到数学思维的训练，同时培养他们探索数学问题的兴趣和发现、欣赏数学美的意识。

第三个大标题：对于两个版本教材有关问题解决内容编排的建议。

主要有二：

一是适当降低教材的难度。通过比较发现两个版本的数学教材都引入奥数内容，诸如植树问题、鸡兔同笼问题、抽屉原理等内容相对于小学生而言较难，超出了当前学生的学习能力，因此，建议在教材中将这些内容删去或降低难度。

二是将部分问题解决的数学模型显性化。

彭老师说，小学数学教材中有两种数学模型最常见，一种是经济生产类数学模型，如利率、折扣等方面的计算等比较常见的数学模型，但是最基础的模型是反应单价、数量和总价这三者之间关系的模型；另一种是运动事物的数学模型，如，行程问题中的速度、时间和路程三者之间关系的建立。在当前的小学数学课本中这两个最基础的数学模型在教材中都属于渗透型的，如苏教版教材中最早呈现单价、数量和总价这三个数学名词是在二年级下册练习十二的第 3 题，但这三个数量之间固有的数量关系教材中却没有及时呈现出来，甚至 12 册教材中都没有将相应的数量关系式显性化，这对于渗透模型思想、运用数学模型解决实际问题多少是有影响的。再有，当学生学习行程类问题的时候，由于对“速度 × 时间 = 路程”的模型建立和认识的相对不够，不仅会影响当前的学习，这样的影响还会波及如工作效率、工作时间和工作总量等相关问题的解决。因此，建议教材在编排乘法和除法的计算中如涉及此类问题的解决，可及时呈现数量之间的关系，帮助学生建立必要的数学模型，运用模型提高解决问题的正确率。

（五）思路五：讲述自己使用教材的实际体会

浙江省台州市椒江区教育教学发展中心李加汉老师《例谈让教材成为课程的重要资源》（原载《小学教学研究（数学）》2013 年第 10 期）一文，也是一篇会给一线小数教师诸多启示的好文章。说教材是课程的重要资源一点也不新鲜，但如果结合上自己在教学中积累下来的例子来谈，这篇文章至少就不会显得空泛无物了。

李老师这篇文章下分三个大标题：

第一个大标题：“探寻有价值的数学任务”。

所举实例如下：

例如，在“圆的认识”一课教学中，我们采取了 A、B 两种方案引入。

A：套圈游戏，你们玩过吗？现在我们班级 48 人要玩套圈游戏，该怎样安排？

B：课前学生玩一玩套圈游戏，电脑出示：48 个小朋友做套圈游戏，比一比谁先套中。在下面这几种站法中，你会选择哪种方法？并说明理由。

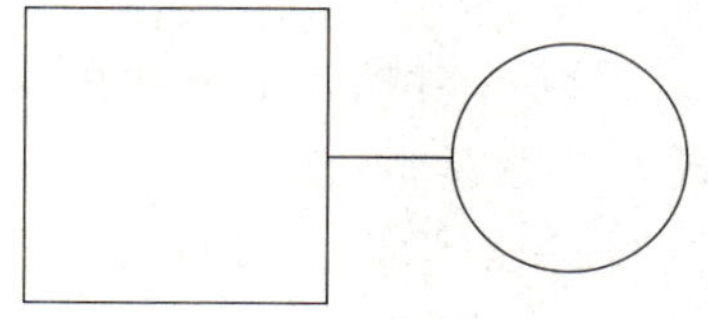

教学实践中，我们发现，A 方案引入学生的回答很容易漫无边际。甚至不在教师的引导下很难想到“圆形方案”。显然，A 方案的问题是教师理想中的生活化，忽视了学生在实际生活中玩的套圈游戏。实际上学生都是站在一条“警戒”线后排成一排，而不是排成圆形玩耍的。而 B 方案则很容易让学生在讨论中激活其原本已有的生活经验，比较集中地达成了共识——圆形站法比较公平。那么 B 方案是否就没有问题了呢？仔细推敲，不难发现，B 方案反映的不是学生自己参与的场景，他们只是参与了评价情境，自主性显然是不够的。在这样的思考下，我们就容易产生 C 方案。

师：现在老师想选取一位幸运的同学，奖品是老师手上这本奇幻的《数学大侦探》，你想当幸运者吗？

（全班同学都高举着手。）

师：那么多人要当，怎么办？这样吧，老师站在这里，同学们在座位上，听到我说“开始”，大家都上来拿，谁先拿到，我就送给谁，这样可以吗？

生：（一名后排同学）不行的，我们吃亏了，第一排到老师的距离很近，我们太远。每个同学到老师的距离不相等，这样是不公平的。

师：不公平，那你们有好办法吗？

生：我们可以围成一个圈（圆），老师站在中间，这样就可以了。

师：这样为什么就公平了呢?

生：这样每个人到老师的距离都是一样的。

师：大家都同意这个方案吗?（生都表示同意）一个圆就把这个问题解决了，看样子，圆太神奇了。今天我们就一起走进圆的世界，探究圆的奥秘……

李老师说，显然，这样的情境让学生在参与中激活了已有的知识和生活经验，不仅能提炼出数学本质，而且学生的体验性与自主性都很强。用罗杰斯的话说：“知识对学生是否具有个人意义，是知识保持的决定因素。”只有蹲下身子，想想孩子们已经做的和期望去做的事情，我们才不会被教材上一些人为的包装和多彩的图画等装饰品所迷惑，才会创设出对孩子更具有生命意义的、更能激发其自主学习的有价值的数学任务。

第二个大标题：“尊重孩子与文本的真实对话”。

所举实例如下：

在执教“1减去真分数”这一课时，经过“短、平、快”的引入，教师开门见山地出示了课本上的例题：“一堆煤，运走了5/8，还剩多少？”当我正想提问学生“在这个问题中你读懂了什么，获取了什么信息”的时候，一位学生迫不及待、洋洋得意地喊起来：“这道题目不能解答！同学们不能上当！”当时教师和同学们都愣住了，教室里开始有了嘲笑的声音与不屑一顾的眼神。然而理智告诉我，这位“勇敢的小伙子”一定有自己的想法，何不听听他的意见呢？在教师的鼓励下，他理直气壮地对同学们说：“一个完整的数学问题应该有两个已知信息和一个问题，而题中只有一个已知信息，怎么能解答呢？老师不是经常故意出不能做的题目考我们吗？”有理有据，振振有词！多“好”的课程资源呀！这正是教师在备课中没有想到的本节课的“突破口”！于是教师马上顺着他的意思说：“他说的理由很充分呀，这是不是老师往常的招数呢？你们有什么看法？”教师改变了备课中的教学思路，将课堂的“舞台”让给了学生，孩子们经过激烈的讨论争辩，从而达成对此类数学问题结构的理解、对单位“1”的理解，这样的教学效果绝不是老师原来的教学预设所能达到的。太感谢这位同学的“重大发现”了！

李老师说，类似“如何正确对待学生的差错”的研究已经颇多，举这个例子更想说明的是教材以及教师的教学设计并不是对每个学生都是适用的。课程是一种动态的、生长性的“生态系统”和完整文化。忽视了与学生的沟通，就容易忽视课程。尊重孩子与文本的真实对话是让教材成为课程的关键。

第三个大标题：“形成有个性的组合特色”。

所举实例如下：

在执教“长方形面积和周长的练习”时，设计了这样一个专项练习：园林工人要给一块长方形空地（如图 1）铺上草坪，并在草坪四周围上一圈护栏，他们要准备多长的护栏呢？草坪的面积是多少？

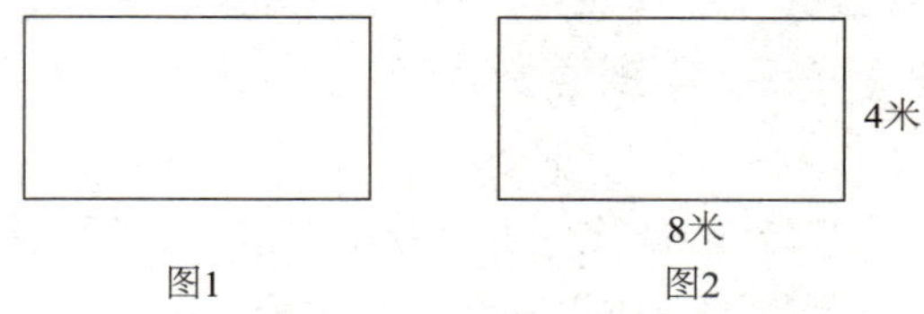

图1　　图2

学生审题后，纷纷提出：这个问题要补上长宽各是多少的条件才能解答。根据学生的回答我出示了图 2 让学生独立练习。之后，编排了五个层次的问题串，使学生通过解决这一串逐步递进的问题，形成相关联的知识结构。

（1）怎样检验自己做的是否正确？（学生自主编题，理解长、宽与面积、周长之间的关系。）

（2）怎样改编，将题中的直接信息变成间接信息？（进一步掌握计算公式，使学生融会贯通，举一反三。）

（3）怎样将题目变得更复杂？（开放性的拓展练习，学生编出了如：在草坪中挖一个最大的正方形水池或挖去一个边长是 2 米的正方形水池，求剩下部分的周长和面积，等等。）

（4）用 24 米长的护栏你还能围出不同的长方形吗？这些长方形的面积各是多少？仔细观察，你发现了什么？

（5）应用发现的规律解决问题：①两个数的和是 18，这两个数的积最大是多少？②不求积，比较 17×23 与 18×22 的大小。

李老师认为，让教材成为课程的重要资源，其本身应该是教师如何“用教材”的指导思想与理念。上述三个具体的策略仅是对“教师、学生、教材、环境”的课程四要素一方面的认识与解读，更重要的是希望教师能清晰地意识到，作为教师的你是最重要的课程资源，你的课程意识、课程开发能力、专业知识水平、对教材的处理与分析能力将直接影响这个学校、这个班级的学生。你不仅在构建学生的知识，更重要的是在构建学生的“智慧”。

最后李老师小结说，希望能对读者在用教材上有所启迪：儿童参与的任何一个有意义的数学学习，都应该包含一个问题情境（即没有直接的解决方法，至少需要一步推理才能完成，这样可以开阔学生的思维），应该要求批判性推理，应该能够与学生原有知识经验、真实的情境以及其他数学领域建立联系，应该给予学生猜想、辩论和展开有意义讨论的空间。

在叙述的过程中李老师当然还会有论述部分，但这篇范文的主体，就是这几个实例撑起来的。所以一线小数教师，一定要注意积累写作素材。而“写作素材”，或许正在日常琐细的教学环节中。

（六）思路六：讲述自己利用教材进行教学的具体方法

江苏省宝应县实验小学李忠玉老师《变·释·渗——充分利用教材优势，改善学生学习方式》（原载《小学教学参考（数学）》2013 年第 4 期）一文，就是一篇讲自己利用教材进行教学的具体方法的好文章。

李老师所讲的，是如何用教材指导学生改善“学习方式”。教学环节也多了，专讲这一点容易讲清楚。李老师首先指出改善学生学习方式，是课程改革的目标之一，是课程改革的显著特征。而新教材，又为学生的自主学习提供了空间。所以，我们要充分利用教材优势，促进学生学习方式的改善。接下来，李老师就以“变”“释”“渗”为标题，引出三个自然段，实际上也就是三种具体操作方法：

先是“变”。李老师说，教材资源是教学过程中的核心资源，但并不表示要原封不动地加以呈现，很多时候需要对它进行助消化处理，这正是体现了“用‘教材教’而不是‘教教材’”的理念。自主探究是数学课堂教学的一道亮丽的风景线，为了更好地让学生进行自主探究，课前我们都会安排学生进行预习。怎样处理好预习是我们比较头疼的事。因为预习了，学生会对课堂上所探究的例题失去兴趣，有些学生甚至会直接记住课本例题的答案，根本谈不上探究，当然也不能真正地领会知识。所以，对教材进行整合是非常必要的。

李老师举例说，在教学解决问题的策略中，有一道例题是这样的："订阅下面的杂志:《科学世界》《七彩文学》《数学乐园》，最少订阅 1 本，最多订阅 3 本，有多少种不同的订阅方法？ "在学生预习的基础上老师设计了这样一道题目:"王大叔去买牛，牛圈里有 3 头牛，一头黄牛、一头灰牛、一头黑牛。现在王大叔最少买 1 头，最多买 3 头，有几种不同的买法？"这样不但与上一道例题"王大叔用 18 根一米长的栅栏围成一个长方形羊圈，有多少种不同的围法"相呼应，而且学生看了这样的题目，会有一种似曾相识的感觉，从而产生探究学习的欲望，当然就更有信心去进行新的探究，从而形成了良好的学习方式，能自主解决一些问题。再如例题:"男生有 20 人，女生是男生的 2 倍，男、女生一共有多少人？"我们可以将它改成:"白兔有 38 只，黑兔只数是白兔的 3 倍，黑兔比白兔多多少只？"让学生通过比较感悟出问题的实质。当然，我们可以改变教材内容，也可以改变教学方式，但不能改变学生的主体性，要做到"形变而神不变"。

再看"释"。李老师说，教材，作为优质资源有很高的利用价值，是帮助学生进行学习并学会学习的重要凭借。学生的学习过程不是从教科书到教师再到学生的单向传输过程，而是一种基于学生原有思维框架的有意义重构，在学生、教师、教科书、环境之间多向互动的过程中不断生成。教师首先应读懂教材，明确教材的编写意图，学生也许不清楚哪些是重点、难点，但教师应站得高、看得远，充分发挥自己的主导作用，引导学生充分利用教材的优势，领会知识要点。对于教材中的重要话语、典型方法，我们可以通过实物投影、课件展示的方式展示给学生，创造条件让学生进行讨论、探究。

例如，在教学三角形时，待学生直观认识三角形后，先让学生说一说什么样的图形是三角形，再让学生看一看课本上是怎样描述三角形的。学生通过观察、思考，初步了解了三角形的含义，这时我并没有让学生简单地读一两遍就草草了事，因为学生还没有真正领悟三角形的含义。教师让学生再去认真体会，并讨论哪些词语比较重要，为什么经过慎重的分析，学生抓住了“三条”“线段”和“围成”这三个关键词。学生自主获取的知识是浅显、分散的，教师通过“释”的方式将学生的认知状态上升到一个高的层次，帮助学生建立知识网络，为进行更深更广的探索学习打下坚实的基础。

最后是“渗”。李老师说，学以致用、举一反三是我们学习的一个基本要求，尤其是数学知识的学习。我们不能单纯地讲授教材知识，应该在教材的基础上拓展方法、引申问题，促使学生真正领悟解决问题的策略。在数学教学中，教师要有“宽广”的思维，多让学生谈一谈自己的想法，多问一问学生有没有其他的方法，多变换一下问题情境，在情境中使学生的思维方式得到更广更深的发展，学习方式由传统逐渐与先进相接轨。

例如，在讲“一张靶纸共三圈，投中内圈得 10 环，投中中圈得 8 环，投中外圈得 6 环。小华投中两次，可能得到多少环”这一道题时，在学生已经理解并很顺利地解决了这个问题后，教师将最后问题中“小华投中两次”的“中”去掉，变成“小华投两次，可能得到多少环”，让学生进行探究与讨论。这不仅让学生进一步掌握了这类题的解题方法，更有利于引导学生养成自觉仔细审题的习惯。这一设计突破了就题论题的习惯，使学生的学习过程变成探索的过程，可谓一举多得。

李老师最后总结说，教学的过程不是忠实地传递教材知识的过程。教师不是既定课程的阐述者，而是课堂课程的决策者。因此，我们在教学中应该着眼于培养学生的创新意识和实践能力，致力于学生的持续发展；合理使用教材，对现有教材进行再创造，精心设计，大胆探索，深入实践，在改善学生学习方式的同时，促进学生生动活泼、全面和谐地发展。

四

关于学生管理的研究

几乎每一位老师都从事过学生管理工作，比如班主任、学校团委辅导员等，都主持过家长会，进行过家访。作为年轻教师，就更跑不了要兼任班主任工作了。所以，从自身做学生管理工作的经验体会出发，来写些文章，也是一线教师一个不错的选择，这方面的研究主要的写作思路有：

（一）思路一：从理论角度论述学生管理工作

例如上海市闵行区华坪小学陆敏老师《如何运用“问题意识”解决班级问题》（原载《班主任》2009 年第 5 期）一文，指出班主任一定要提高自己的问题意识，抓住并解决班级存在的主要问题，从而提高学生管理工作的水平。又如广东省东莞市教师进修学校谭文绮老师“目标管理理论视野下的班级建设与管理”［原载《教学与管理》（理论版）2009 年第 5 期］一文。将目标管理理论（MBO）引入学生管理，认为中学班级管理可分三步来进行：目标的确定、目标的实施、目标成果的评价，每一步均举有案例。

（二）思路二：讨论学生管理工作的地位、内容等

如果说思路一是将某一理论与学生管理工作交叉后所产生的思想火花，那么，思路二则是探讨学生管理工作的某一个方面，诸如历史、地位、内容等等的内容。

山东省临沂八中王立华老师《中小学班主任工作改革三十年的回顾与展望》［原载《班主任之友》（中学版）2009 年第 1 期］一文，是学生管理工作的历史方面的一篇力作。王立华老师将“文革”后三十年中小学班主任工作，分为“制度构建”“理论探讨”和“实践架构”三个方面进行总结。从制度上看，我国从 1978 年正式实施班主任津贴制度；1984 年召开全国首届优秀班主任大会，2006 年教育部接连出台文件，规定每个班必须配班主任等，标志着班主任制度逐步形成。从理论上看，王立华老师认为这三十年大致可划分为创建期、规范期和自主专业化期等几个阶段。从实践上看，从 1978 年至 1988 年，为所谓“前范式时期”，从 1988 年至 2000 年，是所谓“范式初建时期”，从 2006 年至今，是所谓“范式转型时期”。最后，王立华老师认为“班主任专业

化，是班主任工作未来的发展趋势”。

（三）思路三：关于学生管理工作的调查研究

以问卷调查为基础写作，是学生管理工作方面文章的常见思路。例如西华师范大学教育学院成云老师《普通高中班主任胜任力差异研究》（原载《教育研究与实验》2010 年第 1 期）一文，选择四川、重庆、广东共 28 所普通高中班主任，采用自编问卷进行调研，并在问卷基础上进行结果分析，对不同学历、不同教龄、不同地区、不同性别等因素对班主任工作的影响，均有描述和分析，最后的结论是：“普通高中班主任胜任力结构中的专业素养特征在学历、教龄、地区、优秀与否上存在显著差异；其服务导向特征在性别上有显著差异；其问题技能特征在个体优秀与否方面差异显著；其协作意识特征在教龄和性别上存在显著差异。”

（四）思路四：有关管理者自身的探讨

管理者自身应具备怎样的素质、心态等，也是关于学生管理的热门话题。例如北京教育学院张红老师《关于班主任专业素质的思考》（原载《班主任》2009 年第 3 期）一文，将班主任的专业素质概括为专业态度、专业思维方式和专业能力三个方面。认为“班主任的日常工作行为可以简单地分为以事务管理为主的行政行为和以学生教育为主的专业行为”，“一般来说，用于行政行为的时间和精力越多，则其专业程度越低”。张红老师认为，班主任的专业行为包括领导行为、管理行为和教育行为，其中管理行为又可细化为常规管理、文化管理和危机管理。

（五）思路五：有关学生管理的具体做法

例如江苏省如皋师范学校附属小学孙小冬老师《我班的“民营”图书馆》（原载《班主任》2010 年第 7 期）一文，记载了孙小冬老师让学生自己筹办图书馆，借阅图书每天 2 毛钱，所收费用 75% 归还图书主人，25% 归图书馆公有，效果很好。孙小冬老师说，这一举措之所以效果良好，是因为“他们在按自己喜欢的方式做自己想做的事情”。

又如江苏省东台市唐洋镇小学朱东沈老师《巧用“勤”字诀——农村小学住宿班级班主任工作初探》(原载《小学教学参考(综合)》2013年第5期)一文，从“勤中有爱”“勤中有细”“勤中有严”“勤中有放”四个方面，谈了自己的工作方法。每一方面都不是泛泛而谈，而是有实例。如“勤中有细”下朱老师写道：

> 细，即细节。住宿班级的管理应掌握细节、注意方法。因为每个学生都有自己住校的原因，有不同的家庭环境，融入集体的能力也都不同，所以，在这个学生身上适用的方法，不一定在另一个学生身上也能适用。
>
> 初接手一个住宿的班级，我常常会先了解哪些学生家庭情况比较特殊，哪些学生是单亲家庭，哪些学生父母常年在外打工，哪些学生家庭较困难，哪些学生学习上有厌学心理等等，面对这些特殊的学生，我们往往更应注意方法。
>
> 如我班的一位许同学，他是从其他乡镇的学校转入我校学习的。经过了解，发现他比我班的其他学生都大两岁，转校读书的原因是因为本身厌学，对学习甚至对原学校的老师产生了敌对心理。通过开学几天的观察，我发现他乐于为班级做事，劳动积极。于是，我在班里提议让他做劳动委员，安排班级的日常打扫。出乎意料的是，全班学生竟然没有一个人反对。几个星期下来，他将班级卫生管理得井井有条，就连每周的大扫除都帮我安排得有条不紊。我不失时机地将他找来，先肯定了他的工作，肯定了这段时间来他的表现，通过劳动委员的工作可以看出他是很有能力的；然后，我再鼓励他，学习上他同样也可以做得很好，作为全班同学的大哥哥，他应该给同学们树立一个榜样。渐渐的，他厌学的心理消除了，上课也能注意听讲了，成绩也有所进步了，偶尔在学习上有松懈的情况，只要稍微提醒，他就能做得很好。

又如福建省泉州市安溪八中学陈炳贵老师《我的座位安排法》(原载《班主任之友》2010年第7期)一文，提出一个新的“概念”：座位分。座位分=学生月考成绩(10%)+平时表现量化分(30%)+学习进步分（40%）+ 科任老师评价分（20%）。根据座位分由班干部组织学生自选座位。据陈炳贵老师讲，采用这种方法后，“班级的总体成绩有了很大的提高，学生学习积极性与竞争意识也有了很大的提高”。

（六）思路六：关于学生管理工作的杂感

例如中央教育科学研究所程方平老师《班主任的批评不可少》（原载《班主任》2010 年第 3 期）一文，有感于目前舆论的一些偏向，认为班主任只会所谓“赏识”，是远远不能满足学生的成长需要的。批评是必不可缺的，当然，批评要讲究方式方法，也不能只会批评，不会赏识。

所谓杂感，写作起来也应该相对不拘一格。也可以写成案例形式。如江苏省南京外国语学校仙林分校吴丹丹老师《智慧点拨，向心而行——与家长沟通的小技巧》（原载《小学教学参考》2012 年第 8 期）一文，其实文章主体就是一个案例。文章开头吴老师写道：“家校关系紧张，教师与家长之间缺乏沟通与信任，已经成为现今中国基础教育中的又一个难题。面对学生身后形形色色的家长，教师既需要真诚的交流和沟通，也需要智慧的激励和引导。笔者将通过自己接手一个新班后引导和激励家长的案例，谈谈自身的感悟。”接下来是这案例：

> 班中有一个年级闻名的特殊学生小 C，生活上没有条理，新文具使用绝对超不过一天，不是丢掉了就是拆坏了；独立学习能力差，自控力低，如果没人帮忙完成，作业基本等于没做。令人意想不到的是，小 C 的父母却是高级知识分子，一个是大学教师，一个是医生。
>
> 低年级刚入学时，小 C 的特殊性便让其父母成了教师办公室的常客，一训话就是一两个小时。到了中年级，小 C 的作业拖拉发展到了不可收拾的地步，教师的电话让小 C 妈妈的情绪也变得异常焦虑，无力管教，整个四年级小 C 的语文作业几乎没有写过……
>
> 得知这样的情况，我便给小 C 的妈妈打了电话，没想到小 C 妈妈一开始便陈述了小 C 许多的问题，无奈失望之情也透过话筒传了过来，她希望我在以后能多多包容他。

我笑了笑说："这些我之前都了解过，每个孩子都是不一样的，一个伟大的人物往往都有一个特殊的童年，爱因斯坦小时候数学还不及格呢。"说到这里，我们都笑了，我分明听到了小C妈妈笑声中的放松。

我接着说："小C是有些特殊的地方，但我发现他很善良，平静的时候也能听进老师的话，能体谅老师的用心。我想他在家里也是这样的吧？"他妈妈激动得连声说是，一下子举了好几个例子。

我又说："因为接触时间短。学习上其他的问题我还没怎么发现，但我发觉他很有思想，上课发言也非常积极，思考问题的角度与其他同学都不同，常常能说出很有价值的答案。"

"不瞒您说。我儿子上课就是喜欢举手，但说的答案往往离题万里，老师都受不了，我们现在对他上课的要求就是不举手，不说话，不打人，认真听。"

"这方面您不用要求他，在课堂上我会视情况而定，逐渐教他如何恰当地表达自己的观点。"

我们这通电话打了40多分钟，交流非常愉快。最后，我说小C的行为和习惯还有不少需要改善的地方，尤其是与同学相处的方式，还需要一起努力配合，他的妈妈欣然接受了。渐渐的，我几乎每天都能看到小C妈妈出现在教室外接孩子的身影。与她每天交流小C的情况就方便了许多。针对小C的具体情况，我选择了"帮助"教育法。

首先帮助小C。他的抽屉和书包，我一定每天过问。另外，还找生活委员每天帮助小C一起整理一次。指导作文时也让他一句一句地说，直到说通顺再下笔写……半学期后他的语文作业基本都能独立完成了。我在批改时，无论发现他错多少，都允许他擦掉，并在原题上再写一遍。这样看去，本子上都是勾，都是A，他写作业的兴致也就越来越高了，还天天在同学面前炫耀……他的父母也很奇怪，到我这里看个究竟，当拿到儿子的作业本时，他们都不敢相信是儿子写的，而且次次都全对，作文篇篇都通顺。我告诉他们，这个学期开始，我中午从未休息过。当他们对我千恩万谢时，对小C父母的"帮助”也开始了。

“小C的智力其实很不一般，他只是不像一般孩子那样循规蹈矩，他需要大人花更多的时间来陪伴他，发现他这半个学期来的努力成效是非常大的，你们也看到了。语文学习我来搞定，这样你们负担也轻了，帮他在数学和英语上多加把油吧！”

自那以后，小C的学习便进入了良性循环的状态，数学经常考97、98的高分，期末语文考了88分，英语也考到了90分。

学期结束时，小C的妈妈说：“从来没看他学习像这个学期这么轻松和开心过。语文在学校完成了，回家的时间空出了许多，数学是他乐意学的，还常常嘁着要做思维题。我们只需要每天帮他巩固巩固英语课文，背背单词就行了，我们也轻松多了。谢谢老师！”

案例后是“反思”。这么一篇案例式的杂感就完成了。

下面我们小结一下，关于学生管理的研究，常见写作思路有：

思路一：从理论角度论述学生管理工作；
思路二：讨论学生管理工作的地位、内容等；
思路三：关于学生管理工作的调查研究；
思路四：有关管理者自身的探讨；
思路五：有关学生管理的具体做法；
思路六：关于学生管理工作的杂感。

从一线教师的角度看，上述几种思路中，思路一、思路二、思路四和思路六都不太好写，只有思路三、思路五比较适合一线教师写作。

思路一往往是将某一理论（如所举例中的“问题解决”“目标管理”）与学生管理工作相结合，不熟悉理论或不了解实际，都不易写好。

思路二和思路四，目前已较难找到新的题目，容易炒冷饭，文章空洞无物。思路六看似好写，其实不然。如果所谈所感没有特别之处，是很难打动编辑，公开发表的。除非你是个名人、大腕，那么怎么想，怎么写都无不可。

思路三的关键，是问卷设计合理、科学，读写问卷的人也应尽量少一些，才具有代表性，进行分析时注意有多大的证据就说多大的结论，千万不要以偏概全，以少说多。至于思路五，应该说只有一线教师才能写好，不少一线老师管理学生的"点子"令人拍案叫绝。写时当注意越具体越好，一篇文章就写一件事，写清楚。

思路五不妨写写与学生沟通的新方法。如今这一代学生，有许多新的特点，一方面，固然要学习老一辈教师的方法；另一方面，也要积极探索与这一代学生沟通的新方法。

再如河南省拓城县皇集乡杨集小学张海洋老师《我们 QQ 上见》（原载《小学教学（语文版）》2013 年第 9 期》，讲的就是 QQ 这一与学生交往的情景。文章朴实无华但言之有物。文章不长，引用如下：

> 开学不久的一个课间，在回办公室的路上，几个男孩子拦住了我的去路。"老师，给我们留个你的电话号码呗。"我在他的本子上写下手机号码后正要走，这些男孩又笑着请求："老师，把你的 QQ 号也留下来吧！"我迟疑了一下，心想如果给他们留 QQ，会不会有纵容他们上网的嫌疑？看着他们恳切的神情又想，不给他们 QQ，他们就不上网了吗？一时没有拒绝的理由，我就在手机号码后面又写上了我的 QQ 号。
>
> 周末晚上，我一登上 QQ，一个个请求添加的提示就"滴滴滴"地跳了出来。我逐一打开，看着这些不知是什么字体的网名，在心里与课堂上那些端坐着的学生一一对号。待我添加完了，才发现班里将近一半的学生成了我的好友。我故意吓唬他们说："你们加了我，以后上网玩游戏很容易被我抓到哦！"班长小文说："我们只在双休日玩一会儿，平时只是查些资料，欢迎老师监督！"
>
> 这之后，为了不受干扰，我上网一般都是隐身状态。一天晚上，我一登上 QQ 就发现这些学生都在上面挂着呢。这还了得，我把隐身调整为在线，问他们是怎么回事。小文发来一个笑脸，然后回复道："老师，同学们都在查资料呢，今天你讲的'厄尔尼诺现象'，大家都没弄懂，又怕打断你讲课，所

以就上网查查资料，交流一下。”原来是这么回事！“是这样，那就让我加入你们的讨论吧！”我有些愧疚地回复他们。从那以后，我就多了这个课堂反馈的新途径。QQ 联通了课堂内外，让我和学生都有了意外的收获。

有天晚上因为改一篇稿子，我睡得很晚。忽然小军的 QQ 头像跳了出来。“老师，你还没有睡啊？”“你怎么也没有睡？昨天在课堂上我看你没精打采的，是不是玩得太晚了？”我略带质问地回复道。“我这几天感冒发烧，白天没有精神，但一到晚上就没了睡意。”“哦。你用热水泡泡脚，然后找本喜欢的书来读，一会儿就瞌睡了！”“谢谢老师，我去试一下！”看着小军的头像暗了下去，我愉快地想，也许我的办法不能使他很快入睡，但是能让他感受到老师在课堂之外对他的真诚关怀，这样会不会使我们的心贴得更近了呢？

许多老师把学生上网聊天当作“洪水猛兽”，我和学生的这段经历却让我发现：其实事情并不像我们想象的那么严重。当我们放弃封堵，试着进入学生的世界去了解他们，给予他们关心和引导时，往往会有许多意想不到的收获。

请看，张老师用四个自然段讲了用 QQ 与学生交往的事实，最后用一个自然段表明自己态度，肯定这一方法。全文一共才 5 个自然段约 1000 字，但讲的是自己的实际做的事情，同样会予人启发。

五

教学管理的研究

不少一线教师相继走上了教研组长或校级领导的工作岗位。在新的工作岗位，他们肯定有新的思考，并形成新的研究思路。

先看与校长有关的思路：

（一）思路一：有关教育理念的探讨

校长的所作所为，可以说是其教育理念的实施与体现。故而探讨校长与教育理念的文章不少。如江苏省常州市湖塘桥中心小学奚亚老师《"教育家办学"理念下校长应有的教育情怀》[原载《教书育人》(校长参考)2009年第5期]一文，认为"校长应该努力使自己首先成为一个教育家，而不是一种职务。换言之，校长应努力使自己具备教育家的素质，达到教育家的人格境界。只有具备了这样一种素质，达到了这样一种境界，他才有可能成为一个好校长，一个在办学事业上获得真正成功的名校长"。文章接着引用国际21世纪教育委员会提出的"教育家办学，必要的乌托邦"一语，展开讨论了"还教育以独立的品格""造就教育家成长的土壤""赋学校以充足的引力"等话题。接下来探讨了校长应有的教育情怀：学者的情怀、人文的情怀、改革的情怀、原创的情怀、贴近地面的情怀和超越的情怀等。最后以一个比喻结束全文："学校应该是提供教育服务产品的超市，教师应该是服务的生产者和叫卖者，学生和家长是产品的选择者、购买者、消费者，校长应该是这个教育服务超市的经营者、管理者。"

又如浙江宁波四眼碶中学郑如法老师《当前办学理念的常见问题》(原载《教学与管理》2009年第1期)一文，则批评了目前办学理念的一些偏差，如弃离本源，一任校长一个理念，一个学校一个理念，理念与实际相背离，等等。

（二）思路二：有关教育改革的探讨

这类文章实际上又有两类写法：一类是偏理论的探讨；一类是偏实例的分析。

《中国教育报》记者柯进、宋全政先生合写的《潍坊中小学校长摘"官帽"试验》(原文载2010年4月28日《中国教育报》)显然属于偏实例的分析。文章叙述了山东潍坊市2004年开始的中小学校长取消行政级别的改革，指出改革 6 年来“校长们不似活动家，更像校长”了，改革总体来看是成功的。但取消行政级别也给校长的退休待遇、不同学校之间的人才流动等带来一些问题。

上海师范大学李霞老师《我国中小学校长公选的实践探索》（原载《上海教育科研》2009 年第 7 期）一文，更多地偏向理论探讨。文章叙述了我国中小学校长公选的基本做法和成功经验，也谈到了各地中小学校长公选的地方特色。最后提出了自己的思考和建议：建立校长专业标准、成立校长选拔委员会，力争使校长公选制度化、公平化、专业化。

（三）思路三：校长与各方关系的讨论

作为管理者，校长难免与上下左右各种关系打交道，从而也引发了不少思考和讨论。如南京晓庄学院阎玉珍老师《校长委员会：界定、定位与职能》（原载《中小学管理》2010 年第 1 期）一文，实际探讨了校长与校务委员会之间的关系。

（四）思路四：校长具体领导方法的探讨

不管是叫“领导力”也好，还是叫“领导艺术”也罢，其实说白了，都是关于校长具体领导方法的讨论。如《中国教育报》记者苏令、张以瑾先生合写的《对班主任“行规”出台，校长如何出招》（原载 2009 年 9 月 8 日《中国教育报》）一文，以访谈形式，谈了教育部《中小学班主任工作规定》出台后校长应如何进行领导的问题。李汉云老师《我当校长所做的三件事》（原载《上海教育》2009 年 3B 期）一文，谈了自己当校长后做了三件事：一是抓了教职员的价值建设；二是抓了学校的课程建设；三是抓了学生的文化建设。指出要凝聚人心，经济手段可以维持一个短时期，行政手段只能达到浅层次，只有用价值建设的办法才能带来长治久安。

实际上，结合自己工作来写，或许更有优势。如文本桂平市南木镇中桥小学薛卓老师《小议“村小”管理》（原载《小学教学参考（综合）》2013 年第 10 期），专讲农村“村小”的管理，因作者是做过几个“村小”校长的，有这个优势，这一优势别人是没有的。如文章中谈到“村小”学生留守儿童多，安全教育课，就成为了“村小”校长管理的重要一环。

（五）思路五：有关校长自身的一些讨论

作为校长，应该具备什么样的素质，符合什么样的标准，接受什么样的培训，也是众多一线教师出身的校长经常在思索的一类问题。如上海师范大学陈永明、许苏老师《中小学校长专业标准亟待建立》（原载《人民教育》2010 年第 2 期）、北京师范大学褚宏启等老师《中小学校长培训机构建设与培训制度改革》（原载《中国教育学刊》2009 年第 12 期）等，均是这一写作思路的代表性文章。

（六）思路六：基于调查研究的分析报告

例如华东师范大学毕景艳、柏荣老师《高中生眼中的校长——学生与校长人际交往活动之调查研究》（原载《上海教育科研》2009 年第 10 期）对上海交大、同济大学、华东师大一年级新生进行问卷调查。共回收有效问卷 235 份，并对其中 20 位进行了深入访谈，在此基础得出的结论是多数学生对校长总体印象良好，但感觉校长架子不小，职业道德水平不高、缺少交流渠道的学生也不少，最后提出了几点改进性建议。北京师范大学刘景老师《北京市中小学校长任职资格调查》（原载《中小学校长》2010 年第 1 期）一文，对北京市中小学校长的学历、教学经历、管理经历等均进行了调研，认为北京市校长任职资格低于校长的实际水平，有必要提高任职资格、完善任职制度。

（七）思路七：有关教研组长、教研室的探讨

这主要分两大类：做什么与怎么做。

例如江苏省常州市武进区湖塘桥中心小学庄惠芳老师《学校教研组的本真意义和价值实现》[原载《教书育人》（校长参考）2010 年第 1 期] 一文，认为如今的教研组越来越行动化而非专业化，而教研组顾名思义，本应是“首先应该关注教师的课堂行为，关注教师在课堂中生成的问题、真实情境中的问题”。一句话，教研组究竟应该做什么？

再如浙江衢州市兴华中学郑昕老师《以“梯度”为切入点开展教研组、备课组建设》[原载《教书育人》（校长参考）2009 年第 12 期] 一文，叙述了教研组为避免流于形式、低效低能，采取教研组规划、指

导、管理下分成不同备课组解决问题的工作模式，效果良好。

附带说一句，目前关于教研所、教研室的文章，大体也基本按“做什么”与“怎么做”这两大类写作思路展开，如李丽桦、张肇丰老师《新时期教研员专业发展问题的讨论》（原载《上海教育科研》2009 年第 8 期）一文，以访谈形式，讨论了新形势下教研员应做些什么工作。江西省赣州市教科所谢泽源、李建老师合写的《县级教研室工作创新发展的困境与出路》（原载《基础教育参考》2010 年第 1 期）一文，叙述了目前县级教研室面临的政策、职能、文化队伍、机制和经费方面的困境，认为除了国家应出台相应政策外，县级教研室教研员要放下架子，转换思维，走下“神坛”，采取典型引路、课题牵动、主动交流、专家指导等种种做法，来实现自身价值。

（八）思路八：比较研究

相比于语文学科某一具体课题的比较研究，学校管理这样偏宏观的课题，比较研究要活跃得多。相关文章大致有以下几类：

一是“人有我无”式。如东北师范大学王海英老师《美国〈学校领导标准〉的制定与启示：从 1996 到 2008》（原载《外国教育研究》2009 年第 3 期），分析研究了美国自 1996 年制定第一个《学校领导标准》，并至 2008 年不断修订完善的过程，对我国正在进行中的中小学校长专业标准的制定提供了有益的借鉴与启示。

二是“我有人优”式。如铜陵学院励骅、北京师范大学白华老师合写的《国外薄弱学校改进的有效举措探析》（原载《比较教育研究》2009 年第 6 期）一文，指出国外在薄弱学校改进的过程中，采取的建立统一的鉴别标准、制定专门的改进方案（如英国的“教育行动区实施方案”“追求卓越的城市教育行动计划”、美国的“跃进学校计划”“农村教育成就项目”等）、提供资金和技术扶持，加强师资队伍建设、吸纳社会资源参与等为我国有所不及的举措，为我国加强薄弱校建设提供了有益的意见。

三是“互有优势”式。如江苏省连云港师专一附小张礼霞老师《常规教育当从小处、实处切入——中西方〈小学生守则〉比较研究给我们的启示》（原载《江苏教育》2009 年第 1 期）一文，指出我国的《小学生守则》重合作、团队精神培养，朗朗上口，便于记忆，但也存在内容面面俱到、大而空的毛病；西方的《小学生守则》则小而实，如“上、放学时走规定路线”“任何缺勤或迟到，都要出示家长的请假条”等，认为二者各有优势，但我国《小学生守则》还是应学习西方，制定细则。

四是“研究综述”式。如广东药学院粟莉老师《英美两国教育领导研究的新进展及其启示》（原载《外国教育研究》2009 年第 9 期）一文，梳理了近年英美两国权威期刊的论文，认为英美两国关于教育领导的研究，均显现出回归到教育本质等本真问题上的趋势。而我国目前则既强调教育领导的道德、价值等“虚”的一面，也注重教育领导的专业化、科学化等“实”的一面。

下面小结一下：关于教学管理的研究，大体有以下思路：

思路一：有关教育理念的探讨；
思路二：有关教育改革的探讨；
思路三：校长与各方关系的讨论；
思路四：校长具体领导方法的探讨；
思路五：有关校长自身的一些讨论；
思路六：基于调查研究的分析报告；
思路七：有关教研组长、教研室的探讨；
思路八：比较研究。

一般而言，如果是确有所感，思路一、思路二、思路三都应好写。但请注意，前提“确有所感”，否则很容易写空。同样的道理，只要是自己真正从工作中有所体悟，思路四、思路七也应好写。相比之下，思路五已不太容易写出新意，思路六最好是在专业人员指导下设计问卷，进行调研，否则不易写好。至于思路八比较研究，要求作者本人有深厚的外文功底，如果外文好，这类文章应该不成问题。

本篇小结

套用我们熟悉的教学用语，本篇列举的热点议题就如同是一些重点例题，上面所列举的一些思路，就仿佛是一些“标准答案”和常见“解题”思路。不用问，“例题”远不止此，“标准答案”也囊括不了所有思路。我们应该不断地自己去搜寻“例题”，不断地举一反三，寻找自己的独特思路。当然，前提是我们必须先认真研读本篇内列举的热点议题和常见思路。

后 记

在本书“写在前面”中我们说过，本书的编写是受日本学者山根幸夫先生《中国史研究入门》一书的启发。但实际上，本书又与《中国史研究入门》很不一样，是颇具“中国特色”和“实战”味道的。

《中国史研究入门》的体例，依照中译者田人隆先生的意见，是分为四个层次:“一是从历史发展线索的概述中使你了解中国历史上有哪些重大问题；二是说明以往研究的范围、课题及所达到的研究水平；三是告诉你研究这些课题需要阅读哪些典籍和资料；四是指点你到哪里或怎样查找这些书籍和资料。”（见所撰《中国史研究入门》中译本《前言》，社会科学文献出版社，1994 年出版）

如今我们要为中国的广大中小学一线教师编写一本“研究入门”，当然不能照搬《中国史研究入门》的体例，而是应符合中国国情和一线需求。故而我们经过反复考虑，多方求教，决定编为三篇，即方法篇、读书篇和论文篇。方法篇是理论与抽象的，读书篇和论文篇是实际与具体的。既有宏观，也有微观，互相区别而又相互联系。当然，重头戏还是在读书篇和论文篇，这也奠定了本书注重实用性和可操作性的基础。

所谓读书篇，就是依教育科学的诸多二级学科来告诉读者一些最基本的、适合一线教师的相关读物。这里当然要涉及学术史、研究史，但又谈不上是系统全面的学术史、研究史。这也是和《中国史研究入门》不同的一个地方。据田人隆先生讲，“研究史”方面的内容占了该书“近一半的篇幅”（同前注）。因为那本书毕竟是给历史专业的人看的，而这里所推荐的读物，当然也要考虑学术水准，但更多地第一位的还是要考虑适不适合一线教师阅读，所以用专业眼光来看有时或许会觉得奇怪，一些很有名的书没有推荐，一些很普通的书倒慎重介绍。但哪怕就是这样谈不上是多么全面和权威的回顾与点评，也同样会如林甘泉先生所言："对于以往研究的总结和分析，常常会成为新的研究的出发点，也是提高研究水平的基础性工作。我相信，这种努力不会白费的。"(《中国史研究入门·序》，社会科学文献出版社，1994年出版)

论文篇和《中国史研究入门》一样也可以分为四个层次，但内容又完全不同。第一个层次是都有哪些热点课题，比如"关于新课程改革的研究""关于高考语文试卷的研究与评价"等；第二个层次是同一课题下大致有哪些写作思路，比如"关于高考语文试卷的研究与评价"下面，就列举了"全面评价某年高考语文卷""全面评价某年某卷""对某一类题做出评析""对某一类题型的归纳总结"等十一种思路；第三个层次是每一思路下均列举一到两篇论文作为例子，可以从中看出作者写作的大体思路和文章的基本框架；第四个层次是对这些思路的点评，点评的首要标准不在学术性，而在可操作性，即对于一线教师而言，哪些好写，哪些不好写。说好写，是为什么；说不好写，又是为什么。写作时应该注意什么等，也均有所交代。

或许有人会问，阐述了一些基本的研究方法，推介了一些基本的教育书籍，点评了一些基本的写作思路，是不是就可以达到引导一线教师"入门"的目的呢？这个话谁也不敢说。唯一敢说的是，从可操作性来看，这本小书或许比某些皇皇大作更切合广大一线教师的需要。据冉乃彦先生讲，有关教育科研入门的书至少有三十多本，"但是真正适合中小学教师读的寥寥无几"。(见所著《中小学教师如何做研究·前言》人民教育出版社，2006年出版)分学科分年级的中小学教师科研入门丛书，更是未见。

或许有人还会问，就这么浅显的一些内容，能说是"科研入门"吗？这路数正不正，别误导啊。实际上，任何事情都有一个从简单到复杂，从低级到高级的发展过程，科研这个事自然也不能例外。科研方法不可能一天就能掌握，知识体系不可能一天就能形成，写作思路也不可能一天就能达到"思如泉涌"的程度，都需要时间和努力。而对自己感兴趣的领域有哪些基本书籍开始有所了解，对目前的热点议题有哪些基本思路开始有所涉猎，这不就是开始"入门"的表现吗？日前阅读李欧梵先生《我的哈佛岁月》一书，里面谈到他在哈佛大学给中国现代文学专业的研究生讲两门课："一是'中国现代文学史'，以历史的方法训练学生运用各种文学资料，并兼及本专业的各种学术著作；另一门则是'中国现代文学课题'。"(《我的哈佛岁月》，第95页，人民文学出版社，2010年出版）从科研路数上讲，本书的"读书篇""论文篇"与之倒有几分相似，当然内容与水平是完全无法相比的。

在编写过程中，我们得到诸多领导和专家的支持和鼓励，要感谢首都师范大学校领导孟繁华老师，感谢首都师范大学出版社胡越社长和杨生平总编；感谢中国教育学会所属"中语会"、数学教育研究发展中心以及中国外语教育研究中心所属中小学英语教育研究中心；感谢《中国教育报》《语文报》《数理报》、搜狐、新浪、腾讯、人民网等媒体的朋友；感谢北京教育科学研究院、中国人民大学附属中学、清华大学附属中学、北京大学附属中学的领导和老师们，感谢书中每一引文的作者。还有不少朋友，功成不居，不愿提及。没有大家的支持与帮助，这套书是难以如期完成并问世的。

本丛书的"方法篇"及"写在前面"、各篇说明与小结等，均由丁晓山老师负责撰写。

最后还是让我们回到《中国史研究入门》上来，此书1983年由日本山川出版社初版，1991年出了增补版，据悉近期正在准备第3次修订，已然如同《工具书指南》(*Guide to Reference Books*)、《参考资料指南》(*Walford's Guide to Reference Material*)、《社会科学情报源》(*Sources of Information in the Social Science*）等科研指南类书一样，成了一部每隔若干年修订一次的品牌书。我们当然是希望这套"中小学教师科研入门"丛书能愈出愈精，最终也成为品牌书。这不仅是一点美好的期盼，也是当今中国基础教育的客观需要。正如郑金洲老师所指出的：

> 在今天看来，我们的研究逐渐步入到教师的日常生活中，逐渐成为学校的日常管理行为，由原先的一种间隔性、间隙性的行为转变为一种常态行为。这种常态的行为要求每一个教师以研究的眼光去看待自己的实践，把研究作为自己教学的命

脉，作为自己职业生存方式的一个组成部分。(《教育的思考与言说——一位教育学者的演讲录》，第45页，福建教育出版社，2007年出版）

既然科研已经成为一线教师的“常态”，那么有关教育科研入门的书，是不是也理应成为老师们的案头书、常备书呢?

清华大学附属中学王梓夕柔承担了书稿部分工作。参加书稿工作的还有（排名不分先后）：张军立、滕军、张巍、熊巍、高科、张蕾等，一并致谢!

作者

2014年5月于首都师范大学